Salcia Landmann:
Jüdische Witze
Nachlese 1960–1976

Deutscher
Taschenbuch
Verlag

dtv

Von Salcia Landmann
sind im Deutschen Taschenbuch Verlag erschienen:
Jüdische Witze (139)
Jiddisch (252)
Jüdische Anekdoten und Sprichwörter (317)
Gepfeffert und gesalzen (698)
Wer sind die Juden? (913)

Erweiterte Ausgabe
der 1972 bei F. A. Herbig erschienenen Sammlung
›Neues von Salcia Landmann‹
1. Auflage Juli 1977
2. Auflage April 1978: 21. bis 30. Tausend
Deutscher Taschenbuch Verlag GmbH & Co. KG,
München

Umschlaggestaltung: Celestino Piatti
Gesamtherstellung: C. H. Beck'sche Buchdruckerei,
Nördlingen
Printed in Germany · ISBN 3-423-01281-1

Das Buch

Das berühmte Buch ›Der jüdische Witz‹ von Salcia Landmann hat inzwischen viele hunderttausend Leser gefunden. Im Laufe der Jahre wurden der Herausgeberin zahlreiche andere – überlieferte und neue – Witze zur Verfügung gestellt, so daß sie nun den zweiten Band der Sammlung vorlegen kann. Die Nachlese hat sich gelohnt. Wiederum zeigt sich, daß der jüdische Witz formal und inhaltlich jedem anderen Volkswitz überlegen ist. Die meisten jüdischen Witze sind geprägt von einer harten Selbstkritik. Denn ihr eigenes Verhalten haben die Juden, zumindest bis ins Mittelalter, immer am göttlichen Gesetz gemessen. Für den Gläubigen relativierte das Gebot »Du sollst keine anderen Götter neben mir haben« jede weltliche Macht und menschliche Anmaßung. Aber erst als sich mit der Aufklärung die religiösen Bindungen lockerten, als das Leid der Juden nicht mehr als Gottesgeißel empfunden wurde, erreichte der jüdische Witz seine volle Blüte. Er rechnet hart mit den Verfolgern ab, wendet sich aber nun ebenso gegen die lastenden Religionsgesetze. Fast alle Männer der jüdischen Welt lernten damals schon als Kinder hebräisch und aramäisch und waren in ihrem Denken und Formulieren an den komplizierten Talmud-Texten geschult. Und gerade dieser Scharfsinn gab dem jüdischen Witz seine unvergleichliche formale und logische Brillanz. Die vorliegende Sammlung enthält Witze alter jüdisch-religiöser Tradition, Witze aus dem Bereich der Erotik und der Handelswelt wie auch solche aus dem heutigen politischen Alltag in Osteuropa, Amerika und Israel.

Die Herausgeberin

Salcia Landmann, 1911 im Osten der Donaumonarchie geboren, lebt heute in St. Gallen/Schweiz. Sie studierte Philosophie, Psychologie, Kunstgeschichte und Jurisprudenz (Dr. phil.). Weitere Werke: ›Jiddisch. Abenteuer einer Sprache‹, ›Jüdische Anekdoten und Sprichwörter‹, ›Wer sind die Juden?‹ und mehrere Kochbücher.

Inhalt

Zum jüdischen Witz

Formale Einwände

Als mein Buch ›Der Jüdische Witz. Soziologie und Sammlung‹ 1960 im Walter-Verlag (Olten) erschien, wurde es zunächst von der Presse fast einhellig begeistert aufgenommen. Man empfand es als einen Schritt zur Normalisierung der deutsch-jüdischen Beziehungen und war erleichtert, nach den fürchterlichen Vorgängen der Nazijahre endlich auch wieder anders als nur mit Gram und Grauen an die Juden denken zu dürfen.

Mit dem wachsenden Erfolg – das Buch liegt jetzt in verschiedenen Sprachen und Ausgaben in weit mehr als einer halben Million Exemplaren vor – kamen natürlich auch Angriffe, zum Teil aus ehemaligen jüdischen »Witzzentralen« wie Wien, Berlin etc., von jüdischen Publizisten, die sich offenkundig ärgerten, nicht selbst auf den dankbaren Stoff verfallen zu sein. Sie übersahen, daß die Bearbeitung und Analyse des jüdischen Witzes – anders als die der Witzfolklore anderer Völker oder Sozialgruppen – ein spezifisches Wissen voraussetzen, das ihnen allen fehlte. Mit stilistischer Sprachakrobatik allein ist es hier nicht getan. Kenntnis des Jiddischen, Hebräischen und womöglich sogar Aramäischen, der talmudisch-scholastischen Debatte und Jurisdiktion, des jüdischen Kultus und Ritus und der jüdischen Geschichte sind für ein adäquates Erfassen und eine seriöse Analyse des Judenwitzes unerläßlich.

Entsprechend ging es bei diesen Angriffen fast nur um den mehr oder minder geglückten Nachweis, daß es für den einen oder anderen Witz auch bessere Varianten oder Formulierungen gäbe und daß das Buch auch schwache Witze enthalte. Mängel, die sich bei fast 4000 Witzen aus unterschiedlichsten Quellen kaum vermeiden lassen. Indes konnten dank Hunderten treffli cher »Leserspenden« die späteren Ausgaben wesentlich verbessert werden.

Dagegen habe ich die zum Teil beanstandeten farblosen und außerdem auch eine Anzahl eher untypischer Witze weiterhin beibehalten. Denn es ging mir ja nicht darum, eine kleine Eliteauswahl anzubieten, sondern ich wollte jetzt, nach der Vernichtung jener europäischen Juden, die diesen spezifischen Witz hervorgebracht und kolportiert hatten, möglichst alles einsammeln und bewahren, was sich überhaupt noch auffinden ließ. Zumal es weitere umfassende Publikationen zu dem Thema in Deutsch oder anderen europäischen Sprachen kaum noch geben wird, und auch in Hebräisch ist nach der dreibändigen, fundierten Sammlung von A. Drujanow (›Ssefer habdicha wehachidud‹, Frankfurt/Moskau/Odessa 1922), die ich ausgiebig benützt habe, wohl nichts Ähnliches mehr zu erhoffen.

Mag sein, daß im Zusammenhang mit einer so lockeren und übermütigen Materie wie dem Witz das Wort »Pietät« deplaziert klingt. Dennoch hat eben sie mich bewogen, neben Tiefem, Geistvollem, Trefflichem und Treffendem auch Mittelmäßiges und oft auch sehr ähnliche Variationen ein und desselben Witzmotives nicht nur zu archivieren, sondern auch in dem Buch zu publizieren. Jeder Judenwitz aus dem vorhitlerschen Europa ist ja zugleich ein Andenken an eine restlos untergegangene jüdische Welt.

Dennoch ist ein kleiner Teil der Leserspenden, die in den letzten sechzehn Jahren bei mir eingegangen sind, ungedruckt geblieben. Zunächst einmal allzu Obszönes, obwohl mir durchaus klar war, daß jede verbale Folklore (Lied, Spruch, Witz) auch eine solche Komponente birgt. Allzu zimperlich habe ich daher die Grenze nicht gezogen. Vielleicht wäre es auch eine Lösung gewesen, so wie um die Jahrhundertwende Ignaz Bernstein in seinem Werk ›Jüdische Sprichwörter und Redensarten‹, alles Obszöne in einem kleinen Separatdruck zu publizieren. Nun besteht aber doch ein Unterschied zwischen einer ausführlich kommentierten Ausgabe von Volkssprüchen in jiddischer Originalfassung, die sich nur an Wissenschaftler wendet, und einem deutschsprachigen Buch mit unanständigen Witzen, das natürlich keineswegs nur Judaisten und Jiddisten vom Fach anlocken würde. Dieses Material habe ich daher einstweilen noch nicht ausgewertet.

Eine gewisse Schwierigkeit ergab sich auch bei jenen neueren Judenwitzen, in denen jüdische Persönlichkeiten der Gegenwart nicht nur unter rein politischen Aspekten angegriffen werden. Hierfür ein einziges Beispiel:

»Wissen Sie, woran Nasser so jung gestorben ist?«

»Nu?«

»Der israelische Geheimdienst hat ihm ein Aktphoto von Golda Meir zugespielt. Als er es sah, traf ihn der Schlag.«

Zwar hat auch dieser Witz letztlich eine politische Wurzel. Denn daß eine Staatschefin und Außenministerin nicht auszusehen braucht wie eine Hollywood-Sexbombe, weiß man in Israel natürlich genausogut wie anderswo auch. Mit diesem und einigen ähnlichen Witzen machten die Israelis denn auch nur ihrem Ärger darüber Luft, daß Golda Meir, nicht minder sozialistisch als zionistisch entflammt, auch antizionistische fremde Staatsmänner sehr wohlwollend beurteilte, sofern sie nur Sozialisten waren, ja, daß sie es sogar dann noch tat, wenn der betreffende Antizionist, wie etwa Österreichs Bundeskanzler Bruno Kreisky, selber jüdischer Herkunft ist. Indes rechtfertigt auch der heftigste Zorn keine taktlosen Witze, die sich nicht direkt und ausdrücklich auf das beanstandete Faktum beziehen. Darum fehlen Witze dieser Art in meinem Buch.

Dieses letzte Beispiel beweist aber, daß die jüdische Witzproduktion noch nicht ganz erloschen ist. Auch heute noch entstehen neue Judenwitze im Ostblock, in Israel und in Amerika. Die inhaltliche Tiefe und Reife und die formale Vollendung des alten, klassischen Judenwitzes fehlt ihnen aber zunehmend aus Gründen, auf die wir noch zu sprechen kommen. Bestenfalls kann man diese neuesten jüdischen Witze als eine gelungene Nachlese bezeichnen.

Inhaltliche Einwände und »Hygienewitze«

Andere Vorwürfe kamen von traditionsentfremdeten Juden Mitteleuropas. Bei ihnen erweckte die scharfe Selbstkritik des jüdischen Witzes tiefes Unbehagen. Sie sahen darin einen Ausdruck von jüdischem Selbsthaß und eine Aufforderung zum Antisemitismus. Sie hätten wissen müssen, daß es im allgemeinen nicht die harte Selbstbeurteilung ist, die den Haß des Außenstehenden provoziert, sondern umgekehrt das Selbstlob. Und daß zweitens diese schonungslose Selbstkritik kennzeichnend ist für das jüdische Schrifttum seit Anbeginn. Schon die Bibel legt Zeugnis davon ab. Härter als Moses hat keiner zum jüdischen Volk gesprochen. Und was ginge uns heute zum Beispiel die jüdische Königsgeschichte noch an, wenn sie nicht von der rücksichtslosen Kritik der Propheten geprägt wäre?

Es ist daher auch kein Zufall, daß von traditionsverbundenen Kennern des jüdischen Schrifttums in hebräischer und aramäischer Sprache keine Proteste gegen das Buch kamen, sondern umgekehrt zahlreiche wertvolle Anregungen, die ich für spätere Ausgaben verwerten konnte. –

An sich ist es relativ leicht, den selbstkritischen echten Judenwitz vom antisemitischen Witz zu unterscheiden. Letzterer geht von wirklichkeitsfremden judenfeindlichen Clichévorstellungen aus, schreibt dem Juden also etwa Geilheit, systematische Verführung blonder »Arierinnen«, primitiven Materialismus etc. zu. Der echte Judenwitz dagegen wirft dem Juden seine wirklichen Fehler vor. Nur er allein sitzt und trifft und ist unwiderlegbar.

Indes gibt es eine Gruppe antisemitischer Witze, die eine gesonderte Beachtung verdienen: Jene, die dem Juden mangelnde Reinlichkeit und Furcht vor dem Wasser nachsagen. Auf den gläubigen Juden können sie überhaupt nicht zutreffen. Denn das jüdische Ritualgesetz schreibt sowohl für Männer wie für Frauen bei ganz bestimmten, häufigen Anlässen Tauchbäder in fließendem Wasser und außerdem Händewaschen vor jeder Mahlzeit vor, wobei sogar ein eigener Segensspruch rezitiert werden muß. Zu jener totalen Verschmutzung, wie sie auch in der hohen nichtjüdischen Gesellschaft etwa zur Zeit des Rokoko selbstverständlich war, konnte es also bei orthodoxen Juden gar nicht kommen. Sie war eine Begleiterscheinung der christlichen Leibfeindlichkeit oder doch Gleichgültigkeit dem Leib gegenüber. Während der spanischen Inquisition galt schon der Besitz einer Badewanne bei getauften Juden oder Moslims als ausreichender Beweis dafür, daß die Betreffenden heimlich an ihrem alten Glauben festhielten und folglich auf den Scheiterhaufen gehörten.

Tatsächlich hat es mit der Behauptung, daß der Jude schmutzig sei und stinke, eine eigene Bewandtnis: Gemeint ist hier ursprünglich nicht eine physische Unreinlichkeit, sondern der metaphysische Schmutz und Gestank des ungetauften Juden, die direkt vom Teufel kommen. Durch die faktische Reinlichkeit des frommen Juden ist der Vorwurf also nicht widerlegbar. Diese religiös-metaphysische Herkunft der antisemitischen Hygienewitze hat

Prof. Georg Nador in seiner Abhandlung ›Zur Philosophie des jüdischen Witzes‹ (Bina Verlag, London 1975) richtig nachgewiesen.

Trotzdem rechtfertigt sich die Aufnahme solcher Hygienewitze in einer Sammlung wie der vorliegenden. Denn nur das Rohmaterial, der Inhalt stammt von ahnungslosen Nichtjuden. Die brillante Form vieler solcher Witze dagegen verrät eindeutig, daß witzbegabte und talmudgeschulte Juden, sei es aus Übermut, sei es aus Selbsthaß, diesen zu Beginn kirchlich inspirierten antijüdischen Witz elegant überschliffen und mit scholastischer Präzision durchwirkt haben.

Jüdische und jiddische Begriffe

Indes war einer der Vorwürfe gegen meine Sammlung nicht ganz unberechtigt: der Hinweis darauf nämlich, daß die Witzwirkung abgeschwächt wird, wenn man so, wie ich es getan hatte, die Witze mit Erklärungen einzelner Begriffe des jüdischen Ritus und Kultus und der jiddischen Sprache durchstreut.

In der Tat entwickelt der Witz seine volle Schlagkraft nur, wenn er unmittelbar und kommentarlos genossen werden kann. Es fragt sich nur: Was hätte ich tun sollen? Sollten wirklich Wörter wie Schabbes, Jom Kippur, trefe, Rebbe, nebbich, Nekome etc. unerklärt im Witztext stehen und nur hinten im Buch in einem Glossar übersetzt und expliziert werden? Doch wer schlägt schon gerne dauernd nach, wenn er Witze liest!

Eine Möglichkeit wäre gewesen, solche Begriffe nur zu erläutern, wenn sie zum ersten Mal im Text auftauchen. Das aber hätte vorausgesetzt, daß ein jeder das Buch brav von Anfang bis Ende durchliest. Witze sind aber kein zusammenhängender Roman. Der Leser muß daher die Möglichkeit haben, den Band an jeder beliebigen Stelle aufzuschlagen und den Text unmittelbar zu verstehen.

Darum sind auch in dieser neuesten Ausgabe spezifisch jüdische Begriffe meist in den Witzen selbst erklärt. Von dem Prinzip weiche ich nur ab, wenn mehrere Witze unmittelbar nacheinander denselben Ausdruck – etwa Schadchen *(Heiratsvermittler)* – enthalten. Die Ausdrücke sind außerdem noch alphabetisch in einem kleinen Glossar am Schluß des Buches zusammengestellt.

Natürlich hätte ich auch davon ausgehen können, daß die

meisten Liebhaber solcher Witze diese Ausdrücke kennen. Vor der Hitlerzeit hätte das auch gestimmt. Denn damals gab es nicht nur große Judengemeinden inmitten der christlichen Welt, sondern – vor allem in Altösterreich – auch sehr viele Christen, die die jüdischen Religionssitten genau kannten und Jiddisch nicht nur mühelos verstanden, sondern auch selber sprachen. Damals konnte es durchaus vorkommen, daß ein adliger christlicher Offizier seine Truppe in Galizien anschrie: »Das war kein Parademarsch, das war eine Levaje *(Leichenzug)*!« – und daß seine Soldaten sofort begriffen, was er meinte.

Es gab ja in der Donaumonarchie so zahlreiche Sprachen, daß keiner sie alle beherrschen konnte. Die Deutschösterreicher, die Ungarn, die Polen, die Slowaken, Slawonen und Slowenen, die Tschechen, Serben und Kroaten, die Ruthenen und Rumänen – sie alle hatten ihre regionalen Idiome. Zum Glück gab es aber im ganzen Riesenreich jiddisch sprechende Juden. So rückte eben das Jiddisch schließlich zu einer Art Lingua franca für alle jene auf, die – wie die Offiziere – ihr Domizil häufig wechseln mußten.

Aber auch die Schüler am deutschen Gymnasium in Tschernowitz, von denen ein volles Drittel jüdisch war, unterhielten sich in den Pausen miteinander nur Jiddisch. Auch die oft sehr antisemitischen Volksdeutschen, Rumänen und Ruthenen unter ihnen bildeten da keine Ausnahme. Um die Wette dichteten und rezitierten sie lustige Parodien auf Balladen von Schiller und Goethe in einem bewußt komisch entstellten Jiddisch voll von grotesken Fehlern und mit witzig abgewandeltem, judaisiertem Inhalt. Zwei Volksdeutsche, ehemalige Schüler des Tschernowitzer deutschen Gymnasiums aus der Zeit vor dem Ersten Weltkrieg, haben mir Kostproben solcher pseudojiddischer Schulhofpoesie zugeschickt, die ich in der Rubrik ›Bildung‹ unverändert und mit nur ganz spärlichen Kommentaren versehen abgedruckt habe. Ausführliche Erklärungen hätten in diesem besonderen Fall wenig Sinn gehabt, denn ohnehin werden nur jene die formale und inhaltliche Komik solcher Texte voll genießen, die diese Welt noch kannten und auch echtes Jiddisch beherrschen. Ihrer gibt es heute aber auch unter den Juden nur noch wenige. Und von den ohnehin kleinen jüdischen Gruppen, die Jiddisch noch verstehen, scheiden als Leser einer deutschsprachigen Sammlung dieser Art gerade jene aus, die als einzige heute am Jiddisch als Umgangssprache sogar in Israel noch festhalten: die Hyperorthodoxen und die sehr frommen Chassidim. Eben ihrer Frömmigkeit wegen sind sie witzfeindlich eingestellt (darauf kommen wir noch zurück), so daß sie sogar ein hebräisches oder jiddisches Werk über jüdische Witze nur ungern lesen würden. Eines in deutscher Sprache werden sie nicht einmal in die Hand nehmen.

Ich mußte also mit zahlreichen, in sämtlichen jüdischen Fragen ahnungslosen Lesern rechnen und entsprechend häufig Erläuterungen einstreuen. Aber siehe – es erwies sich, daß ich die spezifischen Kenntnisse vieler heutiger Mitteleuropäer immer noch überschätzt hatte. Jüngere Leute vor allem, aber auch ältere aus ländlichen, seit jeher judenarmen Regionen baten um zusätzliche Belehrung. Sogar ein Wort wie »Rabbi« hatten manche noch nie gehört. Viele kannten nur jene jiddischen Ausdrücke, die – oft auf dem Umweg über das Rotwelsch, die Geheimsprache der deutschen Gauner und Ganoven, oder durch den Jargon der fahrenden Schüler – längst ein fester Bestandteil der deutschen Umgangs- und sogar Dichtersprache geworden sind und von deren jüdischem Ursprung auch Gebildete meist keine Ahnung haben. Hierher gehören Wörter für Geld wie »Moos« *(von hebr. mo'ess = Kleingeld)* oder »Kies« *(hebr. kiss = Tasche)*, ferner »vermasseln« *(von masal = Gestirn, Geschick)*, »Knast« *(von knass = nur gegen Geldstrafe auflösbarer Vertrag)*, »Ramsch« *(von Remes = Betrug)*, »Schmiere« *(smira = Gesang)*, »Pleite« *(plejta = Flucht)*. Und natürlich war ihnen allen der Ausdruck »mies« *(von miuss = Ekel)* geläufig. Denn die Wortbildung »Miesmacher« gehörte ja zum festen Sprachrepertoire des Hitlerschen Propagandaministers Goebbels, der übrigens als promovierter Germanist um die jüdische Wurzel des Begriffs vermutlich Bescheid wußte.

Viele andere Ausdrücke aber, die früher in mittel- und osteuropäischen Großstädten und in Landgegenden mit vielen jüdischen Viehhändlern zum Wortschatz auch der Christen gehört hatten, wie trefe, meschugge, Ganew, Schikse *(verächtlicher Ausdruck für ein nichtjüdisches Mädchen)*, mechulle gehen *(bankrottieren)*, Macke *(Schlag; im Sinn von Gehirnschaden gebräuchlich)* etc., waren der Jugend nicht mehr bekannt.

Mit Genugtuung habe ich aber festgestellt, daß sich dies, wohl nicht zuletzt dank meinen Publikationen zur jüdischen Thematik, mittlerweile geändert hat. Junge deutsche Germanisten haben aus meinem Buch ›Jiddisch. Abenteuer einer Sprache‹ (Walter-Verlag, Olten 1962) Jiddisch so gut erlernt, daß sie es stilistisch vollendet sprechen und schreiben, jiddische Bücher für deutsche Verlage übersetzen und mich um jiddische Lektüre bitten. Junge Leser klagen in ihren Briefen an mich nicht mehr über zu spärliche Kommentare, sondern fragen umgekehrt indigniert: »Für wie blöd halten Sie uns eigentlich, daß Sie alles immer wieder erklären!« Und kürzlich verweigerte ein sehr junger österreichischer Politiker in einem TV-Interview eine von ihm erwartete Prognose mit den Worten: »Ich bin kein Wunderrabbi!« Das Wort war also nicht nur ihm selbst geläufig, sondern er nahm offenkundig auch an, daß die Hörer es ebenfalls verstehen würden.

Trotzdem werde ich die vielen witzschwächenden Erklärungen und Kommentare auch in den späteren Ausgaben des Buches beibehalten. Denn erstens gibt es ländliche Gegenden, die von der neuen Jiddismenwelle weniger erfaßt sind. Und zweitens kann sie auch in den heute so judenarmen Städten Mitteleuropas wieder abklingen. Das Buch soll aber auch dann noch für alle Leser verständlich bleiben.

Klassisches Jiddisch und Jargon

Wiewohl also der jüdische Witz ohne zahlreiche Ausdrücke aus der jiddischen Umgangssprache und aus dem jüdischen Kultus und Ritus nicht auskommt, ist es doch anderseits auch nicht so, daß er im reinen, klassischen Jiddisch voll beheimatet wäre. Dies gilt nur für eine Anzahl älterer Witzkategorien, die noch keine oder doch nur eine geringe Emanzipation von den strengen religiösen Geboten und Vorstellungen voraussetzen. Der Grund ist klar: Die gleiche Lockerung der Glaubensketten, die allein dem klassischen Judenwitz zu seiner vollen stachligen Pracht und Blüte verhalf, hatte ja immer auch das Überwechseln vom Jiddisch zur jeweiligen Landessprache zur Folge. –

Über die jiddische Sprache dürften mittlerweile auch jene Bescheid wissen, die mich vor sechzehn Jahren – also bei der Ersterscheinung meines ›Jüdischen Witzes‹ – nach dem Unterschied zwischen Jiddisch und Hebräisch fragten. Ich rekapituliere dennoch ganz kurz: Hebräisch ist jene Sprache, die sich, wie man heute annimmt, bei den Hebräern nach ihrem Einbruch ins Gelobte Land durch Vermischung ihres Wüstenidioms mit den Sprachen der autochthonen Kanaaniter herausbildete. Eine rein semitische Sprache also, genau wie das Arabische und Aramäische, das zur Zeit Jesu das klassische Bibelhebräisch bereits verdrängt hatte und zur Lingua franca des ganzen Nahen Ostens aufgerückt war. Jesus sprach und predigte also nicht mehr hebräisch, sondern aramäisch, der Talmud der Juden ist teils hebräisch und teils aramäisch abgefaßt, und heute noch leben in der israelischen Provinz Samaria alteingesessene Juden, deren Muttersprache nach wie vor das Aramäische ist.

Jiddisch hingegen ist im wesentlichen ein germanisches Idiom, entstanden aus dem mittelalterlichen Deutsch jener Juden, die in vielen Schüben vor den Verfolgungen in Deutschland ostwärts flohen. Sie hatten schon vorher, in den deutschen Gettos gesellschaftlich von den Christen weitgehend abgetrennt, ihr Deutsch mit vielen semitischen Wendungen und Ausdrücken aus ihrem religiösen Schrifttum angereichert – denn bis heute beten die Juden ja ausschließlich hebräisch. In Osteuropa behielten sie ihr altes Judendeutsch bei und durchwirkten es mit weiteren hebräischen und aramäischen Elementen, nahmen auch eine Anzahl Alltagsbegriffe aus den jeweiligen Landessprachen auf. Grammatik und Wortschatz des Jiddischen sind nach wie vor weitgehend deutsch; die Seele des Idioms ist mittlerweile rein ostjüdisch geworden. Es verbindet die Prägnanz und Präzision der Talmuddebatte mit slawischer Gefühlsweichheit und eignet sich gleich gut für den täglichen Umgang, für Lied, Spruch, Witz, Dichtung, Wissenschaft und Philosophie. Die abstrakten Begriffe entnimmt es nicht, wie die rein europäischen Sprachen, dem Latein und Griechisch, sondern den aramäischen Teilen des »Baylonischen Talmud«. Sehr zu Unrecht wurde dieses nuancenreiche, differenzierte Idiom vom deutsch-jüdischen aufklärerischen Philosophen Moses Mendelssohn (1729–1786) als Kauderwelsch und »Jargon« denunziert, ein Fehlurteil, das dann nicht nur die Christen, sondern auch ahnungslose deutsche Juden übernahmen.

Es gibt ausgezeichnete Sammlungen jüdischer Witze in jiddischer Sprache. Es ist aber eher älteres und, wenn man so will, »mildes« Witzgut, das sie enthalten. Denn die jiddisch sprechende Bevölkerung war im allgemeinen noch zu religiös, um sich mit witziger Kritik an allzu viele Gebiete heranzuwagen.

Wohl gab es auch die völlig unreligiösen und sogar religionsfeindlichen sogenannten »Bundisten«, die nach wie vor an der jiddischen Sprache festhielten: jüdische Marxisten, die den Zionismus ablehnten, als völkische Minorität in ihren bisherigen Heimatländern verbleiben wollten und eigene jiddische Schulen, Verlage, Zeitungen und wissenschaftliche Publikationen anstrebten. Aber auch Marxismus ist eben eine Form des Glaubens; überzeugte Kommunisten sind genauso unwitzig wie gottesgläubige Talmudisten und chassidische Mystiker. Klassisches Jiddisch ist aus diesem Grunde nicht unbedingt die ideale Sprache für die Wiedergabe jüdischen Witzgutes. –

Jiddisch ist also eine seriöse Sprache und kein »Jargon«. Durchaus angemessen jedoch ist diese Bezeichnung für jenes unbekümmerte, kulturlose Mischidiom aus Jiddisch und modernem Deutsch mancher ostjüdischer Rückwanderer in die deutschsprachigen Regionen, aus denen sie vor vierhundert Jahren ostwärts ausgewandert waren. Und eben diese burleske Mixtur ist im Grunde die angemessene Sprache für den Großteil der jüdischen Witze. Denn jene, die so sprachen, beherrschten zwar noch den geistschleifenden Talmud, hegten aber bereits genügend Zweifel an der alleinseligmachenden Kraft der Religion und vor allem der detaillierten rituellen Gebote, um, bewaffnet mit dem geistig-formalen Rüstzeug ihrer frommen Vorfahren, ihre Hiebe und Stiche mit gleicher Eleganz gegen die böse nichtjüdische Umwelt wie auch gegen sich selbst und ihren eigenen Glauben austeilen zu können.

Dennoch sind lange nicht alle Witze meines Buches in dieser für sie idealen Sprachform erzählt, und zwar einfach deshalb, weil ich selbst wohl das klassische Jiddisch, nicht aber dieses fidele Kauderwelsch beherrsche. Und wo sollte ich es erlernen und einüben, da es doch heute nirgends mehr gesprochen wird? Natürlich habe ich Witze aus Leserbriefen oder alten Sammlungen in dieser untergegangenen linguistischen Mixtur wortgetreu übernommen. Der Rest der Witze aber figuriert bei mir in einem mehr oder weniger reinen Deutsch, obwohl hierbei ein Teil vom Reiz des Originals leider verlorengeht.

Die klassischen Judenwitze

Natürlich erklärt sich der Erfolg meines ›Jüdischen Witzes‹ nicht nur aus der eingangs erwähnten momentanen politischen und psychischen Situation in Mitteleuropa, sondern vor allem auch daraus, daß die jüdische Witzfolklore der anderer Völker und Sozialgruppen formal wie inhaltlich weit überlegen ist. Und zwar aus folgenden Gründen.

Den Witz im allgemeinen erklärt Sigmund Freud als die letzte

Waffe des völlig Wehrlosen. Und dies eben ist die Situation der Exiljuden seit fast zweitausend Jahren. Voraussetzung für Witzproduktion ist allerdings auch, daß der Betreffende das Leid nicht als Gottesschickung demütig hinnehme und sich protestlos damit abfinde. Daher auch die relativ spärliche Witzliteratur der Juden aus der Zeit, als sie noch gläubig waren. Man lachte wohl über Einfaltspinsel, über Geizhälse, über zudringliche Schnorrer, über gefräßige arme Talmudstudenten, und vor allem über religiöse Ignoranten. Oder man erzählte sich mehr oder minder witzige Anekdoten von weisen Rabbis.

Doch fehlt dem Judenwitz jener Zeit noch die Bitterkeit und Skepsis, die ihn dann später kennzeichnet, als Zweifel am Sinn des Martyriums, am Kommen des Messias und am Leben nach dem Tode keimten. Erst jetzt schlägt und sticht der Judenwitz nach allen Richtungen. Hart rechnet er mit den Verfolgern der Juden ab, denn Pogrome und Vertreibungen sind jetzt nicht mehr eine Gottesgeißel, eine metaphysische Strafe für jüdische Kollektivsünden, sondern nur noch sinnlose Grausamkeit, gegen die sich die Juden im Exil aber nach wie vor nur verbal, in ihren Witzen, wehren können.

Ebenso scharf wendet sich der Witz jetzt aber auch gegen das eigene, lastende und lästige, komplizierte Religionsgesetz. Beschwerlich war es zwar schon immer gewesen. Aber sogar die chassidischen Wunderrabbis, die sich anfangs um rituelle Gebote und Verbote wenig gekümmert hatten, wußten, daß das jüdische Volk in der Zerstreuung ohne Sondergesetze nicht überleben würde. Daran konnte auch keine »Aufklärung« etwas ändern. Den »modernen« Juden lag jedoch am Fortbestand des eigenen Volkes zu wenig, als daß sie deshalb Unbequemlichkeiten hätten auf sich nehmen wollen. Sie vernachlässigten das Religionsgesetz und verspotteten es geistvoll in bitterbösen Witzen.

Natürlich weist der jüdische Witz in seinem Protest gegen äußeren Druck und harte Eigengesetze Ähnlichkeit mit der Witzfolklore aller unterdrückten Völker und aller Sozialgruppen mit selbstauferlegten strengen Normen auf. Doch da bleibt ein wesentlicher Unterschied: Nirgends außer in der traditionsgebundenen jüdischen Welt waren fast alle Männer scholastisch geschulte Religionsgelehrte. Schon mit sechs Jahren lasen jüdische Knaben die hebräische Bibel im Originaltext, mit acht bis neun Jahren den zum Teil auch aramäisch abgefaßten Talmud, der neben leicht faßlichen Gleichnissen und Anekdoten auch komplizierte Kommentare zum Bibelgesetz enthält. Das schult

Denkkraft und Formulierungsvermögen. Und von diesem geistigen Schliff profitiert auch der jüdische Witz. Eine gewisse Verwandtschaft hat er hierin höchstens mit dem Witz der katholischen Kleriker, der aber kein Volkswitz ist.

Mit diesem einzigartigen Denk- und Sprachinstrument gingen nun also die modernen Juden an alle Probleme des neuzeitlichen jüdischen Lebens heran. Aufs Korn genommen wurde die politische Rechtlosigkeit der Juden Osteuropas, ihre Unterdrückung, die zaristischen Judenpogrome, die herzzerreißende Armut der in ihrer wirtschaftlichen Entfaltungsmöglichkeit gehinderten russischen Juden.

Ebenso fragwürdig erschien jetzt aber auch die konditionslose Anerkennung der rabbinischen Autoritäten. Der Rabbi war ja in den traditionsgebundenen Gemeinden Osteuropas nicht, wie der Rabbiner weiter westlich, nur ein Sabbatprediger, sondern ein gewiegter Religionsgelehrter, der nach dem kasuistischen Talmudgesetz nicht nur rituelle, sondern auch rein weltliche Streitfragen entschied. Seinem Richterspruch fügten sich freiwillig sogar jüdische Kriminelle aus der Warschauer und Odessaer Unterwelt und oft genug auch Christen, die sich in Streitfragen mit einem Juden lieber an den integren und gebildeten Rabbi wandten als an den oft korrupten und bestechlichen weltlichen Richter. Der jüdische Witz verschont den talmudgelehrten Rabbi trotzdem nicht.

Erst recht verspottet wird jetzt natürlich auch der chassidische Wunderrabbi mitsamt seinen ekstatisch entflammten, abergläubischen Adepten. In dieser Kategorie hatte es allerdings auch schon vorher sehr böse und treffende Witze gegeben: Von den gläubigen Juden gehörten ja lange nicht alle dieser volkstümlich-fröhlichen mystischen Demutssekte an. Schon lange vor Einbruch der glaubensfeindlichen Aufklärung hatten trockene Talmudgelehrte daher in sehr gelungenen Witzen den Wunderglauben der Chassiden verlacht.

Nicht minder scharf trifft jetzt der Hohn aber auch jene Juden, die sich aller jüdischen Lasten zu entledigen suchen, indem sie zum Christentum überlaufen oder sich auch ungetauft an die nichtjüdische Umwelt gewaltsam und unorganisch assimilieren und dabei durch mangelnde Milieukenntnis dauernd aufs Lächerlichste straucheln.

Rein selbstkritisch – und also nicht antisemitischer Herkunft – sind auch jene Witze, die sich mit der jüdischen Hypochondrie beschäftigen, mit der Unsitte überraschend vieler Juden, dauernd – und auch bei blühender Gesundheit – medizinische Kapazitäten zu konsultieren und deren Ratschläge mit religiöser Hingabe zu befolgen. Eine Abart dieser Witze werden wir später in jenen aus Amerika kennenlernen, die um die Psychoanalyse kreisen. Woher diese bei den Juden so häufige Unart kommt, ist schwer zu sagen. Vielleicht ist solche Furcht vor eingebildeter Lebensbedrohung eine Folge der fast pausenlosen realen Gefährdung der Juden durch ihre oft feindliche Umwelt.

Zeitlos und im Grunde nicht weiter jüdisch ist hingegen der erotische Judenwitz. Aber auch er profitiert, wie der bereits weiter oben erwähnte »Hygienewitz«, vom Talmudschliff seiner Schöpfer.

Überquellender Spott trifft jetzt auch die bei traditionsgebundenen Juden übliche Heiratsvermittlung, obwohl sie ursprünglich zumindest bei der jüdischen Oberschicht ihren guten Sinn hatte: Wollten die Juden als Volk und Religionsgemeinschaft im Exil nicht untergehen, so waren sie auf eine geistig-religiöse Führungsschicht angewiesen. Es war daher nicht komisch, wenn geistig begabte Religionsgelehrte sich immer wieder untereinander verschwägerten und so die notwendigen Elitebegabungen buchstäblich »züchteten«. Daher hatte es bei den Ostjuden bis ins zwanzigste Jahrhundert hinein Liebesehen nur in jenen tiefsten Sozialschichten gegeben, deren Begabungspotential durch Einheirat in die Oberschicht längst mehr oder weniger »verlesen« war, so daß man aus ihnen ohnehin keinen großen Beitrag mehr zum religiösen »braintrust« erwarten konnte. Hierzu hatte denn der jüdische Witz auch wohlweislich geschwiegen.

Seit dem ausgehenden 19. Jahrhundert wurde der Heiratsmarkt aber zunehmend kommerzialisiert. Es fanden sich jetzt nicht mehr hochbegabte Sippen mit entsprechendem Verantwortungsbewußtsein für die gesamte jüdische Gemeinschaft durch Ehe zusammen, sondern nur noch hohe Mitgiften und günstige kaufmännische oder akademische Positionen. Ein unerschöpfliches Reservoir für den Witz in tausend Varianten, die alle die Vermischung von Geld und Liebe treffsicher verspotten.

Die Juden und der Mammon

Überhaupt wird die Anbetung des Mammons im jüdischen Witz mit ätzender Schärfe attackiert. Zwar waren die Juden im Mittelalter in der christlichen Welt die einzigen Bankiers. Denn die Christen hielten sich damals noch an das biblische Zinsverbot und waren daher auf die jüdischen Geldverleiher angewiesen, duldeten wohl auch oft genug nur aus diesem einzigen Grunde die Juden in ihrer Mitte. Ein anderes Metier durften die Juden überhaupt nicht ausüben, und bei manchen von ihnen kam es sicher zu der im Judenwitz selbstkritisch verhöhnten »Déformation professionelle«, zum exklusiven Gelddenken.

Indes stammt das Zinsverbot ja gar nicht aus dem Neuen, sondern aus dem Alten Testament. Solange die Juden – so wie später die Christen bis zum Hochmittelalter – in einer vorwiegend agrarischen Umwelt im eigenen Lande lebten, wichen sie von ihrem eigenen Zinsverbot auch nicht ab. Sie gaben es erst im Exil auf, in den Städten, in einer kaufmännischen Umgebung, genau wie es auch die Christen dann später in der Neuzeit taten.

Der Majorität der Juden lag die exklusive Beschäftigung mit dem Geld aber wenig. Sobald sie die Möglichkeit hierzu hatten, wechselten sie meist in andere, vorwiegend in geistige Berufe über. Auch vorher schon waren speziell in Osteuropa eigentlich nur die Religionsgelehrten – und niemals die reichen Leute – wirklich geachtet. Und eben diese Tatsache manifestiert sich in den wütenden Ausfällen des jüdischen Witzes gegen rein kommerzielles Denken, zu dessen Karikierung der jüdische Witz sogar eine eigene Figur erfunden hat: Moritzl, der die ganze Welt nur unter kaufmännischen Aspekten begreift. Dabei ist zu beachten, daß es solche Moritzls gerade in der traditionsgebundenen Gesellschaft der Ostjuden überhaupt nicht geben konnte. Dort wurde ja jeder Knabe, gleichgültig, was er später werden sollte, zunächst zum reinen Religionsgelehrten erzogen. Die Gestalt Moritzls setzt also bereits eine gewisse Traditionsentfremdung voraus. Dennoch ist Moritzl keine antisemitische, sondern eine rein jüdische Erfindung.

Die neuesten Judenwitze

Daß die jüdische Witzproduktion noch nicht ganz erstorben ist, erwähnten wir bereits weiter oben. In Europa selbst entstehen im Ostblock dauernd neue, zum Teil sehr gute antisowjetische Judenwitze. In amüsant gelockerter Form klagen und trauern sie darüber, daß es Armut, Ungerechtigkeit und Unterdrückung im marxistischen »Wirtschaftsparadies« genauso gibt wie zuvor im Zarenreich. Sie nehmen auch den Judenhaß der Oststaaten aufs Korn, der sich notdürftig als Antizionismus tarnt. Denn unvergessen sind noch die Parolen, wonach der Antisemitismus ein Auswuchs des verrotteten Kapitalismus sei und mit ihm zusammen verschwinden werde.

Inhaltlich ganz andere Witze kommen in großer Zahl aus Israel. Offenkundig sind sie durchgehend noch von Einwanderern aus Europa formuliert. Die Juden aus den arabischen Ländern haben auch in der Vergangenheit aus Gründen, auf die wir hier nicht eingehen können, den Witz als Waffe nie entwickelt, wie schlecht es ihnen auch gehen mochte. Und die jungen Israelis, die eingeborenen »Sabres« *(Stachelkaktus, Übername der jungen autochthonen Israelis),* entfalten wenig Witz, weil sie ihn kaum noch brauchen. Sie haben wieder die Möglichkeit, sich so, wie ihre biblischen Vorfahren, statt nur verbal, mit der Waffe zu verteidigen.

Ein Teil der neuen Israelwitze basiert auf der bewußt irrigen Annahme, daß der in Wirklichkeit sehr mutige, wehrhafte Israeli sich in nichts von seinem eingeschüchterten Vorfahren im Zarenreich unterscheide, der vor bösen Hofhunden davonlief und den – für ihn in Rußland sinnlosen – Militärdienst fürchtete. Nur nebenbei sei hier bemerkt, daß auch die Exiljuden überall dort, wo sie sich als voll zugehörig empfanden – also etwa in Deutschland bis zur Hitlerzeit –, sehr gute Soldaten waren.

Eine weitere israelische Witzart verspottet in lustiger Übertreibung die Gegensätze zwischen den verschiedenen jüdischen Landsmannschaften in Israel, also etwa zwischen Polen, Rumänen, Litauern, Deutschen etc. Doch sind diese Witze kaum spezifisch jüdisch: Ähnlich machen sich auch Bayern und Preußen oder Zürcher und Basler übereinander lustig.

Nach den überraschenden Siegen über die zahlenmäßig weit überlegenen Araber kamen auch Spottwitze über arabische Soldaten auf. Sie sind, im Gegensatz zu den meisten anderen Judenwitzen, frei von Selbstkritik und ohne jede Tiefe. Seit dem sehr schwer errungenen Jom-Kippur-Sieg aber und dem wachsenden Druck aller Weltmächte, die Israel zur Selbstpreisgabe zwingen wollen, sind keine übermütigen Scherze dieser Art mehr in Israel entstanden.

Statt dessen beschäftigt sich der neueste Israelwitz mit der übel wuchernden Bürokratie des Landes – sie ist ein zwangsläufiges Symptom aller sozialistisch angefärbten Regierungen – und lacht über die Gegensätze zwischen europäischen und arabischen Juden. Und natürlich zirkulieren im jüdischen Israel, genau wie in anderen Ländern auch, boshafte Witze über die führenden Politiker.

Diese letzteren drei Witzsorten wird es in Israel wohl noch eine Zeitlang geben. Doch geht die Tiefe und formale Vollendung dem Judenwitz in Israel allmählich verloren. Denn dem Israeli fehlt ja die nach Freud »witzezeugende« Not und Wehrlosigkeit des Exiljuden, und außerdem studiert der durchschnittliche junge Israeli nicht mehr den Talmud. Er hat also auch nicht mehr jene formal-logische Schulung, die dem alten Judenwitz den spezifischen Schliff verlieh.

Dieser Schliff fehlt natürlich zunehmend auch den Judenwitzen Rußlands, wo den Juden die religiöse Ausbildung gesetzlich verboten ist. Und in Amerika, der dritten Region, in welcher die jüdische Witzproduktion – anders als in Mitteleuropa – noch nicht ganz erloschen ist, dürfen die Juden zwar ihren Talmud studieren, soviel sie wollen. Dort aber verzichten die weniger Frommen, genau wie in Israel, ganz freiwillig auf eine solide judaistische Ausbildung. Das religiöse Schrifttum im Originaltext studieren drüben, wie auch in Israel, nur noch Hyperorthodoxe und mystisch entflammte Chassidim. Wir hörten aber schon, daß wirklich Gläubige ihr Leid im allgemeinen nicht im Witz artikulieren.

Dennoch sind in Amerika sogar zwei ganz neue Witzkategorien entstanden. Ein Teil der amerikanisch-jüdischen Witze verhöhnt den jüdischen Einwanderer, der mit seinen berühmten rabbinischen Vorfahren in Osteuropa prahlt, während er in Wirklichkeit dem anonymsten Elendsproletariat entstammt. Und das zweite neue Witzmotiv ist der Psychoanalyserummel, die groteske Tatsache, daß der amerikanische Jude – sofern er es sich nur leisten kann – auch bei relativ guter geistiger Gesundheit in psychologischer Dauerbehandlung lebt. Nicht grundlos nennt man drüben die Psychoanalyse »Jewish Science« *(jüdische Wissenschaft)*. Und durchaus richtig denunziert der neue Psychoanalysewitz diese unmäßige Bindung des amerikanischen Juden an seinen Psychiater erstens als eine Abart der schon im alten Judenwitz verhöhnten jüdischen Hypochondrie und zweitens als einen Ersatz für den mystischen Glauben des chassidischen Adepten Osteuropas an seinen Wunderrabbi.

Doch auch den besten dieser neuen Witze aus dem Ostblock, aus Israel und aus Amerika fehlt der Motivreichtum des alten

Judenwitzes und, wie bereits erwähnt, zunehmend auch die aus dem lebenslänglichen Talmudstudium der Männer gespeiste logisch-formale Präzision und Vollendung der einstigen europäisch-jüdischen Witzfolklore. Es war kein Zufall, daß die besten und tiefsten Judenwitze kurz nach der Aufklärung bei jenen Juden entstanden, die gerade eben aus ihrer Traditionswelt in die Moderne überwechselten, bei denen sich also die alte religiöse Bildung mit der frisch keimenden modernen Skepsis paarte. Diese Situation wird sich kein zweites Mal einstellen. Den Judenwitz in seiner einstigen Vollkommenheit wird es daher nie mehr geben.

Zu dieser Ausgabe

In der Erstausgabe meines Buches ›Der jüdische Witz‹ hatte ich die Leser aufgefordert, mir weitere jüdische Witze zu schicken. Damals trafen innerhalb von wenigen Monaten viele Hundert Leserbriefe mit zum Teil vorzüglichem Material bei mir ein, das ich dann für die spätern Ausgaben verwertete. Mit Hilfe von Lesern vorwiegend aus dem Ostblock ist es mir auch gelungen, an sehr alte Sammlungen jüdischer Witze heranzukommen, die, im Gegensatz zu jenen in Jiddisch, Hebräisch und verschiedenen rein europäischen Sprachen, welche ich für meine Erstausgabe benützt hatte, nicht nur vergriffen, sondern auch buchstäblich verschollen und in keiner Bibliothek mehr aufzutreiben waren.

Nach der dritten Erweiterung der Walter-Ausgabe ist bei mir soviel zusätzliches gutes Material eingetroffen, daß sich daraus (mit freundlicher Genehmigung des Walter-Verlags) ein separater Nachlese-Band unter dem Titel ›Neues von Salcia Landmann‹ für den Herbig Verlag (München 1972) zusammenstellen ließ. Er liegt diesem zweiten dtv-Band jüdischer Witze zugrunde. Der erste Band ist unter dem Titel ›Jüdische Witze‹ als dtv-Band Nr. 139 erschienen und hat bis jetzt eine Auflage von 450000 Exemplaren erreicht.

Obwohl seit der Erstausgabe des Buches bereits sechzehn Jahre verflossen sind, vergeht auch jetzt keine Woche, in der nicht neue »Witzspenden« bei mir eingehen. Manche Leser melden sich auch immer aufs neue, sooft sie auf einen Judenwitz stoßen, den sie bisher noch nicht kannten. Andere schicken immer weitere sehr gute Varianten zu den bereits bei mir abgedruckten Witzen. Auswanderer und Rückkehrer aus dem Ostblock steuerten pointierte antisowjetische Witze aus Polen, der ČSSR, Rumänien bei. Mitteleuropäische jüdische Akademiker, die jetzt irgendwo in Amerika oder Australien wohnen, teilten mir lustige Anekdoten mit, die sie noch selber in der Vorhitlerzeit mit berühmten jüdischen Kollegen in Deutschland oder Österreich erlebt haben.

All dies ist in die Taschenbuchausgabe des zweiten Bandes jüdischer Witze eingegangen. Auch die Einleitung zu dem Buch mußte ich dank diesem zusätzlichen Witzmaterial und dank neuen Einsichten, die ich bei der intensiven, jahrelangen Beschäftigung mit dem jüdischen Witz gewonnen habe, entsprechend abändern. Eine ausführliche Analyse des Judenwitzes jedoch findet sich nach wie vor nur in der umfassenden Walter-Ausgabe und im dtv-Band Nr. 139, der nunmehr gleichsam den ersten Teil bildet.

Soziologen mag es interessieren, daß manchmal ein und derselbe Witz fast gleichzeitig Dutzende Male aus den verschiedensten Weltgegenden bei mir eintrifft, und oft in so ähnlicher Formulierung, daß an einer gemeinsamen Quelle kein Zweifel möglich ist. Eine internationale jüdische Weltverschwörung, wie sie in den berüchtigten ›Protokollen der Weisen von Zion‹ (einer antisemitischen Fälschung der zaristischen Geheimpolizei) behauptet wird, ist mit Sicherheit ein Märchen. Einen weltweiten Kontakt unter den Liebhabern jüdischer Witze scheint es aber tatsächlich zu geben. Merkwürdigerweise sind es aber keineswegs nur neuere, politisch gefärbte Judenwitze, die auf diese Weise mehrfach gleichzeitig zu mir gelangen, sondern zum Teil auch sehr alte, eindeutig aus der Zeit vor dem Ersten Weltkrieg stammende. So etwa dieser:

Im Nachtzug Lemberg-Tarnów öffnet Merores auf der Suche nach einem freien Platz ein Abteil und erblickt seinen Freund Sternlicht, intensiv beschäftigt mit einer jungen Person.

»Was tust du da?« fragt er verblüfft.

Sternlicht: »Ich fahre nach Tarnów.«

Darauf Merores, entrüstet: »Mitten durch die Lajt?!«

Der Grund zur weltweiten plötzlichen Neubelebung solcher alten Witze ist mir unbekannt.

Manchmal kommen auch fast gleichzeitig zahlreiche Witze mit an sich verschiedenem Inhalt, die aber alle auf dem gleichen

Witzmotiv beruhen, wie etwa auf der Verwechslung des spanischen Malers Goya mit Goje *(verächtliche Bezeichnung für nichtjüdische Frau)*. Da bei mir die Witze nicht nach der Art ihrer Pointe, sondern nach inhaltlichen Gesichtspunkten geordnet sind, kann es dann vorkommen, daß der Leser das identische Witzmotiv in verschiedenen Rubriken wiederfindet. Das ist sicher keine ideale Lösung, sie schien mir aber sinnvoller, als wenn ich jeweils nur eine einzige der Varianten abgedruckt hätte.

Die schwierigeren jüdischen Ausdrücke sind in einem kleinen Glossar am Ende des Bandes etwas ausführlicher erläutert, als dies im Witztext selbst möglich wäre.

Den Abschluß des Buches bildet die Namensliste sämtlicher Spender von Witzen. Es wäre zu mühsam gewesen, für diesen neuen Band nur jene herauszusuchen, deren »Gaben« im vorliegenden Buch figurieren. Außerdem aber hat es sich erwiesen, daß sich die Liebhaber des jüdischen Witzes über alle Kontinente hinweg zum Teil kennen. Manche haben sich in den Hitlerjahren aus den Augen verloren. In meiner »Spenderliste« fanden sie sich wieder. In einem Fall kam es sogar zur Heirat zwischen einem jüdischen Auswanderer nach Übersee und seinem »arischen« Schulschatz, nach welchem er im jetzigen Ostteil Deutschlands seit Kriegsende vergeblich gesucht hatte. Die Dame war nach Westdeutschland geflüchtet ... Möge die Spenderliste auch weiterhin nicht nur als Ausdruck meiner Dankbarkeit, sondern als Treffpunkt der Liebhaber des jüdischen Witzes ihren Sinn erfüllen!

Dr. phil. Salcia Landmann
Winkelriedstr. 1

CH-9000 St. Gallen (Schweiz)

Aus der Kille

Wußten Sie schon, wie die Zehn Gebote an die Juden gekommen sind? Das war so: In der uralten Zeit kam ein Engel aus dem Himmel und landete bei den Deutschen: »Liebe Leute, Jungfrauen und Ritter! Ich komme zu euch mit Zehn Geboten, die der große Gott euch allen schickt. Das erste Gebot lautet ›Du sollst nicht töten‹, das zweite ...«

»Waaaas! Zu uns kommst du mit einem Gebot, nicht zu töten?! Zu uns, den kriegerischen Rittern!? Hinaus mit dir! Verschwinde!«

Der Engel fliegt weiter und landet bei den Russen: »Ihr Brüderchen, ich habe für euch die Zehn Gebote mitgebracht, die euch Gott schickt. Sie lauten: ›Du sollst nicht töten‹, ›Du sollst dich nicht betrinken‹, ›Du sollst ...‹«

»Waaaas! Zu uns kommst du mit solchem Quatsch: ›Du sollst dich nicht betrinken‹?! Hinaus mit dir!«

Enttäuscht fliegt der Engel weiter und landet bei den Rumänen: »Gott schickt mich zu euch mit den Zehn Geboten. Ich will sie euch vorlesen: ›Du sollst nicht töten‹, ›Du sollst dich nicht betrinken‹, ›Du sollst nicht stehlen‹, ›Du sollst ...‹«

»Was?! Hör mal, Kleiner, wem sagst du da, daß er nicht stehlen soll? Einem Rumänen? Ha, ha, ha! Geh 'raus! Fort mit dir! Verschwinde!!«

Müde, traurig, fliegt der arme Engel weiter und landet bei den Juden: »Hört zu, Leute! Ich bringe euch Zehn Gebote, die der große Gott den Menschen schickt. ›Du sollst nicht töten‹, ›Du sollst nicht stehlen‹, ›Du ...‹«

»Laß das, laß das! Sag uns zuerst einmal, was die Sache kosten soll!«

»Das kostet doch nichts! Gar nichts! Es ist umsonst!«

»Umsooonst? Dann gib sie her!«

Gottes Allgegenwart.

»Rebbeleben, Ihr sagt, Gottes Auge sieht überall hinein – auch in meinen Keller?«

»Auch in deinen Keller.«

»Oj, Rebbe, schon verloren! Ich hab' gar keinen Keller!«

Ein ungläubiger Jude kommt zum frommen Rabbi in irgend einer Angelegenheit, trifft ihn beim Morgengebet und muß recht lange warten, bis der Rabbi fertig ist.

»Wozu die Pedanterie?« fragt der Besucher, »fürchten Sie Gott?«

»Ich fürchte«, spricht der Rabbi, »erstens Gott und zweitens vor allem jene, die ihn nicht fürchten.«

Manche chassidischen Wunderrabbis bedienten sich bei ihren Wundertaten nicht nur verschiedener Sprüche, Amulette und Talismane, sondern auch kabbalistischer Techniken. Eine davon beruht darauf, daß die Buchstaben im Hebräischen mit den Zahlen identisch sind. Aus dem Zahlenwert eines Wortes gewinnt der Kabbalist mystische Schlüsse oder Zauberformeln.

Ein Chassid, ein reicher Holzhändler, kommt zu seinem Wunderrabbi: »Rabbi, ich muß große Quantitäten Holz liefern, kann sie aber nur bei Schnee transportieren – und Ihr seht! Es hört in diesem Spätherbst nicht auf zu regnen!«

Der Rabbi denkt nach und erklärt: »Ihr müßt 333 Rubel spenden, das ist der Zahlenwert des Wortes Scheleg *(Schnee)*.«

Der Chassid bringt dem Rabbi die verlangte Summe und legt sogar noch 10 Rubel als Geschenk für die Rebbezen *(Frau des Rabbi)* bei.

Nach einer Weile kommt er wieder und klagt: »Rabbi, Ihr habt mir doch für 333 Rubel Schnee versprochen – und es regnet immer noch!«

»Da seid Ihr selber schuld«, erklärt der Rabbi, »Ihr habt statt 333 Rubel 343 Rubel gebracht – und 343 ist der Zahlenwert von Geschem *(Regen)*!«

Russisch Polen. Bruchband, dick wie ein Faß, kommt zum Wunderrabbi und bittet um einen Rat, wie er abmagern könnte.

»Geh nach Marienbad!« sagt der Rabbi.

Bruchband steht nach vier Wochen wieder vor dem Wunderrabbi: »Rebbe, Ihr habt doch gesagt, Marienbad wird mir helfen. Und nun schaut mich an! Ich bin noch dicker geworden!«

»Nu – hast du denn meinen Rat befolgt? Ich hab' gesagt: *Geh* nach Marienbad! Bist du etwa gegangen? Du hast dich in den Zug gesetzt und bist gefahren!«

In Notlagen pflegen die Juden Psalmen zu rezitieren. Ist die Situation besonders schwer, dann tut man es nicht nur selbst oder durch einzelne Stellvertreter, sondern durch eine ganze Zehnergemeinde.

Jossels Frau liegt seit vollen zwei Tagen in Wehen. Verzweifelt eilt Jossel zur Synagoge und bietet gegen ein gutes Trinkgeld zehn Juden zum Psalmenbeten auf.

Als er heimkommt, ist die Frau mit einem gesunden Knaben niedergekommen. Der Jude ist ganz glücklich.

»Maseltow *(Viel Glück)*!« gratuliert die Hebamme, »die Psalmen haben geholfen!«

Es vergeht keine halbe Stunde – da kommt die Frau mit einem zweiten Jungen nieder.

»Die Psalmen wirken Wunder!« ruft die Hebamme entzückt aus.

Nach einer weiteren halben Stunde ist ein dritter Junge da ...

Jossel rennt zur Synagoge so schnell er kann und schreit, ganz außer Atem: »Sofort aufhören mit Psalmenbeten!«

Gewisse rituelle und kultische Pflichten – etwa das Aufsagen der Totengebete oder das Rezitieren von Psalmen in Notlagen – kann man einer Zweitperson auftragen. In den jüdischen Gemeinden des Ostens standen hierfür die Batlanim – fromme arme Müßiggänger – gegen ein bescheidenes Trinkgeld jederzeit zur Verfügung. Natürlich kann man sich nicht etwa vom Fasten auf diese Weise dispensieren. Das geht schon deshalb nicht, weil die jüdischen Fasttage im Kalender genau festgelegt sind, so daß der Batlan an diesem gleichen Tag ja ohnehin fasten muß. Im jüdischen Witz kommt es dennoch vor.

Kommerzienrat Bamberger läßt kurz vor Jom Kippur, dem strengsten Fasttag, den Batlan Simche zu sich kommen, auf den er seit Jahren seine sämtlichen rituellen Pflichten abwälzt, und sagt zu ihm: »Da habt Ihr 5 Kronen, genau wie im Vorjahr, damit Ihr wieder für mich fasten sollt.«

»Für 5 Kronen kann ich dieses Jahr nicht mehr fasten«, sagt Simche, »dieses Jahr kostet es 10 Kronen.«

»Was ist auf einmal los?« fragt Bamberger verwundert.

»Nu«, erklärt Simche, »die Lebensmittel sind doch aufs Doppelte gestiegen.«

Simche hat von drei Kunden »Fastengeld« für den Jom Kippur einkassiert und auch tatsächlich den ganzen Tag über brav gebetet und gefastet.

Einer der drei Kunden lädt ihn am Abend nach dem Fasttag zum üblichen Festmahl ein. Simche haut tüchtig rein.

Der Gastgeber schaut verwundert zu, mit welcher Geschwindigkeit Simche die leckeren Speisen in sich hineinschlingt, und sagt dann anerkennend: »Ihr fastet für drei, Simche, aber Ihr freßt für sechs.«

Der alte Lewy liegt im Sterben. Fromme Juden kommen herein und rezitieren nach altem Brauch gemeinsam die Sterbegebete. Da sie den Text auswendig können, babbeln sie ihn blitzschnell herunter.

Da hebt Lewy mühsam seinen Kopf vom Lager und sagt streng: »Jagen laß ich mich nicht! Fangt noch einmal von vorne an!«

Rabbi: »Reb Itzik, Ihr müßt nicht verzweifeln! Der Herr, unser Gott, der die ganze Welt aus dem Nichts geschaffen hat, kann auch Euch helfen!«

Itzik, niedergeschlagen: »Rebbe, damals ist das gegangen. Aber heute, bei die schlechte Zeiten, mecht' er's auch nicht fertig bringen!«

Ein Chasen *(Kantor)* hat in einer kleinen Gemeinde an den hohen Feiertagen gastiert. Nach dem Gottesdienst macht er dem Rabbi seine Aufwartung.

»Sie haben eine schöne Stimme«, lobt der Rabbi, »vor allem aber bewundere ich Ihr brillantes Gedächtnis.«

»Mein Gedächtnis?« wundert sich der Chasen.

»Nu ja, wie Sie vor zehn Jahren hier waren, haben Sie die genau gleichen Fehler gemacht.«

»Ich glaub' an gar nix! Ich geh' in kein' Tempel, ich tu' was ich will, ich arbeit' am Schabbes ... Nur am Jom Kippur, da fast' ich natürlich ...«

»Ich denk', du glaubst an keinen Gott?«

»Nu ja, ich könnt' mich ja schließlich irren.«

Der arme fromme Srulke erfährt, daß Kadischewitz, der größte und reichste Geizhals des Städtchens, in der Lotterie den Haupttreffer gemacht hat.

Srulke hebt die Augen zum Himmel und sagt: »Lieber Gott, täglich bete ich zu dir um Brot für meine Kinder – und du hast mich nicht erhört! Aber diesem reichen Geizhals gibst du!

Nun – eine Nekome *(Genugtuung, Rache)* habe ich: Du hast dein Geld schlecht angelegt!«

Meschulem, der Schneider, klagt: »Die Geschäfte gehen bei mir so schlecht – da kann nur noch der Messias helfen!«

»Wieso ausgerechnet der Messias? Was hat er mit dem Schneidergewerbe zu tun?«

»Nun – wenn der Messias kommt, werden alle Toten auferstehen, und sie alle brauchen Kleider!«

»Du vergißt bloß, daß dann alle Schneider ebenfalls mit auferstehen werden!«

»Davor habe ich keine Angst! Die haben doch keine Ahnung von der neuen Mode!«

Warum zog Moses mit den Juden durchs Rote Meer?

Weil er sich genierte, mit der Mischpoche *(Sippe)* durch die Stadt zu gehen.

Wer hatte den größten Hintern?

Josef. Denn der Pharao setzte ihn über ganz Ägypten.

Barmizwe-Feier: entspricht etwa der Konfirmation.

Synagoge. Der Rabbi zum frisch gebackenen Barmizwanten: „Bisher pflegten wir jedem von euch einen Tenach *(Pentateuch)* zu schenken. Wir haben aber beschlossen, daß ihr von jetzt an einen Regenschirm bekommen sollt. Es besteht dann eher eine Chance, daß ihr ihn einmal aufmacht.«

Der Rabbi auf der Kanzel: »Meine lieben Gemeindemitglieder! Bevor ich mit meiner Predigt anfange, möchte ich euch etwas Interessantes sagen.«

Für »studieren« sagt man im Jiddischen »lernen«. – Das religiöse Schrifttum der Juden ist so umfassend, daß auch gewiegte Religionsgelehrte sich seinem Studium lebenslänglich widmen müssen.

Ein Dorfjude kommt zum Rabbi in die Stadt mit einem Anliegen. Der Rabbi ist nicht in seinem Amtszimmer.

»Wo ist der Rebbe?« fragt der Dorfjude.

»Er sitzt im Bess-Medresch *(Lehrhaus)* und lernt«, sagt die Rabbinerin.

Der Dorfjude wundert sich: »Er lernt? Erst jetzt lernt er?

Können sie sich in der Stadt nicht einen ausgelernten Rabbiner leisten?«

Ein Kleinstadtrabbiner bestellt sich bei einem begabteren Kollegen für jeden Freitag abend die fertige Predigt. Einmal trifft die Predigt nicht rechtzeitig ein, worauf sich der unglückliche Rabbi vor Verzweiflung krank meldet und ins Bett legt.

Der besorgte Gemeindevorstand drängt den Doktor, den Rabbi aufzusuchen. Der aber ahnt die Zusammenhänge und weigert sich hinzugehen. Schließlich läßt er sich doch zum Krankenbesuch überreden. Der Gemeindevorstand wartet vor der Tür des Rabbi auf den Bericht.

Der Doktor kommt aus dem Haus und erklärt: »Meine Herren – Sie können ganz ruhig sein. Unser Rabbinerchen – nu, es hat nichts zu sagen.«

USA. Freitag abend. Rosenbaum liest am Anschlagpfosten der Synagoge die Ansage: »Sabbat morgens Predigt über die große Flut und ihre Folgen«.

Rosenbaum geht auf den Rabbiner zu und sagt artig: »Leider bin ich verhindert, morgen zu Ihrer Predigt zu kommen. Aber glauben Sie ja nicht, daß ich mich um meine moralischen Pflichten herumdrücken will! Ich spende 50 Dollar für die Opfer der großen Flut!«

In einer ostjüdischen Gemeinde war es Sitte, dem neu engagierten Religionslehrer jeweils hundert Gulden als Begrüßungsgeschenk anzubieten. Im Lauf der Zeit war die Gemeinde aber so verarmt, daß die Schenkung zu einer leeren Geste herabsank.

Als wieder einmal ein neuer Lehrer engagiert wurde, kam eine Delegation zu ihm und sagte: »Wir bringen Ihnen ein kleines Präsent. Seien Sie so großmütig wie Ihr Vorgänger – er hat es nicht angenommen.«

Der Lehrer aber griff eilig zu und sagte gerührt: »Ich will gern alles tun, um meinem Vorgänger zu gleichen. Aber bedenken Sie: Mein Vorgänger war ein großer Mann, ein heiliger Mann, ein unnachahmlicher Mann!«

Volkstümliche Ausgaben von religiösen Schriften der Ostjuden waren manchmal sehr naiv bebildert: die biblischen Patriarchen trugen die ostjüdische Tracht, also Kaftan und Straimel (sabbatliche Samtmütze mit Pelzrand).

Der reiche Halpern hat seine Tochter mit einem Jüngling verheiratet, der sich für einen großen Talmudgelehrten ausgibt. Halpern ist nicht in der Lage, die Kenntnisse des Schwiegersohns zu überprüfen, und als sich dieser mit Hinweis auf seine Gelehrtheit weigert, dem Broterwerb nachzugehen und statt dessen auf Kosten des Schwiegervaters den ganzen Tag über nur in seinem Stübchen religiöse Studien betreiben will, gibt Halpern eingeschüchtert nach.

Manchmal kommt der Schwiegervater ins Zimmer des jungen Mannes, um ihn zu besuchen – immer findet er ihn über dem Titelblatt eines Buches brütend, auf welchem Moses abgebildet ist.

»Nu – was hast du ausgeklärt?« fragt er den Jüngling.

»Ich klär'«, berichtet dieser, »wenn es is Winter – farwos geht Mosche Rabbenu *(unser Meister)* barfuß? Und wenn es is Sommer – farwos trogt er den Straimel auf dem Kopf?«

Der Rabbiner sitzt im Theater. Eines Defektes wegen geht die Courtine nicht hoch, sie bleibt auf halber Höhe stecken, und man sieht nur die Beine der Schauspieler.

»Genau wie meine Kille *(Gemeinde)*!« seufzt der Rabbi, »eine Menge Füß' und kein einziger Kopf!«

Ein reicher Jude in Hommona *(Ungarn)* wollte gern Vorstand der Kultusgemeinde werden, genierte sich jedoch, seinen Wunsch offen zu äußern. Die Bürger dachten aber nicht daran, ihm die Ehrenposition anzubieten. Da beschloß er, indirekt den Rabbiner auf seinen Wunsch aufmerksam zu machen.

Er kam also zum Rabbi und fing an: »Rebbe, im Talmud steht doch geschrieben: ›Wer nach der Größe jagt, vor dem flieht sie‹ und: ›Wer vor der Größe flieht, dem jagt sie nach‹. Ich bin vor der Größe geflohen – warum jagt sie mir nicht nach?«

Der Rabbiner begriff, worauf der Jude anspielte, und erklärte: »Das ist sehr einfach: Wenn du weißt, daß du vor der Größe geflohen bist, beweist du eben dadurch, daß du nicht ernsthaft vor ihr geflohen bist.«

In der jüdischen Kultusgemeinde von Neutra fanden Neuwahlen statt. Eine Anzahl primitiver Aufkömmlinge setzte sich hierbei gegen die alten respektablen Ehrenbürger durch.

Als die Neugewählten dem Rabbi ihre Aufwartung machten, sah er sie lange der Reihe nach an und meinte dann: »Wißt ihr, was der Unterschied ist zwischen einer Papierfabrik und Neuwahlen?«

»Nu?«

»Bei der Fabrik gibt man Lumpen hinein, und es kommt Papier heraus. Bei den Wahlen gibt man Papier hinein, und es kommen Lumpen heraus.«

Fromme Juden legen Wert darauf, neben berühmten Rabbis begraben zu werden.
Um die freie Grabstätte neben dem frisch verstorbenen Rabbiner entbrannte in einer ostjüdischen Gemeinde zwischen zwei reichen Juden ein heftiger Streit. Alle Ehrenbürger versuchten zu schlichten – vergeblich!

Schließlich brachte man den Streitfall vor den neuen Rabbiner. Der dachte ein Weilchen nach und entschied: »Das Grab gehört jenem von den beiden, der als erster stirbt.«

Der Streit erlosch auf der Stelle.

Der Vorsteher der Chewra Kadischa *(Beerdigungsverein)* hat Dispositionen getroffen, die einigen Herren der Gemeinde nicht gefallen. Eine Delegation trifft daher bei ihm ein, um sich zu beklagen.

Stolz weist er sie ab mit den Worten: »Ich allein habe das Recht, hier zu disponieren! Ich kann begraben lassen, wann ich will, wo ich will, wie ich will und wen ich will!«

In der Versammlung der Kultusgemeinde ging es so lärmig zu »wie in der Judenschul'«.

Da erhob sich der Vorsitzende und sagte: »Wenn die Herren, welche reden, nicht mehr Lärm machen wollten als die Herren, welche schlafen, dann wäre es für die Herren, welche zuhören wollen, sehr angenehm.«

Mordechai Rubinfeld ist Präsident des Comités der hebräischen Schule und unterstützt sie großzügig. Einmal im Jahr wohnt er dem Unterricht bei. Er macht das so, daß er sich in jeder Klasse nur die Antworten eines einzigen Schülers anhört und dann in den nächsten Schulraum geht.

Ein Lehrer wendet ein: »Wollen Sie nicht lieber mehrere Schüler pro Klasse anhören? Auf diese Weise bekommen Sie ja keinen richtigen Eindruck!«

»Nein, wozu?« meint Rubinfeld, »ich mache es hier genau so

wie in meinem Laden. Ich öffne ein Heringfaß und nehme einen Hering heraus – ist er gut, dann weiß ich: Alle andern sind auch gut.«

Die Kultusgemeinde hat ein neues Schlachthaus erstellen lassen. Festliche Besichtigung durch den Kultusvorstand.

Einer der Herren meint mißtrauisch: »Ist das Tor nicht ein wenig zu eng?«

»Was fällt Ihnen ein!« protestiert Reb Awrom, der Präsident, »schauen Sie doch her! Geh' ich nicht mühelos durchs Tor? Und gibt's einen größeren Ochsen als mich?«

Der Vorsteher der Kultusgemeinde von Dukla stand im Verdacht, Gemeindegelder für sich verwendet zu haben.

Einmal verschlang sein Kind eine Heller-Münze und war dem Ersticken nahe. Nur mit Mühe konnte es vom Arzt gerettet werden.

Da meinten die Juden von Dukla: »Ein wahres Wunder! Der Papa schlingt jährlich Tausende von Dukaten hinunter wie nichts – und das Söhnchen beginnt schon bei einem einzigen Heller zu würgen!«

Aus einem unerfindlichen Grund galten die Juden der ungarischen Stadt Neutra als Diebe.

In Neutra soll sich ein neuer Rabbinatskandidat vorstellen. Gleich nach seiner Ankunft wird in der jüdischen Pension, in der er abgestiegen ist, sein Koffer aufgebrochen und teilweise geplündert.

Als er bei der Probepredigt hinter dem Rednerpult auftaucht, sieht er riesenhoch aus, obwohl er an sich klein von Wuchs ist.

»Meine lieben Juden!« beginnt er. »Ihr wundert euch sicher, daß ich plötzlich so groß erscheine? Das ist ganz einfach zu erklären: Wenn ich woanders predige, stelle ich mich bei meinen Ausführungen auf ein Bibelwort. Bei euch stelle ich mich auf meinen Koffer.«

Ein Wanderprediger kommt zum zweiten Mal nach Neutra, dem Diebesnest. Damals wie heute wird in der jüdischen Pension, in der er abgestiegen ist, sein Koffer aufgebrochen und teilweise ausgeraubt.

Der Prediger spricht sehr eindrucksvoll von der Hölle als Strafe für Diebstahl, schildert die Qualen: Hitze, Glut, Flammen ...

Nach der Predigt kommt ein Jude auf ihn zu und fragt verwundert: »Rabbi, über die Hölle habt Ihr schon vor fünf Jahren gepredigt. Warum wieder das gleiche Thema?«

»Weil es damals nichts geholfen hat.«

»Schön. Aber damals habt Ihr gesagt, in der Hölle sei es eiskalt und man erstarre vor Frost – und jetzt erzählt Ihr plötzlich, es sei dort kochend heiß?!«

»Nu ja – damals war kalter Winter. Hätte ich gesagt, in der Hölle ist es heiß, dann hättet ihr noch doppelt gestohlen!«

Der Prediger hat lange gepredigt, mit wilden Gesten, aber viel zu leiser Stimme.

»Interessant«, meint einer der Zuhörer, »er predigt mit die Händ und man hört mit die Augen!«

Der Maggid, der Wanderprediger, hat eine feurige Strafpredigt gegen alle jene gehalten, die am heiligen Sabbat den Laden offen halten und Geschäfte machen.

Nach der Predigt kommt Schneurson, der ärgste Sabbatsünder der Gemeinde, auf den Maggid zu und schenkt ihm einen beachtlichen Betrag.

Der Maggid, tief gerührt, hält daraufhin in der nächsten Woche eine zweite Rede, in welcher er über Sabbatvergehen sehr mild und versöhnlich urteilt. Ohne Zweifel wird ihm Schneurson – so denkt er – jetzt noch weit mehr schenken.

Indes schenkt ihm der Sünder keine Kopeke.

Nach langem Zögern faßt sich der Maggid ein Herz, geht zu Schneurson und fragt ihn, was das bedeute?

Darauf dieser: »Wieso begreift Ihr das nicht? Mit Euren Drohungen habt Ihr meine ganze Konkurrenz so eingeschüchtert, daß außer mir keiner mehr wagte, das Geschäft am Sabbat zu öffnen. Jetzt, nach Eurer zweiten Predigt, werden alle ihre Läden wieder aufmachen.«

Jom Kippur: Strengster Buß- und Fasttag.

»Wie ertragen Sie den Jom Kippur, Herr Kohn?«

»Sehr gut.«

»Kein Kopfweh, keine Übelkeit, kein Schwindelgefühl?«

»Nein.«

»Wie ist das möglich?«

»Ich faste nicht.«

»Nu, Jossl, hast du am Jom Kippur den ganzen Tag nicht gegessen?«

»Bin ich e Vieh, daß ich soll den ganzen Tag essen?«

Bekanntlich ging der Offenbarung der Zehn Gebote am Sinai ein heftiges Gewitter voraus.

Ein Freidenker in Galizien prahlte, daß er nicht einmal Gott fürchte.

Als er bei einem heftigen Gewitter am ganzen Körper zu zittern anfing, spotteten seine Freunde: »Gott fürchtest du nicht – und vor ein bißchen Blitz und Donner hast du Angst!«

»Ich fürchte nicht Blitz und Donner«, beteuerte der Freidenker, »ich habe nur bei jedem Gewitter Angst, Gott könnte uns noch zusätzliche Zehn Gebote bescheren!«

Pessach, das Osterfest der Juden, wird zur Erinnerung an den Auszug aus Ägypten gefeiert. Während der acht Pessachtage ißt man statt Brot die Mazzes, die ganz ohne Treibmittel gebacken werden und daher, damit man überhaupt hineinbeißen kann, papierdünn ausgewallt und frisch und knusprig sein müssen.

»Die Mazzes, die Sie mir geliefert haben, sind die reinsten Briketts!«

»Wenn die Juden sie in der Wüste gehabt hätten, wären sie hochzufrieden gewesen.«

»Das glaube ich auch. Damals waren die Mazzes noch frisch.«

Zu Pessach, dem Osterfest, wird beim Festmahl die ganze Leidensgeschichte der Juden in Ägypten mit allen Details der Bedrückung durch den Pharao vorgelesen.

Familie Goldbaum hat den jungen Rabbi zu Tisch geladen. Am Tisch sitzt auch der »aufgeklärte« Sohn des Hauses.

Der Sohn: »Rabbi, wenn der Pharao heute noch leben würde, dann wäre er zu bewundern!«

Der Rabbi, empört: »Wieso zu bewundern?«

Der Sohn: »Weil er dann dreitausend Jahre alt wäre!«

Die ungesäuerte Mazze, die an Pessach statt Brot gegessen wird, ist teurer als gewöhnliches Brot. Ihr Beschaffung bedeutete für arme Juden ein Problem. – In Altösterreich bekamen frisch Bekehrte eine Taufprämie.

Im ostgalizischen Brody taucht eines Tages ein Missionar bei der jüdischen Gemeinde auf. Aber seine Erfolge sind gleich Null.

Entmutigt will er die Stadt verlassen – da meldet sich bei ihm ein sehr frommer, armer, talmudgelehrter Jude.

Der Missionar ist begeistert. Er beschließt, diesen theologisch hochgebildeten Klienten besonders eingehend zu unterweisen. Der aber legt eine ganz unbegreifliche Ungeduld an den Tag.

»Warum solche Eile?« fragt verwundert der Missionar.

»Wegen Pessach«, erklärt der Jude lakonisch.

Der Missionar wundert sich: »Ich verstehe absolut nicht, was die Taufe mit dem jüdischen Osterfest zu tun hat!«

»Nu, was ist da so schwer zu verstehen«, sagt der Jude, »ich brauche das Taufgeld für die Mazzes!«

Der Genuß von Schinken und überhaupt Schweinefleisch ist den Juden nach mosaischem Gesetz verboten.

»Rebbe, Sie müssen mir eine Buße auferlegen. Ich habe begangen e Sünd', was bis heut kein Goj und kein Jud' je begangen hat!«

»Was hast du getan?!«

»Ich hab' gegessen Mazze mit Schinken.«

Fromme Juden tragen auch zu Hause eine Kopfbedeckung, meist ein kleines schwarzes Käppchen, genannt Jarmulke. Der Einfachheit halber behalten manche das Käppchen auch draußen unter ihrem Hut auf.

Zwei Juden gehen miteinander durch eine fremde Stadt. Sagt der eine zum andern: »Schau, dort drüben, da steht auch ein Jude!«

»Woher weißt du das?«

»Nu – er trägt eine schwarze Jarmulke unterm Hut – wird er sein e Kardinal in Trauer!«

Scholet oder Tscholent: eine fette Sabbatspeise.

In koscheren Restaurants war es üblich, ausverkaufte Gerichte auf der Speisekarte durchzustreichen. Daher die oft unwillkommene Antwort des Kellners: »Schon gestrichen!«

In Wien geht ein Jud' in ein koscheres Restaurant, und im Eingang begegnet er einem andern Gast, der das Restaurant eben verläßt und dabei kräftig rülpst.

Der neue Gast zieht die Luft sehnsüchtig durch die Nase ein und sagt verzückt: »Oh!! Scholet!«

Darauf der andere mit schadenfrohem Lächeln: »Schon gestrichen!«

Fromme Juden beten nur mit Kopfbedeckung. – Wenn sie etwas trinken oder essen, müssen sie zuvor einen entsprechenden Segen sprechen. Meist behalten sie nachher während der ganzen Mahlzeit den Hut oder das Käppchen auf.
Nudeln mit Quark sind in Ungarn eine allgemein beliebte Speise. Aus einem unerfindlichen Grund essen die Christen ihre Quarknudeln gesalzen, die Juden dagegen mit Zucker und manchmal sogar noch mit Zimt. –

Ein Herr bestellt im Restaurant Quarknudeln, die auch prompt serviert werden. Der Herr kostet und sagt zum Kellner: »Bitte bringen Sie mir etwas Puderzucker dazu!«

Der Kellner sagt höflich: »Jawohl, mein Herr ... aber darf ich Ihnen auch Ihren Hut aus der Garderobe holen?«

Im koscheren Restaurant.

Ein Gast: »Kellner, der Salat glänzt ja vor Öl!«

Der bärtige Kellner: »No na – vor Talmudgelehrsamkeit!«

Fromme Juden dürfen am Sabbat keine Geschäfte machen und nicht einmal Geld anrühren oder bei sich tragen.
Koralnik ist gestorben. Die Nachbarn kommen zur Witwe, um zu kondolieren.

»Ein so frommer Mann!« rühmt einer den Verstorbenen.

»Ja«, seufzt die Witwe, »wahrhaft fromm! Jeden Freitag abend übergab er mir seine Geldtasche zum Wegsperren. Zwar hatte er meist schon am Nachmittag den letzten Heller beim Kartenspiel verloren. Aber das Prinzip, das Gesetz hat er sein Leben lang befolgt!«

Der Rabbi: »Scherenzes, Ihr habt am Sabbat um Geld gespielt!?«

»Ich gebe es zu.«

»Für die Sünde werdet Ihr bezahlen! Zum Beispiel mit einer Spende für die Talmud-Toraschule!«

»Wozu die Buße? Die Sünde hat mich doch bereits 30 Rubel gekostet!«

Der Talles, der jüdische Gebetmantel, ist ein helles großes Tuch mit schwarzen Streifen am Rand.
Moritzl geht mit der Mutter in den Zoo. Vor einem Zebra bleibt er entzückt stehen: »Schau, Mama, ein jüdisches Pferd!«

»Wie kommst du auf den Unsinn?«

»Es trägt einen Talles genau wie Papa!«

Levaje: Beerdigung.
Der Rabbi spricht bewegt am offenen Grab: »Wir nehmen jetzt Abschied von Lew Kerschenbaum ...«

In diesem Augenblick treffen zwei Freunde von Kerschenbaum verspätet bei der Trauergemeinde ein und hören die Fortsetzung: »... einem ehrlichen Geschäftsmann, einem treuen Ehemann, einem guten Vater ...«

Flüstert der eine dem andern zu: »Laß uns hejlachen *(weggehen)*, mer sennen auf der falschen Levaje!«

Grünblatt haßt seinen Konkurrenten Eierweiß auf den Tod. Tag und Nacht schimpft er auf ihn.

»Nu«, beschwichtigt ihn sein Freund, »wenn er aber sterben sollte, dann wirst du ja doch zu seiner Levaje gehen.«

Darauf Grünblatt, bitter: »Das erlebt er nie!«

Beschneidung der Knaben: Jüdisches Grundgebot.
In Jerusalem betreten zwei Männer älteren Jahrgangs eine Bedürfnisanstalt, stellen sich nebeneinander und verrichten ihre Notdurft. Dabei durchnäßt der eine das Hosenbein des andern und entschuldigt sich wortreich. Der Betroffene strahlt ihn an und fragt: »Sie sind gewiß aus Lodz?«

»Ja ... woher wissen Sie?«

»Nu – der Rebbe dort schnitt immer so schief.«

Tobias Blaustein, der letzte »Lippische Oberjude« *(Vorsitzender der jüdischen Kultusgemeinde)*, war recht klein gewachsen. Nachforschungen ergaben folgenden Befund:

»Zu stark beschnitten, nicht richtig begossen.«

Lejnen, von lat. legere (lesen), wird jiddisch meist nur im engern Sinn von »Gebete oder rituelle Texte in der Synagoge vorlesen« benützt. – Orthodoxe Juden lehnen die Sitte der »Reformjuden« ab, manche Texte in deutscher Übersetzung vorzutragen.
Jankeles und Schwersenzer, Textilhändler aus Schrimm, sind geschäftlich in Berlin. Aus Neugierde besuchen sie einen Gottesdienst der dortigen jüdischen Reformgemeinde, der zudem statt am Sabbat am Sonntag stattfindet. Als der Vorbeter einen Bibelabschnitt deutsch vorträgt, mein Jankeles anerkennend: »Nun, *lejnen* tun sie immerhin noch!«

»Das nennst du *lejnen*?!« widerspricht Schwersenzer, »das ist doch noch nicht einmal Halb-*Leinen*!«

Am Sabbat darf man kein Feuer anzünden und folglich auch nicht rauchen.

Ein Astronaut landet auf dem Mond. Er will sich eine Zigarre anstecken. Da kommt ein kleiner grüner Mann und brummt etwas. Der Astronaut versteht nicht.

Er versucht nochmals, sich die Zigarre anzuzünden, und der kleine Mann gestikuliert wild.

Beim dritten Versuch glückt ihm das Anstecken, aber der kleine Mann schreit: »Schabbes!! Schabbes!!«

Chelm, eine polnische Kleinstadt, entspricht etwa dem deutschen Schilda. – Jiddisch wird mit hebräischen Lettern geschrieben.
Chelm. Die Eltern Feuerstein haben ihren Sohn zur Ausbildung in die nahe Kreisstadt geschickt. Die städtische Atmosphäre färbt auf ihn ab – und eines Tages schreibt er an seine Eltern statt in hebräischen in lateinischen Buchstaben.

Die Eltern sind ratlos. Sie können die Schrift nicht lesen. Da beschließen sie, auf der Straße den nächsten besten Fremden um Hilfe anzugehen.

Sie gehen vors Haus und fangen einen dicken großen Passanten ab: »Könnt Ihr das lesen?«

»Ich kann.«

»Wollt Ihr so gut sein, es uns vorzulesen?«

»Bitte sehr!«

Der Passant, mit grober Brüllstimme: »Lieber Vater, schick mir ein paar Gulden, denn meine Hosen sind zerrissen und ich muß mir neue kaufen!«

Der Vater, entrüstet: »Nie hätte ich gedacht, daß unser Junge so ein roher Schreihals ist! Ich schicke keinen Heller!«

Die Mutter beschwichtigt: »Unser Sohn ist doch immer so bescheiden und freundlich gewesen! Vielleicht lautet der Brief ganz anders?«

Das leuchtet dem Vater ein. Sie halten einen zweiten Passanten an, einen kleinen schmächtigen schüchternen Menschen. Auch er kennt lateinische Buchstaben und ist bereit, den Text vorzulesen. Mit flehender Piepstimme trägt er den Briefinhalt vor.

Der Vater, tief gerührt: »Der arme, schüchterne Junge! Wie bescheiden er sich ausdrückt! Ich geh' sofort das Geld aufgeben!«

Chelm. Ein Chelmer Narr fährt Eisenbahn mit seinem kleinen Sohn, für den er die Fahrkarte einsparen möchte. Er steckt ihn in einen großen Sack und legt ihn über sich ins Gepäcknetz. Sie kommen an die Grenze.

Der Zollbeamte fragt: »Was ist in dem Sack?«

»Nur wertlose Steingutschüsseln!« versichert der Chelmer.

Der Zöllner klopft mißtrauisch an den Sack. Da ertönt es aus dessen Innern: »Kling – klang!«

Chelm. Der Mann einer Jüdin ist verschwunden. Einige Wochen später zieht man aus dem Fluß eine bereits sehr entstellte und aufgeschwemmte Leiche, immerhin an Kaftan, Bart und Pejes *(Schläfenlocken der Orthodoxen)* als die eines Juden erkennbar. Der Rabbiner von Chelm läßt bei der Gemeinde herumfragen, ob vielleicht jemand etwas über den Ertrunkenen weiß.

Da kommt die Jüdin zum Rabbiner und beteuert: »Das ist sicher mein Mann, gebt mir eine Bestätigung, daß er tot ist und ich wieder heiraten kann!«

Der Rabbiner aber hat Bedenken: »Woher kann ich wissen, ob das wirklich Euer Mann ist? Gebt mir einige Kennzeichen, damit wir ihn identifizieren können!«

Die Jüdin denkt lange nach, dann sagt sie strahlend: »Er hatte zwei Merkmale, an denen man ihn sofort erkennen konnte. Er war ein wenig taub und er stotterte.«

Chelm. Schmerl: »Berl, darf ich dir vorstellen meine Kalle *(Braut)*?«

Berl zieht Schmerl beiseite und flüstert ihm zu: »Bist du blind? Sie ist ja schwanger!«

Schmerl: »Nu – was geht das mich an? Es ist ja nicht von mir!«

Ein Chelmer steht vor dem Stadthügel und stellt fest: »Die Leute nennen uns mit Recht ›die Chelmer Narren‹. Der Beweis: Wir wohnen auf dem Hügel über dem Fluß. Nun weiß ein jeder, daß es leicht ist, volle Wagen bergab und leere bergauf zu fahren. Was aber tun wir? Wir fahren die vollen Wasserfässer hinauf und die leeren hinunter!«

Chelm. »Jankel, warum heiratest du nicht?«

Jankel, tieftraurig: »Was hat das für einen Zweck? In unserer Familie ist Kinderlosigkeit erblich!«

»Kinderlosigkeit erblich!? Dein Vater war kinderlos!?«

»Was heißt Vater? Ich hab' doch einen Stiefvater gehabt!«

Chelm. Der arme Schammes *(Synagogendiener)* kommt zum Rabbi und klagt: »Rebbe, ich hab' kein Geld für Mazzes *(ungesäuertes Osterbrot)*, und Pessach *(Ostern)* steht vor der Tür!«

Der Rabbi klärt lange und rät dann: »Verkauf deine Silberleuchter und kauf für das Geld Mazzes!«

Der Schammes: »Aber Rebbe, wo soll ich auf einmal Silberleuchter hernehmen?«

Der Rabbi, streng: »Misch die Dinge nicht durcheinander! Das ist eine andere Frage, die fällt nicht in meine Kompetenz!«

Feiwusch aus Chelm ist nach Paris gefahren. Lange lauscht er verwundert, wie die Franzosen sprechen, dann stellt er erleichtert fest: »Es stimmt nicht, daß wir Chelmer Narren sind. Es war zum Beispiel überaus klug von uns, nicht in Paris zur Welt zu kommen. Es hätte uns jeder hier ausgelacht, weil wir nicht französisch können!«

Chelm. Berisch: »Wie konnten die Leute früher nur ohne Telephon, Telegraph, Radio leben!«

Elkisch: »Sie konnten es in der Tat nicht. Du siehst doch, sie sind alle gestorben!«

Chojsek, ein legendärer Schalksnarr der ostjüdischen Anekdote, kommt zum Rabbi gelaufen und bittet: »Rabbi, deutet mir meinen Traum von heute Nacht! Mir hat geträumt, ich sei der Esel, auf dem der Messias geritten kommt!«

»Im Talmud«, sagt der Rabbi, »steht geschrieben: ›Wie kein Korn ohne Stroh möglich ist, so gibt es keinen Traum ohne eitle Worte ...‹ Eitel ist, daß der Messias auf dir geritten kommt; wahr hingegen, daß du ein Esel bist.«

Chojsek wandert bei klirrendem Frost ins Nachbardorf. Als er endlich ankommt, ist es tief in der Nacht. Weit und breit kein Gasthaus, und auf sein Klopfen hin öffnet niemand die Tür.

Schließlich findet Chojsek auf dem Feld eine Laube, in die er hineinkriecht. Starr gefroren kommt er am andern Morgen wieder hervor.

»Schon in dem Sommerhäuschen bin ich schier erfroren«, überlegt er, »wie wäre es mir erst in einem Winterhaus ergangen!«

Als Deutschland und das zaristische Rußland einen Teil Polens untereinander aufteilten, ging die Grenzlinie genau durch das Häuschen eines Juden hindurch. Große Verlegenheit.

Schließlich meinte einer der Vermessungsbeamten: »Fragen wir doch den Juden selbst, ob er lieber zu Deutschland oder zu Rußland gehören will, und ziehen wir dann die Linie entsprechend!«

Man erklärte dem Juden, einem gebürtigen Chelmer, das Problem. Ohne zu zögern entschied er sich für Deutschland.

»Was hattet Ihr für Gründe dafür?« fragte ein Beamter neugierig.

Darauf der Jude: »Ich habe Angst vor den russischen Wintern!«

Talmudstudenten waren oft völlig mittellos. Die Bürger der Stadt gewährten den armen Burschen Freitisch in festem Turnus. Im allgemeinen aber mußte ein solcher Student froh sein, wenn er wenigstens jeden zweiten Tag irgendwo eingeladen war. Kein Wunder, daß er dann versuchte, sich gründlich zu sättigen. Die Gefräßigkeit der Talmudschüler ist daher Thema vieler jüdischer Witze. – Jeschiwe: Talmudhochschule. – Bocher: Jüngling, hier Student.
Der Jeschiwebocher Dovid stellt sich zweimal wöchentlich beim Kaufmann Silbermann Punkt ein Uhr zum Mittagessen ein und verschlingt abenteuerliche Quantitäten. Lange schweigt Silbermann. Schließlich kann er nicht mehr an sich halten und sagt: »Hören Sie, Bocher, Sie kommen um eins und fressen für zwölf. Mir wäre lieber, Sie kämen um zwölf und äßen nur für einen.«

Zur jüdischen Religionsgelehrtheit gehört auch die Kenntnis der Speisegesetze, die auch die Schächtkontrolle und genaue Untersuchung des Fleisches vor seiner Freigabe zum Genuß umfaßt. Der Rabbi muß also auch einige Kenntnisse in der Anatomie des Schlachtviehs haben.
Der arme Talmudstudent darf im Haus des Rabbi leben, wofür er als Gegenleistung allerlei kleine Dienste als Faktotum zu erledigen hat. Die Rebbezen *(Rabbinerin)* hat aber den armen Burschen all die Jahre hindurch sehr geizig verköstigt.

Endlich glaubt der Student, ausreichendes Talmudwissen für ein Rabbinat erworben zu haben. Die Approbation zum Rabbiner setzt nun die Prüfung bei einem Rabbi voraus. Und der Rabbi, bei dem der Bursche die ganzen Jahre gelebt hat, ist bereit, ihn zu examinieren.

Er geht mit dem Studenten auf den Schlachthof, führt ihn vor einen geschächteten Ochsen und befiehlt: »Zeig mir genau, wo die Brust des Tieres ist!«

Der Student deutet ohne zu zögern auf die Fußknöchel des Rindes.

Der Rabbi, verwundert: »Du Esel, wie kommst du auf so etwas?«

»Nu, Rabbi«, erklärt der Bocher, »das habe ich immer von Eurer Frau vorgesetzt bekommen, wenn es bei Euch Rindsbrust zum Essen gab.«

Der »aufgeklärte« Hausherr gewährt dem armen Jeschiwebocher jeden Freitag abend Freitisch, gibt ihm aber wenig und schlecht zu essen, obwohl er an der gleichen Tafel sitzt wie die üppig speisende Familie. Man hat den Bocher vorsorglich ganz unten an den Tisch plaziert, von wo aus er nicht so leicht in die Schüsseln greifen kann. Obendrein hänselt der Hausherr den armen Burschen dauernd, indem er den Bibelinhalt verspottet.

Zur guten alten Sitte gehört es, zwischen den einzelnen Gängen des Festmahls erbauliche Gespräche zu führen. Eines Tages sagt der »aufgeklärte« Hausherr: »Wie konnte Josua während der Schlacht bei Gilead die Sonne zum Stillstehen bringen? Sie steht ja ohnehin still! Es ist die Erde, die sich dreht!«

Da ertönt vom untern Tischende der energische Protest: »Nischt Emmes *(Wahrheit)*!«

»Wie könnt Ihr wagen, mir zu widersprechen!« ruft der Hausherr indigniert aus.

»Es kann nicht stimmen«, meint der Bocher wehmütig, »wenn die Erde möcht sich wirklich drehen, dann möcht sich auch der Tisch hier drehen, und dann möchten die guten Sachen, die Ihr eßt, auch einmal vor mir stehen!«

Der arme Talmudstudent hat Freitisch beim reichen Reb Rosenthal. Er muß aber am untersten Tischende sitzen und bekommt nichts von den guten Sachen, die die Familie und ihre Gäste verzehren.

An einem Freitag abend wird ein herrlicher Hecht serviert! – dem Studenten legt die Hausfrau aber nur ein winziges Weißfischchen vor.

Da beugt sich dieser tief über den Teller und flüstert dem Fisch etwas zu.

»Was treibt Ihr da?« fragt der Hausherr verwundert.

»Ich hab' den Fisch etwas gefragt«, erklärt der Bocher, »und er hat mir Antwort gegeben.«

»Aha!« sagt der Hausherr erheitert, »wollt Ihr uns nicht verraten, was Ihr miteinander geredet habt?«

»Aber gern!« versichert der Bocher, »ich hab' den Fisch gefragt, ob er etwas von dem armen Schuster Joine weiß, der vor zwei Jahren ertrunken ist. Aber es hat sich herausgestellt, daß der Fisch nichts von ihm gehört hat. ›Ich bin noch zu klein dazu‹, hat er mir geantwortet, ›Ihr müßt einen der großen Hechte fragen, die weiter oben am Tisch serviert werden!‹«

Der Jeschiwebocher *(Talmudstudent)* Cheskel hat bei der gutmütigen Familie des Rabbiners um ein Nachtlager gebeten und es erhalten – nun aber sitzt er schon seit Wochen fest und will und will das Haus nicht verlassen. Da denken sich der Rabbi und seine Frau etwas Raffiniertes aus. Sie werden in Gegenwart des Bochers einen Streit anfangen, der Bocher wird für einen der beiden Partei ergreifen, der andere wird ihn hinauswerfen ...

Die Familie sitzt bei Tisch und verzehrt leckere Mohnnudeln.

»Das Essen ist schlecht!« meckert der Rabbi programmgemäß.

»Eine Gemeinheit, so etwas zu behaupten!« repliziert die Rebbezen scheinbar tief empört.

Der Rabbi gibt eine heftige Antwort, der Streit nimmt immer wildere Formen an. Der Bocher frißt inzwischen schweigend die ganze Mahlzeit weg.

»Bocher!« fordert der Rabbi auf, »du mußt entscheiden, wer von uns beiden recht hat!«

»Rebbe«, entgegnet der Bocher bescheiden, »in Mohnnüdelech bin ich nicht ganz kompetent.«

Der Jeschiwebocher ist Freitag abend beim Rabbi zum Essen eingeladen. Es gibt eingemachtes Hühnchen. Der Bocher greift als erster zu und reißt dem Hühnchen kurzerhand beide Keulen aus.

»Keulen habe ich auch sehr gern!« wirft der Rabbi mit leisem Vorwurf ein.

Darauf der Bocher: »Aber so wie ich – niemand!«

Ein Schnorrer kommt ins koschere Restaurant, setzt sich an einen Tisch, an dem bereits ein paar Juden sitzen, und schlägt vor: »Wollen wir eine Wette abschließen? Ich schreibe auf dieses Stück Papier, was ich bin, und ihr ratet. Wenn ihr es herausbekommt, dann zahle ich Schnaps für uns alle. Wenn ihr verliert, zahlt ihr mir die Mahlzeit.«

Die Herren, die aufs Essen warten und sich langweilen, willigen gern ein. Sie raten hin und her, zählen die unmöglichsten Berufe auf – der Schnorrer schüttelt immerzu den Kopf.

»Also gut, wir haben verloren«, gibt einer der Herren zu, »nun zeigt schon her, was Ihr seid!«

Sie rollen das Papier auf – und es steht darauf: »Was ich bin? Hungrig.«

Für den nachfolgenden Witz muß man wissen, daß die Kabbala, die jüdische Mystik, unter anderem dadurch mystischen Geheimnissen auf die Spur zu kommen sucht, daß sie aus dem Anagramm bestimmter Bibelstellen neue Sätze bildet. Man kann die Methode natürlich auch zu harmlosen Wortspielereien benützen.

Zu Anschel Rothschild in Frankfurt am Main, dem Stammvater des berühmten Bankhauses, meldet sich ein armer Jude. Man legt ihm nahe, sich mit einem Gespräch mit dem Sekretär zu begnügen.

Der Schnorrer aber beharrt darauf, den Prinzipal selbst zu sehen, und beteuert: »Ich will ihm nur ein einziges Wort sagen!«

Rothschild, in seiner Arbeit gestört durch die lautstarke Auseinandersetzung im Nebenraum, erkundigt sich, worum es geht, und erklärt sich einverstanden, den Juden zu empfangen.

Dieser kommt herein, sagt nur »Gemore« *(Talmud)* und schickt sich an, wieder hinauszugehen.

Rothschild ruft ihn zurück und fragt verwundert, was das zu bedeuten habe.

»Es heißt G-uten M-orgen, R-eb A-nschel«, erklärt der Jude, und sogleich sagt er noch einmal »Gemore«.

»Und was bedeutet es diesmal?« fragt Rotschild.

»Gebt Mooss *(Geld)*, Reb Anschel!«

Rothschild lacht und reicht dem Juden einen Taler.

»Gemore!« wiederholt der Schnorrer statt zu danken.

»Ich nehme an, daß es jetzt wieder etwas anderes bedeutet?« fragt Rothschild erheitert.

»Gebt mehr, Reb Anschel!« erklärt der Jude.

Lachend gibt ihm Rothschild einen zweiten Taler.

»Gemore«, sagt der Schnorrer erfreut ein letztes Mal und fügt gleich die Bedeutung bei: »Guten Morgen, Reb Anschel!«

Der Gabbe *(Synagogenvorstand)* hat vergessen, dem armen Talmudstudenten für das festliche Sabbatmahl einen Freitisch zuzuweisen. Da ergreift der Student selbst die Initiative, geht auf den reichen, geizigen Patrontasch zu und bittet: »Laden Sie mich zum Sabbatmahl ein! Dann will ich Ihnen etwas sagen, was Ihnen lieber sein wird als hundert Gulden!«

Patrontasch zögert. Doch das Angebot ist gar zu verlockend. Er lädt den Studenten ein.

Als das Festmahl zu Ende ist, drängt er neugierig: »Nu?«

»Zweihundert Gulden!« sagt der Bocher, »ich garantiere, die sind Ihnen lieber als hundert Gulden.«

Feiglstock, der arme Handelsreisende, trifft Freitag abend in einer Kleinstadt ein. Geld für Hotel und Restaurant hat er nicht. So bittet er in der Synagoge den Gabbe, ihm über Sabbat eine Unterkunft mit Freitisch bei einem ansässigen Bürger anzuweisen.

Der Gabbe blättert in seinem Notizbuch und meint dann: »Diesen Freitag sind so viele arme Durchreisende eingetroffen, daß ich bereits in jedes Haus jemanden eingewiesen habe. Frei ist nur noch der reiche Goldschmied Schmelkes, aber der nimmt niemanden auf.«

»Mich wird er nehmen!« versichert Feiglstock und marschiert nach dem Gebet zum Haus von Schmelkes. Bescheiden bittet er, den Hausherrn sprechen zu dürfen. Er nimmt ihn diskret beiseite, zieht aus seiner Manteltasche ein schweres, brikettförmiges Päckchen hervor und flüstert: »Was ist ein Stück Gold von der Größe eines Ziegels wert?«

Dem Goldschmied gehen die Augen über. Doch es ist schon Sabbat, und man darf jetzt nicht mehr über Geschäfte reden. Läßt er den Mann aber aus dem Haus, dann geht der womöglich zum Konkurrenten, und dem Schmelkes entgeht vielleicht ein großer Gewinn.

Also schlägt er vor: »So aus dem Handgelenk kann ich das nicht schätzen. Bleibt über Sabbat bei uns, morgen abend werden wir uns darüber unterhalten.«

Feiglstock wird den ganzen Sabbat über bewirtet und bedient wie ein Fürst.

Am Samstag abend, bei Einbruch der Dunkelheit, als man wieder Geschäfte machen darf, fordert Schmelkes ihn freundlich auf: »Nu, und jetzt wollen wir uns Euren Goldbarren einmal genau ansehen!«

»Was Gold, wo Gold«, entgegnet Feiglstock verwundert, »ich hab nur wissen wollen, was is wert e Stück Gold so groß wie e Ziegelstein.«

Ein Schnorrer meldet sich bei Baron Rothschild in Frankfurt.

»Woher kommen Sie?« will dieser wissen.

»Aus Wien«, sagt der Schnorrer, »ich hab' gemacht e Kunstreise.«

»Wieso Kunstreise?« wundert sich Rothschild.

»Nu ja«, erklärt der Schnorrer, »ist es etwa ka Kunst, mit 40 Kreuzer von Wien bis Frankfurt zu gelangen?«

Jankew, der arme kleine Kultusbeamte, ist beim reichen Gemeindevorstand zum Mittagessen eingeladen. Es werden zwei knusprig gebratene, herrlich duftende Gänse aufgetragen. Dem armen Jankew treten bei der Erinnerung an seine zahlreichen hungrigen Kinder zu Hause, die nicht einmal genug Brot haben, schier die Tränen in die Augen.

»Nu, Jankew«, sagt der Gastgeber gutmütig, »Ihr dürft anschneiden!« Und er schiebt dem Gast eine Gans zu.

Jankew zögert. Dann fragt er: »Ist es Euch gleich, wo ich die Gans anschneide?«

»Aber natürlich«, versichert der Gastgeber.

»Dann«, sagt Jankew strahlend, indem er die Gans zur Seite stellt, »schneid' ich sie am liebsten bei mir zu Hause an.«

Ein Schnorrer kommt in eine fremde Stadt und bittet in der Synagoge einen jüngeren Mann, ihn zum Abendbrot einzuladen.

»Wir sind selbst sehr arm und haben kaum zu essen«, sagt dieser.

»Das schadet nichts«, meint der Schnorrer, »ich eß wie e Vögele ...«

Als sie dann bei Tisch sitzen, stürzt sich der Schnorrer blitzschnell auf die Speisen, so daß zwar er reichlich satt wird, das Ehepaar aber hungrig vom Tisch aufsteht.

»Ihr habt doch gesagt, Ihr eßt wie e Vögele!« erinnert ihn der Hausherr vorwurfsvoll.

»Nu ja«, bestätigt der Schnorrer, »ich eß, bis ich satt bin, genau wie e Vögele.«

Variante: Der Schnorrer überredet den zögernden Hausherrn in der Synagoge mit dem Hinweis, er habe einen Magen »wie e klein Kind«. Dann aber frißt er massiv.

»Ihr habt doch gesagt, Ihr habt e Magen wie e klein Kind!« erinnert ihn der verargerte Hausherr.

»Na ja«, bestätigt der Schnorrer, »wie groß is e klein Kind? Etwa so? (Handbewegung) Und sehn Sie, genau so groß is mein Magen.«

Elkischer aus Meseritz hat sich bei reichen Verwandten in Posen einquartiert und will und will nicht mehr heimreisen. Der Hausherr, der den Dauerbesuch gründlich satt hat, möchte Elkischer indirekt zur Abreise ermuntern. Bei Tisch klagt er daher sehr nachdrücklich: »Wie teuer alles wird! Ich kann das Fleisch für uns alle kaum noch bezahlen!«

Elkischer: »Und wenn man bedenkt, wie billig alles in Meseritz ist! Das Kilo Kalbfleisch kostet bei uns nur fünfzig Pfennige!«

»Nu«, fragt der Hausherr ganz glücklich, »warum fährste nicht schnell wieder nach Meseritz?«

Darauf Elkischer, wehmütig: »Aber wer in ganz Meseritz hat denn fünfzig Pfennig?«

Das Schawuossfest (Pfingsten) dauert zwei Tage, das Sukkosfest (Laubhüttenfest) volle acht Tage.
Der Schnorrer Schapse kommt am Vorabend des Schawuossfestes in eine kleine Posener Gemeinde und wird vom Gabbe *(Synagogenvorstand)* als Festgast einem besonders gutmütigen Bürger zugewiesen, der ihn nicht nur üppig bewirtet, sondern ihm zuletzt sogar noch zwei Mark Reisegeld zusteckt.

Schapse ist entzückt. Er richtet es so ein, daß er am Vorabend des Sukkosfestes wieder in die gleiche Stadt kommt und wieder dem gleichen Hausherrn zugewiesen wird. Nach Ablauf der acht Tage will ihm der Hausherr wieder zwei Mark geben.

»Wie haißt!« protestiert Schapse empört, »soviel habt Ihr mir doch für zwei Tage gegeben! Für acht Tage kommt mir das Vierfache!«

Ein polnischer Jude kommt nach Wien und sucht einen Glaubensgenossen auf, der Arzt ist: »Ach, Herr Doktor, es geht mir unendlich schlecht! Ich bin blutarm!«

»Ich verschreibe Ihnen Eisenpillen.«

»Doktorleben – was soll ich mit Eisenpillen? Ich komm' doch zu Ihnen als Schnorrer!«

Schnorrer Leibowitz kommt zum reichen Lindenblatt in Posen und sieht so abgehärmt und verhungert aus, daß dieser ihn ungewöhnlich großzügig beschenkt.

»Haißt e Großmut!« ruft Leibowitz tief gerührt aus, »ich wer' Sie empfehlen meiner ganzen Mischpoche *(Sippe)* und an alle Schnorrer von mein Mokum *(Ort)*!«

Zu einem bekannten Lemberger Bankier kommt ein Bittsteller und klagt, er sei ein notorischer Pechvogel.

»Damit Sie mir glauben«, sagt er, »leg' ich Ihnen vor ein Attest vom Rabbi unserer Stadt, daß mein Haus in Rzeszów ist wirklich abgebrannt und daß ich bin würdig einer Unterstützung.«

Der Bankier verläßt mit dem Attest den Raum. Nach ein paar Minuten kommt er zurück und erklärt: »Zufällig arbeitet bei mir ein Sohn des Rabbi von Rzeszów. Er sagt, das Attest ist gefälscht ...«

»Nu sehn Sie doch selber«, jammert der Schnorrer, »daß ich die Wahrheit gesagt hab' und daß ich wirklich ein notorischer Pechvogel bin! Muß bei Ihnen ausgerechnet arbeiten der Sohn des Rabbi von Rzeszów!«

»Bester Herr Kommerzienrat! Ich bin in solcher Not! Und da Sie mit mir entfernt verwandt sind, hab' ich mir erlaubt, zu Ihnen zu kommen und Sie zu bitten um e Unterstützung!«

»Schon gut! Da ham Se 10 Mark ... Nu, worauf warten Se noch?«

Der Schnorrer, bittend: »Herr Kommerzienrat, die 10 Mark, die sind doch für die Verwandtschaft. Aber außerdem bin ich doch noch e Schnorrer!«

Mandelbelag kommt zum reichen Bankier Goldstein und bittet um eine Unterstützung. Goldstein, großmütig gestimmt, unterschreibt eine Anweisung an die Kasse auf 20 Mark.

»Ich bin doch aber aus Ihrer Heimat, Herr Goldstein!« gibt der Schnorrer zu bedenken.

»Nun schön«, sagt Goldstein gnädig, und ändert die 20 in eine 40 um.

»Außerdem«, fährt Mandelbelag fort, »war meine Tante eine Cousine zweiten Grades Ihrer Frau Mutter!«

»Meinetwegen!« sagt Goldstein, »Sie bekommen 60 Mark! Wenn Sie jetzt aber noch behaupten, Sie wären mein Großvater, fliegen Sie hinaus!«

Im Vorzimmer von Bankier Finkelberg: »Ich mecht' hinein zum Herrn Finkelberg wegen e Geschäft.«

»Was reden Sie da! Sie betteln doch!«

»Nu, dos is eben mei Geschäft.«

Bittsteller: »Bitte, Herr Kommerzienrat, leihen Sie mir Ihr Ohr doch nur für fünf Minuten!«

Der Kommerzienrat, eilig und zerstreut: »Gut, aber nur gegen unbedingte Sicherheit und sechs Prozent Zinsen!«

Blumenthal hat eine Stelle als Portier im Warenhaus bekommen. Sein Chef gibt ihm eine Instruktionsliste, die er genau studieren soll.

Blumenthal hat die Liste noch nicht auswendig gelernt, da kommt der erste Besucher und will zum Chef.

Blumenthal schaut in seine Instruktionen und fragt: »Wollen Sie Geld für einen wohltätigen Zweck, oder sind Sie Handelsreisender oder ein Freund des Hausherrn?«

Der Besucher, in Wirklichkeit ein Schnorrer, zögert ein wenig und erklärt schließlich: »Ich bin ein bißchen von allen dreien.«

Blumenthal vertieft sich in seine Liste.

Dann sagt er: »Der Chef ist verreist. Der Chef ist auf einer Geschäftskonferenz und nicht zu sprechen. Der Chef freut sich auf Ihren Besuch und bittet Sie einzutreten.«

Bankier Kerschenbaum zu dem Schnorrer, der sich jede Woche bei ihm 5 Mark abholt: »In der nächsten Zeit kann ich Ihnen nur 1 Mark geben, ich habe große Auslagen, meine Tochter heiratet ...«

Der Schnorrer, empört: »Herr Kerschenbaum! Wenn Se Ihre Tochter müssen verheiraten, tun Se's von Ihrem Geld und nicht von meinem!«

Zu Itzik Birnbaum, Makler in Posen, kommt ein armer Verwandter aus der Provinz und bittet ihn, er möchte ihn doch bei den reichen ansässigen Juden herumführen, damit er sie anschnorren kann.

Birnbaum tut dem Vetter gern den Gefallen. Sie kommen zum reichen Bruchband. Der gibt dem Schnorrer nicht nur nichts, sondern wirft beide kurzerhand hinaus ...

Wenige Minuten später steht Birnbaum wieder vor dem reichen Bruchband und mahnt: »Nu – und wo bleibt meine Courtage?«

»Courtage?« wundert sich Bruchband, »wofür in aller Welt?«

»Nu«, erklärt Birnbaum, »wenn Se hätten gegeben meinem Vetter e Unterstützung, hätt' ich bekommen mei Courtage von ihm. Se haben ihm aber nichts gegeben, so haben Se e gutes Geschäft gemacht dabei, und also kommt mir die Courtage von Ihnen!«

Polen vor der Hitlerzeit. Eine arme Jüdin steht in der Ecke ihres Stübchens und betet inbrünstig zum lieben Gott: »Bitte, mach meine Schwägerin Chajele in New York dick und rund!«

Eine Bekannte hört es zufällig und fragt verwundert: »Was liegt dir daran, ob deine Schwägerin dick oder dünn ist?«

»Sie schickt mir ihre abgelegten Kleider«, erklärt die Jüdin, »und die sind mir alle zu eng.«

Simche kommt heim von seiner Betteltournee und beklagt sich bitter bei seinem Weib: »Schön angeschmiert hat mich der Kerl! Noch keine sechs Wochen hab' ich den Rock – und schon schießt die Farbe ab!«

Die Frau: »Nu – was wirste schon dafür bezahlt haben?«

Simche: »Wie haißt bezahlt! Bin ich e Chammer *(Esel)*?! Geschenkt hat er ihn mir!«

Budapest in den zwanziger Jahren. Viele Juden sind hoffnungslos verarmt. –

»Hast du schon gehört, Schmiehl, alle Schnorrer sollen nach neuestem Erlaß von der Straße verschwinden.«

Schmiehl, verwundert: »Wie? Ganz Budapest wandert aus?!«

Patrontasch ist aus Chodorow nach dem großen Lemberg ausgewandert und dort zu Geld gekommen. Ein armer Jude aus Chodorow kommt ihn besuchen. Patrontasch tut, als ob er ihn nicht kenne, und fragt kühl: »Was wollt Ihr von mir?«

»Nichts«, sagt der Jude rasch gefaßt, »außer Euch kondolieren, weil Ihr in Lemberg Gesicht, Gehör und Gedächtnis eingebüßt habt und mit einem Mal weder Euch selbst noch Eure alten Freunde kennt.«

Schwarz und Weiß waren zusammen auf der Schule. Schwarz ist reich geworden, Weiß ein armer Teufel geblieben. Eines Tages kommt Weiß zu Schwarz und sagt: »Schwarz, ich erinnere mich, als wäre es heute gewesen: Sie waren mein bester Freund auf der Schule!«

»Hier ist ein Gulden«, unterbricht ihn Schwarz, »und vergessen Sie es!«

Schnorrer: »Herr Perlmutt, Sie haben mir das letzte Mal einen Taler versprochen, jetzt müssen Sie ihr Versprechen halten!«

»Aber sicher! Das Versprechen ist der Taler, den halt' ich! Ihnen geb' ich einen Kreuzer!«

Ein chassidischer Wunderrabbi fragt einen seiner Anhänger, einen armen Dorfjuden, wie es ihm gehe.

»Mir scheint«, entgegnet dieser, »ich werde reich.«

»Was heißt ›mir scheint‹?« fragt der Rabbi, »bist du nun also reich oder bist du es nicht?«

»Noch nicht«, gibt der Jude zu, »aber ich bemerke an mir schon die ersten Anzeichen des Reichtums. Ich spüre Geiz und kein Erbarmen mehr mit den Armen.«

»Blau, du siehst so betroppezt aus! Was hast du?«

»Nichts.«

»Wenn du nichts hast – was bist du dann so betrübt?«

»Eben weil ich nichts habe.«

Im »freien« Polen zwischen den beiden Weltkriegen, in welchem es den Juden besonders schlecht ging, meint Jankel: »Ganz unrecht haben die Antisemiten nicht, wenn sie uns internationale Neigungen und Beziehungen vorwerfen. Man nehme mich als Beispiel:

Meinen kleinen Laden – den hab' ich dank einer Anleihe vom ›American Joint‹ *(jüdische Hilfsorganisation)*.

Mein monatliches Einkommen – das schickt mir mein Sohn aus Argentinien.

Meine Steuern – die zahlt mein Onkel in Canada.

Meine Kohlenrechnung – die begleicht das polnisch-jüdische Unterstützungskomitee in London.

Geld für Kartoffeln – das schickt mir meine Schwester aus Paris.

Und die Schuhe – die bekomme ich von der ›Helping Hand‹ in Johannisburg.«

Schwarz ist gestorben. Er pocht ans Himmelstor. Der heilige Petrus öffnet.

»Ich möchte hinein!« erklärt Schwarz.

»Langsam!« entgegnet Petrus streng. »Erst muß ich wissen, was Sie im Leben Gutes getan haben.«

Schwarz denkt lange nach. Dann erinnert er sich: »Ich habe einmal einem Bettler einen Groschen gegeben.«

»Und weiter?« fragt Petrus.

Nach abermaligem langen Nachdenken erklärt Schwarz: »Ein paar Jahre später habe ich wieder einem Bettler einen Groschen gegeben.«

»Ist das alles?« fragt Petrus.

»Nein«, versichert Schwarz, »kurz vor meinem Tod habe ich einem dritten Bettler ebenfalls einen Groschen gegeben.«

Petrus denkt lange nach. Dann sagt er: »Da hast du deine drei Groschen zurück und geh zur Hölle.«

Cheder *(Kleinkinderschule für Hebräisch)*. Die Schüler lesen die ersten Bibelkapitel.

»Rebbe«, fragt einer der kleinen Jungen, »warum hat Gott dem Adam die Rippe im Schlaf gestohlen, um Eva daraus zu machen?«

»Mit gutem Grund!« erklärt der Melamed *(Lehrer)*, »er wollte zeigen, daß aus einem Diebstahl nichts Gutes herauskommen kann!«

Cheder. Der kleine Schloime: »Rebbe, warum nahm Gott Hiob alles weg und ließ ihm nur sein Weib?«

»Mit gutem Grund. Gott wollte ihm ja zuletzt alles doppelt zurückerstatten. Und zwei Weiber – das wäre nicht ein Lohn gewesen, sondern eine Strafe!«

Riwke zu ihrem Verlobten: »Jankel, mein Teurer, wirst du für mich durchs Feuer gehn?«

»Nu, wie haißt?! Bin ich e Feuerwehrmann?!«

Die reiche schöne Rahel gefällt dem Chaim Weinstock. Er wird immer zudringlicher.

Schließlich geht Rahel zu ihrem Vater und fragt: »Tate, kann ich geben dem Weinstock ein wenig Kredit?«

»Kredit«, meint der Vater, »kannst du ihm schon geben, aber keinen Vorschuß!«

»Tate! Eh' ich den alten Eppelboim heirat', geh' ich ins Wasser!«

»Pü, leere Drohung! Jede Gans kann schwimmen!«

»Herr Kohn, aus Ihrer Bewerbung um meine Tochter Rosl kann auf keinen Fall was werden! Ich hab' erfahren, daß es mit Ihrem Geschäft faul steht und daß Sie auch keinen Kredit haben!«

»Mit dem Geschäft mögen Sie recht haben, Herr Weinbaum, aber Kredit hab' ich so viel ich will! Seit ich herumerzählt hab', daß ich will heiraten die Tochter vom reichen Kohn, wollen mir alle Geld geben mehr als ich brauch'!«

»Tate, ich mecht' den Itzig Bloch heiraten! Er ist ein begabter und erfolgreicher Konzertsänger!«

»Nu – ich wer' mer ihn anhören!«

Vater und Tochter gehen zusammen ins Konzert. Der Vater lauscht aufmerksam. Dann sagt er entrüstet zur Tochter: »Den Schnorrer willste heiraten! Haste nicht gehört, wie er ausdrücklich gesungen hat ›Mein ganzer Reichtum ist mein Lied‹!«

Benzion, begeistert: »Stell dir vor! Ich hab' eine Braut gefunden – das genaue Ebenbild meiner Mutter!«

»Schön! Und was erwartest du von mir? Daß ich dir kondoliere?«

Im zoologischen Garten.

»Tate, da sitzt e Papagei. Kann er auch lachen?«

»Und ob er lachen kann, Moritzl! Hat kei Frau, kei Mischpoche *(Sippe)*, kei Sorge! Sitzt im Käfig und is frei!«

Ascher beim Schadchen *(Heiratsvermittler)*: »Das Fräulein Levin, das Sie mir vorgestellt haben, gefällt mir nicht schlecht! Aber blond sollt' sie sein!«

»Nu, bitt' scheen! E Fräulein Levin in Blond hab' ich auch auf Lager!«

Schadchen: »Eh' ich Ihnen verschiedene Partien proponiere, muß ich Sie um einen Vorschuß von 100 Mark bitten!«

Ganzweich: »Wie stellen Sie sich das vor? Meinen Sie, ich dächt' ans Heiraten, wenn ich hätt' noch 100 Mark!?«

Der alte Sternlicht zu seinem Schwiegersohn: »Das ist e schöne Geschichte! Erst jetzt, nach der Hochzeit, erfahr' ich, daß de keinen Pfennig Geld hast und willst leben von der Mitgift meiner Tochter! Als anständiger Mensch hättste mir das vorher sagen müssen!«

»Aber, Herr Sternlicht, das hab' ich doch getan! Ich hab' Ihnen ja gesagt, ich kann ohne Ihre Tochter nicht leben!«

»Du willst dich verheiraten, Jankel? Du bist doch schon sechzig!«

»Na und? Dafür ist meine Braut nur zwanzig.«

»Was für ein Mißverhältnis!«

»Wieso Mißverhältnis? Schau' ich an meine Braut, bin ich vor Freud' zwanzig Jahr jünger. Dann bin ich nur noch vierzig.

Schaut sie mich an, wird sie vor Schreck zwanzig Jahr älter. Dann ist sie auch vierzig.

Sind wir beide gleich alt.«

Die gutbürgerlichen jüdischen Kreise Osteuropas kannten keine Liebesehe. Die Eltern trafen die Wahl. Wert gelegt wurde auf passende Herkunft und Vermögenslage. Hatten bei »interurbanen« Partien außerdem noch ein bis zwei Schadchonim (Heiratsvermittler, Einzahl Schadchen) die Hand im Spiel, so konnte es durchaus vorkommen, daß sie vor lauter Diskussion über Mitgifthöhe, »Schönheit« der Familie etc. vergaßen, sich zu erkundigen, ob man es mit einem Jüngling oder einem Mädchen zu tun hatte, so daß sich dann bei der vereinbarten Zusammenkunft zwei Heiratskandidaten gleichen Geschlechts gegenübersaßen.

Schadchen zum Kollegen: »Kürzlich habe ich beinahe eine Partie zuwege gebracht. Beide Eltern waren in allen Punkten einverstanden.«

»Und woran ist es gescheitert?«

»Als die zwei Familien zusammenkamen, stellte sich heraus, daß beide eine Tochter hatten!«

Krakauer in Zloczów und Blaustein in Rohatyn haben durch Vermittlung eines vielgereisten Schadchen endlich die passende Partie für ihre Kinder gefunden. Die Familien haben beide einen tadellosen Ruf, Krakauer will 5000 Gulden geben, Blaustein bietet dafür Compagnie an seinem sehr gut gehenden Geschäft. Es ist Zeit, daß die jungen Leute sich endlich kennenlernen. Man vereinbart eine Zusammenkunft in der nächstgelegenen Großstadt bei der Messe, zu der die Väter ohnehin fahren wollten.

Die Familien treffen sich im Café, jede hat einen netten jungen Mann bei sich. Man unterhält sich über dies und das, man kommt sich freundschaftlich näher. Endlich fragt Krakauer: »Wo bleibt denn das junge Mädchen?«

»Woher soll ich das wissen, warum Ihre Tocher so lange auf sich warten läßt!« antwortet Blaustein.

Aufklärung des Mißverständnisses. Großer Ärger. All die Spesen, die Korrespondenz, die Festlegung der geschäftlichen Details, alles ließ sich so schön an – und nun soll alles für die Katz sein?

Plötzlich strahlt Blaustein auf. »Wißt Ihr was?« sagt er, »mit dem Schiduch *(Partie)* ist es natürlich nichts. Nu – was ist schon dabei? Wern wir machen das Geschäft ohne Schiduch. Sie geben die 5000, und ich nehme Ihren Sohn als Compagnon in mein Geschäft ...«

Der Schadchen marschiert mit seinem Kandidaten zur Familie der vorgesehenen Braut.

»Ich bitt' dich um eins«, sagt der Schadchen, »ich weiß, du bist ein verlogener Mensch, ein Aufschneider. Wenn ich merke, daß du anfangen willst, zu übertreiben, dann geb' ich dir einen Fußtritt, und dann sagst du von dem, was du sagen wolltest, höchstens die Hälfte!«

Sie sitzen bei der Braut am Tisch.

»Kürzlich«, erzählt der junge Mann, »hab' ich einen Hecht gefangen, der war so gewaltig ...«

Voller Schrecken versetzt ihm der Schadchen einen kräftigen Fußtritt ...

»... der wog volle sechzig Pfund!«

Auf dem Heimweg macht der Schadchen dem Bräutigam heftige Vorwürfe.

»Ich weiß nicht, was Sie wollen«, sagt dieser verwundert, »die sechzig Pfund waren doch schon die Hälfte von dem, was ich sagen wollte.«

Veilchenblum marschiert mit seinem Sohn zusammen auf »Beschau« ins Haus des reichen Jakubowitz. Unterwegs instruiert er den Sohn: »Wenn de e Braut anschauen gehst, darfste nie nach ihrem Alter fragen, sondern nur nach der Mitgift. Denn die Jahre, die nehmen ganz von selber zu, das Geld aber nimmt ab.«

Feuerbrand hat eine heiratsfähige Tochter.

Der Schadchen meldet sich: »Nu, Feuerbrand, höchste Zeit, daß wir für Eure Rosa e feinen Chossen *(Bräutigam)* suchen! Was könnt Ihr geben Mitgift?«

»Mitgift – keine«, erklärt Feuerbrand, »aber wenn der junge Mann tüchtig ist und mir gefällt, kann er einheiraten in mein Geschäft.«

»Und was ist das für e Geschäft?«

»Rohleder und Lederwaren.«

Der Schadchen blättert lange in seinem Notizbuch und sagt dann bedauernd: »Schade ... Schade ... Ich hätt' da einen passenden jungen Mann. Aber er will nur einheiraten in Gänsefedern und Bettwaren.«

Die Braut: »Tateleben! Ich glaub', der Ruben nimmt mich nur wegen dem Geld!«

»Hab keine Angst. Gott wird ihn strafen! Von mir kriegt er keins!«

Der Schadchen hat den jungen Gurewitsch zu einer Familie mit einer wunderhübschen Tochter gebracht. Gurewitsch ist von der Schönheit des Mädchens völlig geblendet. Er versucht, mir ihr ins Gespräch zu kommen, stellt aber dabei fest, daß man kein vernünftiges Wort mit ihr wechseln kann ...

Auf dem Heimweg fragt der Schadchen: »Nu – wie hat sie Ihnen gefallen?«

»Solang sie nicht gesprochen hat«, expliziert Gurewitsch, »hat sie mich angesprochen. Als sie dann aber gesprochen hat, hat sie mich nicht mehr angesprochen.«

Der junge Mann hat mit dem Schadchen zusammen die vorgesehene Braut besichtigt. Als er mit dem Schadchen wieder weggeht, sagt er vorwurfsvoll: »Das Mädchen hinkt!«

»Nu«, meint der Schadchen, »das ist nur ein Vorteil. Dann kann sie Euch nicht dauernd nachlaufen!«

»Sie ist auch kurzsichtig!«

»Das ist doch gut! Dann sieht sie nicht, wenn Ihr andern Frauen schöne Augen macht!«

»Und sie stottert!«

»Das ist ein Glück! Wenn sie Geld verlangt – eh' sie zu Ende geredet hat, seid Ihr aus dem Haus!«

»Die Mutter ist scheußlich!«

»Na und? Ihr heiratet die Tochter!«

»Die ist aber auch sehr häßlich!«

»Sein Sie froh! Dann schaut kein anderer Mann sie an!«

»Und obendrein ist sie bucklig!«

Der Schadchen, entrüstet: »Ich weiß nicht, was Ihr wollt! Seid Ihr Baron Rothschild, daß Ihr eine Frau ohne einen einzigen Fehler verlangen könnt?«

Jankl will heiraten. Der Schadchen führt ihn zu einem Mädchen. Auf dem Heimweg erklärt Jankl: »Sie gefällt mir nicht. Sie hat einen unechten Busen, falsche Haare, falsche Zähne, einen Bukkel ...«

»Ja«, bestätigt der Schadchen, »aber der ist echt!«

»Se mechten eine meiner Techter heiraten? An welche dachten Sie? Mei Jüngste bekommt 10000 Mark, mei Mittlere 20000 und mei Älteste 50000.«

»Wissen Se, Herr Rappaport, Ihre Familie is mer noch zu jung!«

Der Schadchen hat den vorgesehenen Bräutigam endlich so weit, daß er sich dem Mädchen erklärt.

Ein paar Tage später kommt der junge Mann zum Schadchen und fragt mißtrauisch: »Ich bin mit ihr ausgegangen, und mir schien, daß sie hinkt. Tut sie das immer?«

»Aber nein!« beruhigt der Schadchen, »nur wenn sie geht!«

Schadchen: »Herr Veilchenstock, nehmen Sie das Mädel! Sie kriegt 20000 Gulden Mitgift – vorausgesetzt, daß der Vater nicht inzwischen Pleite geht.«

»Und wenn er Pleite geht?«

»Dann kriegt sie natürlich entsprechend mehr.«

Der Schadchen: »Ich will Ihnen eine Partie proponieren. Viel Geld hat das Mädchen nicht, aber dafür ist es eine Schönheit!«

Die beiden machen bei der Familie des Mädchens einen Besuch.

Als sie wieder fortgehen, sagt der junge Mann zum Schadchen: »Sie sagten, das Mädchen sei eine Schönheit. Es ist aber das häßlichste Geschöpf, das ich je gesehen habe!«

»Unsinn!« protestiert der Schadchen, »Sie kennen nicht meine Frau!«

Der Heiratsvermittler: »Herr Itzik, Sie pfeifen also aufs Heiraten. Aber tut es Ihnen nicht leid bei dem Gedanken, daß Ihr Name ausstirbt?«

Darauf Itzik: »Warum soll er aussterben? Ich heiße Kohn.«

»Diese fette Person soll ich heiraten?! Sie wiegt mindestens achtzig Kilo!«

»Sie bekommt aber 8000 Gulden Mitgift.«

»Nu ja – 100 Gulden aufs Kilo ... nicht schlecht!«

In der ostjüdischen gutbürgerlichen Schicht war es praktisch unmöglich, ein Mädchen ohne Mitgift an den Mann zu bringen.

– *Beschneidung: Religiöses Grundgebot der Juden. Sie wird an den Knaben am achten Tag nach der Geburt vollzogen.*
Boruch und Chajim waren auf einer Beschneidungsfeier, auf der es ungemein lustig zuging.

Auf dem Heimweg fragt der Chajim den Boruch: »Kannst du mir sagen, Boruch, warum sich jüdische Familienväter über die Geburt eines Sohnes immer so viel mehr freuen als über die eines Mädchens?«

Darauf Boruch: »Wieso verstehst du das nicht? Die Knaben laufen schon mit fünf Jahren auf und davon – die Mädchen aber bleiben oft noch mit dreißig sitzen!«

»Herr Pottasch, ich interessier' mich für Ihre Tochter.«

»Sie lieben meine Rosl?«

»Wie soll ich sie bereits lieben? Ich weiß ja noch nicht, was sie mitbekommt!«

Der siebzigjährige reiche Rosenblatt möchte sich wieder verheiraten, und zwar hat er sein Auge ausgerechnet auf die wunderschöne zwanzigjährige Rachel Glück geworfen. Er schickt den Schadchen zu ihr, der ihr die Vorteile der Ehe klarzumachen sucht, jedoch kein sehr gutes Gefühl dabei hat.

»Ich weiß natürlich nicht«, wendet er selber ein, »ob Sie das Leben wirklich mit ihm verbringen mögen?«

Rachel denkt kurz nach und entscheidet: »*Mein* Leben: nein. Aber *sein* Leben: Ja.«

Der Schadchen *(Heiratsvermittler):* »Herr Eisenberg, ich habe für Sie ein reiches und schönes Mädchen ausfindig gemacht. Nur: Sie ist ein wenig taub.«

Sie gehen zusammen hin, und Eisenberg sieht: Das Mädchen ist schwanger.

Auf dem Heimweg sagt er zum Schadchen: »Sie haben gesagt: eine Taube. Schön. Aber eine gefüllte Taube!?«

Mischpoche: Familie, Sippe.
Schadchen: »Und dann hätte ich da noch die junge Sara Lipman. 100 000 Gulden, kein Tate *(Vater)*, keine Mame, keine Geschwister, keine Onkel und Tanten ...«

Der junge Schmelkes, begeistert: »Ich nehm' sie! Das hab' ich schon immer gewollt, in so e Mischpoche einheiraten!«

Commis untereinander.

»Du, die Tochter von deinem Chef soll sich verlobt haben. Wer ist der Bräutigam?«

»Weiß ich noch nicht. Er ist noch nirgends bei uns gebucht worden.«

»Schmelke, warum hast du deine Tochter verheiratet mit deinem Kassierer? Er hat nichts, stammt aus miesem Haus, e Schönheit is er auch nicht!«

»Nu – ich hab' mir gesagt: Wenn er emol mit der Kasse durchgeht, dann soll meine Tochter auch was davon haben!«

»Rosenbaum! Ich hab' den Eindruck, Sie haben meine Tochter nur geheiratet, weil sie von Onkel Jonas 50000 Kronen geerbt hat!«

»Aber was fällt Ihnen ein!« wehrt Rosenbaum entrüstet ab, »ich schwör' Ihnen, ich hätt' Ihre Tochter auch geheiratet, wenn sie von ganz wem andern das Geld geerbt hätt'!«

»Wegen dieser jungen Frau habe ich 100000 Rubel verloren!«

»Soviel hast du doch nie besessen!«

»Das stimmt. Und doch ist es so. Der Schadchen sagte mir nämlich, sie habe 100000, ich machte ihr einen Heiratsantrag, und sie sagte nein und nahm einen andern.«

Griebenfett, der künftige Schwiegervater, und Kalman, der Bräutigam, streiten seit Stunden erbittert um die Mitgifthöhe. Griebenfett will nicht über 3000 Rubel hinausgehen, der Bräutigam aber fordert 5000 ...

Da stürzt die Braut aus dem Nebenzimmer herein, wo sie an der Türe gelauscht hat, und sagt streng zum Verlobten: »Daß du dich nicht unterstehst, mich unter 5000 zu nehmen!«

Der Brautvater: »Können Sie denn meine Rosl auch wirklich ernähren?«

Bräutigam, eifrig: »Was heißt ernähren!? Ersticken soll sie in ihrem eigenen Fett!«

»Sag, Silberkranz, ist es wahr, daß du in der Lotterie 50000 Gulden gewonnen hast?«

»Ja, ich hab' den Haupttreffer gemacht.«

»Haißt e Masel *(Glück)*! Jetzt brauchste nicht mehr zu heiraten!«

»Rachel, heirat endlich! Klaub nicht so viel herum! Du bist mies, du bist alt, du hast nur 500 Gulden Mitgift. Auf wen wartest du da?«

»Na und? Die Lea Goldbaum ist auch mies und alt und arm und sie klaubt auch.«

»Mit ihr kannst du dich nicht vergleichen. Lea hat ehrbare Eltern.«

»Warum wollen Sie dem jungen Pulvermann Ihre Tochter nicht geben? Er ist doch ein ganz tüchtiger Geschäftsmann!«

»Einen tüchtigen Geschäftsmann nennen Sie ihn?! Er hat seinen Gläubigern volle 75 Prozent geboten! Das ist kein Mann für meine Rosi!«

»Schau, Lea, den Chajim hab' ich doch rausgeschmissen, wie er angehalten hat um unsere Rahel, weil ich gemeint hab', er is e Bettler. Und nu failliert er mit 100000 Mark!«

»Und was wirste jetzt tun?«

»Ich wer' ihm schreiben, es war e Mißverständnis, ich hab' gemeint, er will anhalten um meine jüngere Tochter Rosel. Aber meine Tochter Rahel, die kann er haben!«

Der alte Kornfeld ist reich geworden. Nun schärft er dem Sohn täglich ein, er müsse unbedingt ein reiches Mädchen heiraten.

»Aber warum denn?« wundert sich der Sohn, »die Mame hatte doch keinen Heller, und du hast sie trotzdem genommen.«

»Das ist etwas anderes«, erklärt der Vater, »ich hatte ja selber auch nichts.«

Junger Jude zum reichen Bankier: »Herr Seidenkranz, ich hab' gefunden Ihre Brieftasche. Es kommen mir zehn Prozent zu – das macht 1000 Gulden.«

Seidenkranz: »Wissen Se was? Ich geb' Ihnen das Zwanzigfache, wenn Sie nehmen meine Tochter!«

Depesche des jungen Kohn an den alten: »Soeben verlobt mit 100000.«

Antwortdepesche: »Kronen oder Gulden?«

Der junge: »Gulden.«

Der alte: »Segen!«

Schwiegervater am Hochzeitsmorgen: »Hier, Isidor, haste die versprochenen 5000 Gulden Mitgift. Und nun versprich mir, daß du meiner Lea ein treuer und gütiger Ehemann sein wirst!«

Isidor, tief gerührt: »Sofort, Schwiegerpapa, laß mich nur erst nachzählen das Geld!«

»Srolke, was bist du so traurig?«

»Ich heirate. Ein schönes und reiches Mädchen.«

»Also warum die Trauer?«

»Wenn ich sie nehme, muß ich Trinken und Rauchen aufgeben. Das war ihre Bedingung.«

»Bitter! Warum nimmst du sie dann?«

»Wenn ich sie nicht nehme, muß ich etwas noch Wichtigeres aufgeben: das Essen!«

»Itzigleben! Mer gehn jetzt zum reichen Kukurudz, damit du kannst kennenlernen seine Tochter! Aber ich mach' dich aufmerksam: Wenn se dir gefällt, darfst du es nicht offen zeigen! Wenn man will machen e gutes Geschäft, darf man die Ware, was man will kaufen, nicht loben, sondern muß sie herabsetzen!«

»Hast du aber eine schöne Frau!«

»Nicht wahr? Ich hätte noch viele andere zum gleichen Betrag haben können, aber bei der habe ich sofort zugegriffen.«

»Erzvater Jakob war der glücklichste Mann der Welt!«

»Wieso?«

»Er arbeitete vierzehn Jahre für zwei Frauen – ich arbeite mein ganzes Leben lang für eine einzige!«

Der Rabbi kommt, um für eine Jeschiwa *(Talmudhochschule)* Geld zu sammeln, in ein reiches Haus. Er trifft im Empfangsraum einen alten Großpapa an. Aus dem Nebenzimmer erschallt ein fürchterlicher Krach.

»Verzeihung«, fragt der Rabbi höflich, »wer ist hier der Herr des Hauses?«

»Setzt Euch und wartet ein wenig«, schlägt ihm der alte Herr vor, »mein Sohn und meine Schwiegertochter sind im Nebenraum eben dabei, die Frage zu entscheiden.«

Nacht.

Sara: »Sami, steh auf und mach das Fenster zu! Es ist kalt draußen.«

Sami: »Nu – und wenn ich aufstehe und das Fenster schließe – wird es davon wärmer werden draußen?«

Der alte Berlinerblau liegt im Sterben. Mit schwacher Stimme bittet er seine Frau: »Sara, hol den Schadchen, der uns zusammengebracht hat!«

»Wozu brauchst du jetzt einen Schadchen?!«

»Es steht geschrieben, vor dem Tod soll man sich mit allen seinen Feinden aussöhnen.«

»Joine, was treibt deine Riwke?«

»Danke der Nachfrage! Wenn's schön ist, ist sie im Garten. Aber wenn sie im Garten ist, ist es nicht mehr schön.«

»Nun, Herr Goldmann, wie sind Sie zufrieden mit dem Doktor, was hat behandelt Ihre Frau?«

»Schlecht bin ich zufrieden. Sonntag hat er sie untersucht und zu mir gesagt: ›Sie müssen sich auf alles gefaßt machen!‹ ... Und Montag sagt er: ›Herr Goldmann, Ihre Frau ist gerettet!‹ ... Zu was hab' ich mich jetzt gefaßt gemacht?«

Avrom kommt zum Rebben und fragt: »Rebbe, am Jom Kippur *(strengster Buß- und Fasttag)* darf man nicht essen, nicht trinken, nicht rauchen, nicht arbeiten, nicht musizieren ... darf man wenigstens schlafen mit einer Frau?«

Der Rebbe: »Komm morgen wieder! Ich muß das klären.«

Am andern Tag. Der Rebbe: »Man darf. Aber nur mit der eigenen Frau ...«

Avrom: »Warum nur mit der eigenen Frau?«

Rebbe: »E Vergnügen darf es nicht sein.«

Klein Moses stürmt zur Mutter herein: »Stell dir vor, Mama, bei Papa ist ein Herr, der nennt ihn Ezechiel!«

»Nun ja, so heißt Papa ja tatsächlich.«

»Warum sagst du dann immer nur Schlemihl zu ihm?«

»Du bist Witwer geworden, Dowid? Mein Beileid! Wenn de dich wieder verheiraten möchtst, dann geh unbedingt zum Schadchen Finkelstein! Der ist in die feinsten Familien eingeführt!«

»Ich würd' ihm gern was zu verdienen geben. Aber ich kann nicht zu ihm. Ich schuld' ihm noch die Provision von meiner ersten Frau!«

Itzik, galant: »Riwkeleben, sitzt du gut in deiner Ecke?«
»Sehr gut.«
»Zieht es auch nicht? Schließt die Tür hinter deinem Rücken gut?«
»Alles ist in Ordnung.«
»Riwkeleben! Komm, laß uns die Plätz' tauschen!«

»Ham Se gehört, der Sternfeld bekommt eine Rettungsmedaille! Er hat seine Frau vor dem Ertrinken gerettet!«
»Den Mut hätt' ich ihm nicht zugetraut!«
»Was heißt Mut? Seine Frau hat angehabt ihren ganzen Brillantenschmuck, ihre goldene Armbanduhr und ihre Smaragdringe!«

Kalkulation.
»Was meine Sara mich kostet! Ich hab' sie heuer das zwölfte Mal nach Franzensbad geschickt!«
»Chammer! Für die Reparaturkosten hättste längst haben können e Neue!«

»Wertheimer, ich hab' gestern Ihre Frau als Odaliske auf dem Wohltätigkeitsball gesehen. Sie hat einen herrlichen Bau!«
Wertheimer, bitter: »Was hab' ich von dem herrlichen Bau, wenn er alle Augenblicke neu verputzt wird und ich ihn zweimal jährlich nach Marienbad und Ostende zur Reparatur geben muß!«

Im Kurort. Die Frau: »Isidor, wolln wir unten auf der Promenad' bleiben oder hinaufsteigen oben auf die Ruin'?«
»Was brauch' ich hinaufsteigen auf die Ruin', Sara? Daß ich hab' dich hierher bringen müssen für vier Wochen, ist für mich Ruin genug!«

»Chaim, hier stell' ich dir vor meine Frau. Wieviel Jahre gibst du ihr?«
Kein einziges! Sie hat so schon genug!«

Der reiche Bienstock hält Mittagsschlaf. Da hört er draußen seinen Diener Anton ausrufen: »Gefallen!«
Entsetzt taumelt er hoch und ruft hinunter: »Wer ist gefallen? Die Sechsprozentigen?!«
»Nein, die gnädige Frau.«
»Nu«, sagt Bienstock erleichtert, indem er sich wieder aufs

Kanapee legt, »wenn es gottlob nur meine liebe Rebekka ist und nicht die Sechsprozentigen!«

Der Rabbi: »Ihr solltet Euch schämen, Euch nach dreißig Jahren von Eurem Weib scheiden zu lassen!«

»Ihr habt recht, Rabbi. Ich hätte es vor neunundzwanzig Jahren tun sollen!«

Rabbi Schmelkow hat eine feurige Bußpredigt gehalten. Alle sind tief beeindruckt und umringen ihn nach der Predigt.

Die Rabbinerin, stolz: »Wenn mein Mann öffentlich spricht, zittere ich!«

Darauf Rabbi Schmelkow, seufzend: »Und wenn mein Weib privat zu mir spricht, dann zittere *ich*.«

»Rabbi, findet Ihr es richtig, aus dem Unglück Eures Nächsten Kapital zu schlagen?«

»Gott behüte! Wie kommt Ihr darauf?«

»Dann solltet Ihr mir die 100 Zloty zurückgeben, die ich Euch für meine Traupredigt gezahlt habe!«

Der Vater: »Nu, Moritzl, was habt ihr heute durchgenommen in der Schule?«

»Über Seidenraupen. Der Lehrer sagt, daß es nützliche Insekten sind.«

»Nützlich!? Laß dir nichts einreden! Schau dir an das Schneiderkonto deiner Mutter!«

»Moische, ich brauch' e neu Kleid!«

»Das ist schon das dritte in diesem Monat. Du ruinierst mich!«

»Und du? Du bringst mich um mit deinem Geiz. Wenn ich tot bin, dann wirste sehen, daß eine Levaje *(Beerdigung)* kostet mehr als e Kleid!«

»Du kannst nicht rechnen, Riwke: E Levaje is nur einmal und e Kleid alle paar Wochen!«

Moische liegt schwerkrank danieder. Sara sitzt weinend an seinem Lager.

»Sara«, flüstert Moische mit letzter Kraft, »schwör mir, daß du, wenn ich sterb', keinen andern Mann mehr anschauen wirst!«

»Gut, Moische«, verspricht Sara heulend, »aber was ist, wenn du wieder gesund wirst?«

»Ruben, du hast mich nie geliebt. Wenn ich jetzt sterbe – ich schwör', in zwei Monaten bist du wieder verheiratet!«
»Schwör nicht, Riwke, ich glaub' dir auch so!«

Ein Jude steht auf dem Friedhof und weint laut.
»Bitter ist mein Los!« klagt er, »warum bist du so früh gestorben?«
»Wem jammert er so herzzerreißend nach?« fragt ein mitleidiger Friedhofbesucher einen Einheimischen.
Dieser erklärt: »Dem ersten Mann seiner Frau.«

Zwei Freunde treffen sich.
Fragt der Wolfstein: »Was bist du so betroppezt, Jankel?«
»Ich kann meiner Frau keine Mezejwe *(Grabstein)* stellen«, antwortet Birnbaum tieftraurig.
»Bist du verrückt geworden?! Deine Frau lebt doch noch!«
»Ja«, bestätigt Birnbaum, »das ist doch eben das Unglück!«

Maseltow: Gut Glück! Gratulationsformel.
Isaak kommt ins Café und erzählt seinem Freund: »Du, ich hab' geheiratet.«
»Maseltow!«
»Eine alte Frau ...«
»Beileid!«
»Mit einem großen Haus.«
»Maseltow!«
»Es ist abgebrannt.«
»Beileid!«
»Meine Frau ist mitverbrannt.«
»Maseltow!«

Viehhändler Moses steht ungerührt am Sarg seiner Frau.
»Ich versteh' dich nicht, Moses«, wundert sich sein Freund, »wie dir vorigen Monat ein Kalb umgestanden ist, haste geweint wie e Kind. Und jetzt biste ganz vergnügt?«
»Nu – was ist da so schwer zu verstehn? Wie meine Frau gestorben ist, haben mir alle Nachbarn sofort e neue Partie vorgeschlagen. Aber für das tote Kalb hat mir keiner einen Ersatz geben wollen.«

Die Frau des Schankwirts Abramski auf dem Dorf draußen liegt eines Tages starr und unbeweglich da und läßt sich durch kein

Rütteln wieder aufwecken. Offenbar ist sie tot. Abramski holt den Kutscher Iwan, damit er die Frau zur nächsten jüdischen Gemeinde transportiere.

Unterwegs aber, an einer besonders holprigen Stelle, wacht die Frau plötzlich wieder auf ...

Ein Jahr später liegt sie wieder starr und unbeweglich da. Da sie sich nach vielen Stunden immer noch nicht rührt, holt Abramski wieder den Kutscher, und die Fahrt zur Stadt geht wieder los ...

Als sie bei der holprigen Stelle ankommen, warnt Abramski erschrocken: »Vorsichtig! Iwan! Vorsichtig!«

Ehepaar Blau ist nach New York ausgewandert und bewohnt im 13. Stockwerk eines Hotels ein kleines Zimmer. Freund Grün ist ebenfalls hierher ausgewandert, und sooft Blau verreist ist, besucht er Frau Blau.

Einmal, mitten in der schönsten Unterhaltung, rasselt es im Schlüsselloch.

»Das kann nur Blau sein«, schließt Frau Blau entsetzt, »schnell, spring aus dem Fenster!«

»Bist du verrückt!« protestiert Grün, »ich soll springen aus dem 13. Stockwerk?!«

Frau Blau, streng: »Spring! Jetzt ist ka Zeit für Aberglauben!«

Finkelstein hat die schöne Sara trotz ihrer sehr fragwürdigen Vergangenheit geheiratet. Sie hat ihm hoch und heilig versprochen, ihren Lebenswandel radikal zu ändern.

Als er aber einmal überraschend nach Hause kommt, findet er sie vertieft in einen ganzen Berg von Billets-doux.

Finkelstein ist außer sich. »Du liest die Liebesbriefe, anstatt sie ungelesen zu verbrennen?!« fragt er empört.

»Aber sei doch gescheit!« beruhigt ihn Sara, »es gibt ja auch Männer, die ihren Anträgen gleich eine Akontozahlung beilegen!«

Mondek Finkelstein hat eine längere Geschäftsreise vor. Seine Frau begleitet ihn zur Bahn.

»Wirst du mir treu sein?« fragt sie ein ums andere Mal.

Mondek verliert die Geduld: »Saraleben – wie kann ich das wissen? Ich bin Reisender in Damenwäsche – aber kein Prophet.«

Ginzburger, frisch verheiratet, kommt erbittert zum Schadchen gelaufen, der ihm die Partie vermittelt hat: »Sie gemeiner Kerl! Ich hab' Ihnen doch gesagt, ich will nur eine Frau mit tadellosem Ruf! Und nun erzählt mir jemand aus ihrer Geburtsstadt, daß sie bereits mit Zwillingen niedergekommen ist!«

Der Schadchen, beruhigend: »Warum die Aufregung? Sie sind doch e gescheiter Mann und sollten wissen, daß immer nur die Hälfte von dem wahr ist, was die Leut' reden!«

Ein jüdischer Kaufmann aus der Provinz braucht einen neuen Verkäufer. Aus dem großen Angebot sucht er schließlich zwei heraus, die beide sehr tüchtig sein sollen. Aber beide haben sie einen großen Fehler. Der eine ist ein Ganew *(Dieb)*, der andere ein Schürzenjäger. Schließlich fragt er seine Frau um Rat.

»Natürlich nimmst du den Schürzenjäger«, entscheidet sie, »ich leg' mich lieber zehnmal mit dem Verkäufer ins Bett, als daß ich mich ein einziges Mal von ihm beganwenen lass'.«

»Du, der Blau, dieser notorische Schürzenjäger, will mir weismachen, er sei seiner Frau die ganzen letzten drei Jahre über treu geblieben!«

»Die letzten drei Jahre? Das wird schon stimmen. Solange hat er nämlich wegen Wechselfälschung gesessen.«

Cohn überrascht seine Frau in flagranti mit einem Offizier. Der Offizier erhebt sich, verbeugt sich und erklärt: »Ich stehe Ihnen zur Verfügung. Ich bin morgen zu Hause.«

»Ich auch«, versichert Cohn eifrig, »ich auch!«

»Stell dir vor, wie ich gestern unerwartet nach Hause komme, höre ich durch die Tür, wie mein Kassierer zu meiner Frau sagt, er möchte mit ihr durchgehen. Nur: er habe kein Geld.«

»Du hast ihn sicher sofort hinausgeworfen?«

»Was fällt dir ein! Ich habe den Kassaschlüssel auf dem Schreibtisch liegen lassen!«

Ein achtzigjähriger Kaufmann namens Isidor Wunder heiratet ein blutjunges Mädchen – und siehe da, es stellt sich Nachwuchs ein! Wunder schaut kopfschüttelnd auf den Säugling in der Wiege und murmelt: »Is es e Wunder, dann is es e Wunder. Is es ka Wunder – dann is es ka Wunder.«

Nach langer Zeit kommt der alte Blau wieder ins Bordell.

»Joj, der Herr Blau is wieder da!« ruft Madame Rosa entzückt, »aber jetzt weiß ich gar nimma Ihren Gusto! Soll's gelbe Haar haben oder rote oder schwarze?«

Blau, schwermütig: »Geduld soll's habn!«

Zwei Achtzigjährige unterhalten sich über die Erfüllung ehelicher Pflichten.

»Bei mir geht es noch zweimal ...«

»Donnerwetter!«

»Aber dazwischen muß ich sehr schwitzen.«

»Wieso schwitzen?«

»Nu – einmal im Sommer und einmal im Winter ...«

»Aha. Und wie war es letzten Sommer?«

»Nu – hatten wir denn überhaupt einen?«

Feingold, in seiner Jugend Schwimmchampion im zionistischen Sportverein Hakoach, ist schon über achtzig, aber noch recht rüstig und geht regelmäßig schwimmen. Nachdem er seine drei Längen geschwommen hat, sitzt er in der Sonne und blickt versonnen auf die zahlreichen spärlich bedeckten Bikini-Schönheiten.

Auf einmal seufzt er tief auf: »Gott der Gerechte! Warum hast du mit dem Können mir nicht auch das Wollen genommen!«

Levy beim Gynäkologen: »Herr Doktor, auf Ihren Rat fahr' ich nun schon das dritte Jahr mit meiner Sara nach Franzensbad – und sie bekommt immer noch kein Kind!«

»Nu, da sind Sie ganz selber schuld, Herr Levy. Lassen Se se fahren allein, Se werden staunen über die Wirkung!«

Schimen Lakriz kommt von der Geschäftsreise heim und erzählt seiner Frau: »Denk dir, im Zug saßen Reisende, die unterhielten sich über unsere Stadt. Und einer sagte, alle Frauen bei uns führten ein verlottertes Leben. Es gäbe nur eine einzige, die sich nicht ohne weiteres mit fremden Männern einlasse!«

Die Frau, tief nachdenklich: »Wer mag das nur sein?«

Blau macht Frau Grün den Hof. Sie sagt streng: »Ich bin eine anständige Frau!«

»Na und? Das hab' ich doch schon immer gewußt.«

»Aber ich will es auch bleiben.«

»Pardon, das hab' ich nicht gewußt.«

Grünblatt kommt unerwartet nach Hause und erwischt seine Frau in flagranti mit einem fremden Herrn.

»Was geschieht hier?« fragt er empört.

»Sehn Sie!« sagt die Frau zu dem Herrn, »ich hab' Ihnen ja gesagt, daß er dumm ist!«

Berlinerblau erwischt seine Gattin in sehr verdächtiger Situation mit seinem Freund.

»Ruchlose!« schreit er. »Ich weiß alles!«

Die Gattin: »Aufschneider! Wann zum Beispiel hat Saul die Philister geschlagen?«

Herzfeld will sich von seiner jungen und schönen Frau scheiden lassen. Alle Bekannten überhäufen ihn mit Fragen und Vorwürfen.

Herzfeld zieht seinen Schuh aus, zeigt ihn den Freunden und sagt: »Schaut ihn an, wie schön und neu er ist! Sieht man ihm an, wie er drückt?«

Sprechstunde beim Rabbi.

»Rabbi, mein Kassierer hat mich bestohlen und ist nach Amerika ausgerückt.«

»Aber die Ausstände sind noch da. Tröste dich, es hätte schlimmer kommen können!«

Ein zweiter kommt.

»Rabbi, mein Haus ist abgebrannt.«

»Aber es war versichert. Tröste dich, es hätte schlimmer kommen können.«

Ein dritter kommt.

»Rabbi, wie ich gestern unerwartet von der Reise heimkomme, treffe ich meine Frau in flagranti mit meinem besten Freund. Ich habe ihn schrecklich verprügelt.«

»Unangenehm«, bestätigt der Rabbi, »aber es hätte schlimmer kommen können.«

Als der betrogene Ehemann fortgegangen ist, fragt ein Freund des Rabbi, der alles mit angehört hat: »Den Trost, den du den beiden ersten gespendet hast, begreife ich. Aber was hätte bei dem dritten ärger kommen können?«

»Sehr einfach«, erklärt der Rabbi. »Er hätte einen Tag früher heimkehren können. Dann hätte er mich bei seiner Frau angetroffen und die Schläge hätte ich gekriegt.«

»Elias, ich bin doch dein bester Freund!«

»Ja, sicher, David!«

»Darum vertrau' ich dir an: Dein Weib betrügt uns alle beide!«

»Hör zu, Esther, ich hab' ein volles Jahr im Zuchthaus gesessen – und jetzt find' ich dich mit einem neugeborenen Kind!«

»Nu – genügt es denn hierfür nicht, daß *ich* daheim war?«

Mordechai ist zur Sommerfrische am Balatonsee. Er sieht im Wasser eine reizende Dame, geht auf sie zu und küßt sie.

Die Dame: »Sie unverschämter Don Juan! Das werden Sie mir bezahlen!«

Mordechai: »Aj waj! Bezahlen?! Ich dachte, ich habe es mit einer Dame zu tun!«

»Papa, wie fängt eigentlich ein Krieg an?«

»Nu – stell dir vor, England und Frankreich bekommen Streit.«

Die Mutter mischt sich ein: »Warum sollten England und Frankreich Streit bekommen? Sie sind doch die besten Freunde!«

Der Vater: »Aber es ist ja nur eine Annahme.«

Die Mutter: »Wozu so einen Blödsinn annehmen?«

Der Vater: »Du blöde Kuh!«

Die Mutter: »Wenn ich eine Kuh bin, bist du ein Ochs. Du hast um mich geworben!«

Der Junge: »Papa, lassen wir die Frage! Ich weiß jetzt, wie ein Krieg anfängt!«

»Nochim, morgen lass' ich die Gans schlachten.«

»Warum gerade morgen, Sara?«

»Weil morgen unser Hochzeitstag ist.«

»Und warum willst du die unschuldige Gans dafür bestrafen? Schuld war doch einzig und allein der Schadchen!«

Wien. Frau Grün und Herr Blau treffen sich zufällig auf der Kärntnerstraße. Zufällig eilen beide zum Südbahnhof, also eilen sie gemeinsam. Beide wollen auf den Semmering. Also fahren sie zusammen. Und dort ist alles besetzt bis auf ein einziges Doppelzimmer. Also nehmen sie es und stellen einen Paravent zwischen die beiden Betten ...

Herr Blau schläft und schnarcht.

Frau Grün liegt wach und säuselt: »Herr Blau. Es zieht mir. Bitte schließen Sie das Fenster!«

Blau knurrt unwillig, schlurft zum Fenster, macht es zu und legt sich wieder schlafen.

Frau Grün, nach einer Weile: »Herr Blau, es wird zu stickig. Bitte öffnen Sie das Fenster wieder!«

Blau stöhnt erbittert, steht aber doch auf und öffnet das Fenster. Dann legt er sich wieder hin und schnarcht.

Frau Grün, nervös: »Herr Blau, ich habe Durst. Bitte bringen Sie mir ein Glas Wasser!«

Da setzt sich Blau auf und sagt streng: »Frau Grün, Gott hat gewollt, daß wir uns treffen auf der Kärntnerstraße, Gott hat gewollt, daß wir fahren zusammen auf den Semmering, Gott hat gewollt, daß wir finden nur ein Doppelzimmer – wenn Sie meinen, Gott hat gewollt, daß wir werden wie Mann und Frau, dann stehen Sie gefälligst selbst auf und holen sich das Glas Wasser!«

Die alte Sara Herschkowitz kommt zum berühmten Kunstmaler um ein Portrait: »Ich möcht' schon ein wenig jünger aussehen.«

»Nu, das wird nicht leicht sein.«

»Dann möcht' ich haben e schönen Ring am Finger, e großen Brillanten mit lauter Rubinen drum rum.«

»Es wird Mühe machen und Geld kosten!«

»Ist nicht wichtig. Ich möcht' haben auch e Kollier mit die gleichen Steine, nur ein weniges größer.«

»Es wird viel Mühe machen und noch mehr kosten!«

»Macht nix. Aber ich möcht' auch haben gemalt e Diadem, vielleicht nicht so groß wie das von der Kaiserin Elisabeth.«

»Aber das wird alles so viel kosten, jung, Ring, Kollier, Diadem, daß Se sich könnten kaufen fast die ganzen Juwelen und haben Freude daran!«

»Macht nix. Sehn Se, ich bin e alte Frau. Ich werd' sterben. Mein Mann wird wieder heiraten. Wird der Schlemihl nehmen eine zu Zwanzig. Möcht' ich hören, was se ihm sagen wird, weil er ihr nicht gibt den Schmuck!«

»Gedalje, was machste für e mieses Gesicht?«

»Gott, hab' ich gehabt e Ärger! Ich hab' geheiratet vor drei Monaten, hab' gemeint, mei Frau is unerfahren wie e Kind ... und nu erwisch' ich sie mit meinem Compagnon Fleckeles!«

»Nu – was willste denn! Da siehste doch, daß de recht gehabt hast und daß se is wirklich unerfahren wie e Kind. Sonst hätt' se sich nicht so schnell erwischen lassen!«

Spaziergang am Schabbes Nachmittag. Voraus gehen die beiden Ehefrauen, dahinter Kohn und Abraham.

Abraham zu Kohn: »Sieh dir unsere beiden Frauen an! Ich hab' so eine magere, dürre, und du hast eine große, dicke, mit so einem runden scheenen Toches *(Allerwertester)*. Viel Geld tät' ich zahlen, wenn ich könnt' schlagen ein einziges Mal mit meiner Hand auf den nackten Toches von deiner Frau!«

Kohn: »Was heißt viel Geld? Mach mer e Angebot!«

Abraham bietet 1000 Kronen. Nach vertraulicher Rücksprache mit Frau Kohn einigt man sich nach ein paar Tagen auf 2000 Kronen. Eines Abends wird es inszeniert. Abraham besucht Familie Kohn und wird von Kohn in das Zimmer geleitet, in welchem Sara, bekleidet mit dem Schlafrock, auf dem Kanapee liegt. Nachdem Kohn das Zimmer verlassen hat, setzt sich Abraham ans Fußende des Kanapees und Sara enthüllt ihre Fülle.

Kohn betrachtet wohlgefällig die großen Rundungen. Schmatzend sagt er: »Is a scheener Toches, is a großer Toches!« Während er zärtlich über die Rundungen streichelt, murmelt er immer weiter und sagt zum Schluß: »Aber zum Hinschlagen is er mir zu teuer!«

Rot will dem Schwarz während der Bahnfahrt Witze erzählen. Er beginnt: »Zwei Handelsreisende ...«

Schwarz winkt ab: »Das kenn' ich schon.«

Roth versucht weiter: »Zwei Offiziere im Kasino ...«

»Das kenn' ich auch.«

Roth wird wütend und brüllt unbeherrscht: »Ihre Frau betrügt Sie!«

»Kenn' ich auch«, meint Schwarz gleichmütig.

»Sie Dummkopf!« schreit Roth, »das ist doch kein Witz! Ihre Frau betrügt Sie mit dem dicken Blau!«

»Den dicken Blau – den kenn' ich auch.«

Der nachfolgende Witz basiert auf der – bewußt unwahren – Annahme, daß es bei den Juden, so wie in manchen ländlichen Gegenden Europas, Sitte gewesen wäre, nach der Hochzeitsnacht auf den Leintüchern des jungen Paares nach Blutflecken als einem Beweis für die Jungfräulichkeit der Braut zu suchen, und daß diese Aufgabe obendrein dem Rabbi zugefallen wäre, in

dessen Hause oder sogar in dessen Präsenz der erste Beischlaf durchgeführt werden mußte.
Die Jungvermählte, alles andere als eine Novizin in Sexfragen, weiß, daß sie den Test nicht bestehen kann. Da erblickt sie zu ihrer Freude auf dem Schreibtisch des Rabbi Fläschchen mit farbiger Tinte, mit denen sie die nötigen Flecke im Leintuch anzubringen gedenkt. In dem Raum ist es aber dämmrig, und sie erwischt grüne Tinte anstelle der roten.

Der Rabbi starrt lange entsetzt auf die smaragdfarbenen Kleckse und ruft dann entrüstet aus: »Der Unmensch! Er hat ihr durchstochen die Galle!«

1463. Großhändler Selig an das Burgfräulein Kunigunde:

»Bei Durchsicht meiner Bücher stelle ich fest, daß von 1462 noch ein Betrag von Talern 15 nicht bezahlt ist. Sollten Sie nicht schicken binnen zwei Wochen das Geld, werd' ich mir erlauben, zu berennen die Burg.«

Talmudische Geschäftsführung.

Schmelke Rokeach hat bisher nur den Talmud studiert. Jetzt aber hat er geheiratet. Sein Schwiegervater wünscht, daß er sich geschäftlich betätigen soll, und stellt ihm zu diesem Zweck die Mitgift seiner Tochter zur Verfügung.

Schmelke ist einverstanden, zuvor aber sucht er Anweisungen im Talmud, wie man Geschäfte betreiben soll. Und er findet die Stelle: »Willst du gewinnreichen Handel treiben, so sieh zu, daß du eine Ware feilbietest, die niemand außer dir zu verkaufen hat.«

Das leuchtet Schmelke ein. Er fährt zur Leipziger Messe, sucht lange und findet endlich die gesuchten Sensationen: Handschuhe ganz ohne Finger und Strümpfe mit Fingern für die Zehen. Eilig greift er zu ...

Zu seiner Verwunderung erweisen sich beide Artikel als unabsetzbar.

Abermals greift er zum Talmud, der bekanntlich für jede Lebenslage einen weisen Rat bereithält, und findet die Stelle: »Besitzest du eine Ware, die du nicht verkaufen kannst, so gehe hin und biete sie zum Tausch an gegen eine, die sich eher absetzen läßt. Selbst wenn du einen kleinen Verlust dabei erleidest, hast du immer noch einen Gewinn davongetragen.«

Das leuchtet Schmelke ebenfalls ein. Er treibt zwei Kommissionäre auf und übergibt jedem der beiden einen seiner zwei Artikel mit dem Auftrag, ihn auch gegen Verlust für einen anderen einzutauschen.

Beide Kommissionäre reisen zur Leipziger Messe, von beiden erhält Schmelke am gleichen Tag einen Brief mit der freudigen Mitteilung, nach unendlicher Mühe hätten sie endlich Erfolg gehabt.

Wenige Tage später trifft die eingetauschte Ware ein: Der Kommissionär, der die Strümpfe absetzen sollte, schickt die

Handschuhe, und der, welcher die Handschuhe eintauschen sollte, schickt die Strümpfe ...

Schätzung auf Talmudisch.

Jankel hat zwei Ringe geerbt und bringt sie zum Juwelier Goldblatt zum Schätzen.

Dieser schiebt unwillig den Talmudfolianten beiseite, den er gerade studiert, ergreift die Ringe, dreht sie lange hin und her und erklärt schließlich: »Hätten Sie mir nur einen Ring gebracht, so hätte ich gesagt, er hat ka Wert. Da Sie mir aber zwei Ringe bringen, muß ich zugeben, sie haben alle zwei e Wert: Der eine ist soviel wert wie der andere.«

Orthodoxe Juden tragen immer einen Bart.

Bartkunde.

Abeles führt seinen Sohn ins Geschäftsleben ein: »Wenn ein Jude mit zerzaustem Bart zu dir kommt, kannst du ihm ohne weiteres kreditieren. Einem Juden mit geteiltem Bart darfst du nur mit Vorsicht Kredit geben. Und einem Juden mit glattem Spitzbart – keinen Heller!«

»Tate – wo bleibt da die Logik?«

»Nu, der mit zerzaustem Bart wühlt Tag und Nacht im Bart herum und grübelt: Wie soll ich bloß bezahlen?! Der mit geteiltem Bart denkt sich: Je nachdem. Und der mit dem Spitzbart streicht sich den Bart gemütlich glatt und sagt sich: Ich zahl' nix!«

Das Zinsverbot des christlichen Mittelalters geht eigentlich auf das Alte Testament zurück. Als aber die Juden im Exil von der vorwiegend agrarischen zur städtischen Lebensweise übergingen, gaben sie es dennoch auf, genau wie die Christen in der Neuzeit.

Der Rabbi: »Herr Patrontasch, ich möcht' mir 100 Gulden bei Ihnen auf Zinsen leihen!«

»Aber Rebbe! Ihr habt doch erst gestern gepredigt, daß auf Zinsen auszuleihen ist schlimmer als Mord?!«

»Nu gut, leihen Sie mir das Geld ohne Zinsen!«

»Das, Rebbe, wäre wiederum Selbstmord.«

»Was bringst du mir vier Prozent vom Geld, das ich dir geliehen hab'? Du hast mir doch versprochen, mich zu beteiligen mit 50 Prozent am Reingewinn!«

»Das stimmt schon. Aber schau: Du bist doch ein frommer

Mann. Wie willst du dich da beteiligen am Reingewinn von e Wuchergeschäft!«

Schloime, der Hausierer, schwach, mager, kränklich, schleppt sich mit seinem schweren Warenkasten auf dem Rücken mühsam auf der heißen Landstraße dahin. Da kommt der reiche, kräftige Bauer Iwan daher.

»Iwan«, bittet Schloime, »trag mir den Kasten! Ich geb' dir 20 Kreuzer dafür!«

Iwan ist beleidigt. Dem Juden den Kasten tragen? Von ihm ein Trinkgeld annehmen? Stolz lehnt er ab.

Sie wandern weiter nebeneinander her. Schloime spürt, lang wird er es nicht mehr schaffen. Da hat er eine Idee.

»Iwan«, bittet er, »du bist doch ein reicher Mann. Und ich bin im Augenblick knapp mit Geld. Leih mir fünf Gulden zu einem guten Zins. Als Pfand lass' ich dir meinen Kasten mit der ganzen Ware drin!«

Schloime öffnet den Kasten und breitet den Kram vor Iwan aus. Dem gehn die Augen über. Hurtig gibt er dem Juden die fünf Gulden und greift nach dem Kasten.

Abermals gehen sie lange schweigend nebeneinander her. Es beginnt abendlich kühl zu werden, und das Städtchen ist schon nahe.

»Iwan«, sagt plötzlich Schloime, »ich hab' mir's überlegt. Ich verzichte auf die Anleihe. Da hast du deine fünf Gulden und fünf Kreuzer als Zinsen dazu! Und nun gib mir mein Pfand zurück!«

Efraim, der arme Hausierer, bittet den Fährmann: »Bring mich über den Fluß!«

»Und das Geld?«

»Hab' ich nicht. Ich werd' dir dafür eine gute Ejze *(Rat)* geben, wie du reich werden kannst.«

Der Fährmann zögert, schließlich läßt er sich auf das Geschäft ein.

Als sie auf der anderen Flußseite sind, fragt er neugierig: »Nu, und die Ejze?«

»Meine Ejze? Wenn du zu etwas kommen willst, fahr keinen mehr ohne Geld hinüber!«

Der Chef, Weingroßhändler, zu seinem Reisenden: »Sie begeben sich jetzt auf die Tour und lassen keinen nennenswerten Ort aus, in welchem es auch nur ein einziges größeres Wirtshaus oder

Weingeschäft gibt. Und von jedem Ort aus telegraphieren Sie mir den Erfolg!«

Tag um Tag treffen Telegramme ein:

»Rogasen – zum Rasen!«

»Schrimm – schlimm!«

»Schönlanke – ich danke!«

»Posen – keine Rosen!«

Die nächste Station ist Obornik. Diesmal findet der Reisende seinerseits postlagernd ein Telegramm von seinem Chef vor:

»Obornik – komm zurück!«

Rosenblüh hat mit seinem Compagnon Feiglstock Streit bekommen. Er wirft ihm Unfähigkeit vor.

»Dich verkauf' ich hundertmal, eh' du mich ein einziges Mal!« ruft er bitter aus.

»Ich glaub's!« bestätigt Feiglstock, »wer wird bieten für dich e Heller!«

Der Sohn ist aus der Kleinstadt nach Warschau übergesiedelt und dort finanziell arriviert. Der Vater, armer Schammes *(Synagogendiener)* in Zamość, kommt manchmal den Sohn besuchen und regt sich jedesmal über dessen nach seiner Meinung verschwenderische Lebensweise auf. Er begreift nicht, daß die Ausgaben des jungen Mannes durchaus in einem vernünftigen Verhältnis zu seinem Einkommen stehen.

Als nun des Vaters Geburtstag herannaht, schickt ihm der Sohn einen sehr schönen Pelzmantel. Um aber die vom Vater so geschätzte Sparsamkeit vorzutäuschen, legt er einen Brief bei mit der – natürlich unwahren – Erklärung, der Mantel habe nur 80 Rubel gekostet. In Wirklichkeit hat der Sohn für das Prachtstück ein Vielfaches bezahlt ...

Drei Tage später ist ein Telegramm vom Vater da: »Schick noch ein Dutzend solcher Mäntel! Ich habe den meinen mit 30 Rubel Gewinn verkauft!«

Rabinowitz, Hopfen en gros, will von seiner Geschäftsreise aus ein Telegramm an seine Frau aufgeben: »Hopfen gut verkauft. Komme Freitag abend. Tausend Küsse Julius.«

Das Telegramm stellt sich aber ziemlich teuer. Rabinowitz regt sich darüber auf.

»Kein Grund zur Aufregung«, rät der Beamte, »Sie kürzen einfach den Text!«

»Gut«, sagt Rabinowitz, »wollen sehen, was man weglassen könnte! ›Hopfen‹ – ich handle mit Hopfen, das weiß meine Frau, das brauche ich nicht eigens zu sagen. Also streichen. ›Komme Freitag abend‹ – ich bin doch nicht meschugge, über Schabbes wegzubleiben! Das weiß meine Frau auch. Das kann man streichen. ›Tausend Küsse Julius‹ – nu, wer soll denn sonst an meine Frau tausend Küsse schicken? Etwa der Rebbe? Das kann man streichen ... Also Sie sehn, ich kann das ganze Telegramm streichen!«

»Schachne, du hast auf Ehrenwort versprochen, die 100 Gulden bis zum Fünfzehnten zurückzugeben – und jetzt haben wir schon den Dreißigsten! Du hast dein Ehrenwort nicht eingelöst!«

»Nu – hab' ich's nicht eingelöst, dann is es eben verfallen. Du kannst es also behalten, mein Ehrenwort!«

Pomeranz kommt zum Grafen. Er will ihm die Ernte abkaufen. Sie werden einig über den Preis.

»Die Hälfte der Summe«, erklärt Pomeranz, »zahle ich sofort in bar; die zweite Hälfte gegen Ehrenwort in drei Tagen.«

Der Graf: »Ich soll dem Ehrenwort eines Juden vertrauen!?«

Pomeranz: »Aber Herr Graf, doch nicht meinem! Vor einem Jahr hat Ihr Herr Bruder bei mir 3000 Rubel gegen Ehrenwort für drei Tage entliehen – das habe ich noch heut und offeriere es Ihnen!«

Löwenstein hat ein schönes Pferd gekauft und möchte es gern mit Gewinn weiterverkaufen.

Der Graf Alvenstein schaut sich den Gaul von allen Seiten an und will dann wissen: »Sind Sie ganz sicher, daß das Pferd nicht furchtsam ist?«

»Aber natürlich!« beteuert Löwenstein, »es hat bei mir volle acht Tage im dunklen Stall mutterseelenallein gestanden und ist ganz ruhig geblieben!«

Kohn hat die Stelle des Vorreiters bei einem Pferdehändler gerade angetreten. Er kennt sich im Stall seines Herrn noch nicht aus – da wird er in den Hof herunter gerufen, wo ein fremder Herr neben einem gesattelten Pferd steht.

Kohn zieht seinen Chef beiseite und raunt ihm ins Ohr: »Soll ich vorreiten zum Kaufen oder zum Verkaufen?«

»Berl, biet mir für meinen Gaul 100 Gulden!«

»Für den Kadaver?! Keine 20!«

»Schau, du brauchst ihn ja nicht zu nehmen! Aber wenn ich morgen zum Viehmarkt komm', möcht' ich ehrlich schwören können, daß man hat mir geboten für den Gaul 100.«

Jankew legt dem Rittmeister von Schönwitz die fälligen Wechsel vor.

Von Schönwitz läßt Cognac servieren und fängt mit Jankew eine freundliche Unterhaltung an.

Darauf Jankew: »Herr Rittmeister! Entweder oder. Entweder Sie zahlen, oder Sie werfen mich raus – aber halten Sie mich nicht auf mit leeren Redensarten!«

Roth, angestellt bei Weiß, kommt zum Chef und denunziert den Schwarz: »Er stiehlt aus der Kasse.«

Der Chef läßt den Schwarz zu sich kommen und fragt ihn: »Wieviel verdienen Sie in der Woche?«

»20 Rubel.«

»Davon können Sie nicht leben«, meint Weiß, »ich verdopple Ihr Gehalt.«

Roth ist außer sich: »Herr Weiß, ist das eine Art, auf Diebstahl zu reagieren?«

»Sie haben recht«, bestätigt Weiß und bestellt den Schwarz wieder zu sich: »Sie bekommen 60 Rubel pro Woche.«

Roth kann es gar nicht aushalten: »So belohnen Sie also Diebe! Mir haben Sie das Gehalt seit zehn Jahren nicht erhöht!«

»Geduld«, tröstet der Chef, »warten Sie ab bis Wochenende! Dann feure ich den Schwarz. Der Lump soll einer Stellung für 60 Rubel nachweinen und nicht einer für 20 Rubel!«

Laden für Herrenunterwäsche. Commis leise zum Chef: »Herr Löwenberg! Der Kunde da will wissen, ob diese Unterhosen beim Waschen eingehen?«

Der Chef, ebenso leise: »Passen sie ihm?«

Commis: »Nein, sie sind zu groß. Wir haben seine genaue Größe nicht mehr am Lager ...«

Chef: »Dann gehen sie ein.«

»Nathanson, ich hab' dich immer für'n anständigen Menschen gehalten und geglaubt, du wirst mir die 1000 Mark zurückgeben, die du bei mir geliehen hast!«

»Werd' ich auch, Herr Leibowitz! Ich sag' Ihnen: Und wenn ich nachts einbrechen und das Geld stehlen müßt' – so will ich doch als ehrlicher Mann vor Ihnen stehen und meine Schuld bezahlen!«

Scholem Krojanker in Meseritz bleibt seinem Stofflieferanten in Posen eine Sendung im Wert von 120 Mark seit Monaten schuldig. Jeder persönlichen Begegnung mit dem Lieferanten weicht Krojanker aus, und auf schriftliche Mahnungen reagiert er überhaupt nicht.

»Was machen wir bloß?« fragt der Lieferant bekümmert seinen neuen Commis.

»Ich hab' eine Idee«, schlägt dieser vor, »wir schicken an Krojanker eine Mahnung auf 180 Mark und sehen zu, was er tun wird!«

Postwendend kommt aus Meseritz die Antwort: »Sie unverschämter Mensch! Bei Ihnen bestelle ich nie mehr etwas! Wie können Sie es wagen, mich um 180 Mark zu mahnen? Ich schulde Ihnen nur 120 und keinen Pfennig mehr. Beiliegend erhalten Sie den Betrag – wenn Sie sich unnütze Kosten machen wollen, dann, bitte, verklagen Sie mich!«

Silberstern ist mit seiner Bank unzufrieden und schreibt an die Direktion des Instituts: »Ich möchte erstens eine höhere Verzinsung meiner Kapitalien und wünsche zweitens dringend, ehrlich und anständig bedient zu werden.«

Die Antwort lautet: »... Was Punkt eins angeht, so läßt sich eventuell darüber reden. Was aber Punkt zwei angeht, so bedauern wir, uns nicht auf neue Experimente einlassen zu können.«

Gelbwasser entläßt seinen treuen Kassierer nach fünfundzwanzigjährigen tadellosen Dienstjahren.

»Was hab' ich mir zuschulden kommen lassen?« fragt dieser gekränkt.

Darauf Gelbwasser: »No na – werd' ich warten, bis!«

»Was hör' ich? Mit dem Schmilkowski, dem Lumpen, machen Sie nach wie vor Geschäfte?! Sie haben doch selber erzählt, wie er Sie einmal angeschmiert hat!«

»Wie haißt! Haben Sie 'ne Ahnung, was ich inzwischen von ihm alles gelernt hab'!«

»Was biste so traurig, Gedalje?«

»Ich hab' failliert und mein ganzes Geld verloren!«

»Daß man failliert, das hab' ich schon gehört. Aber daß man dabei sein Geld verliert – das hab' ich noch nie gehört!«

Die polnischen Juden waren zum großen Teil so arm, daß viele versuchten, in der Bahn schwarz zu fahren.
Zwei polnische Juden, beide Commis Voyageurs, sitzen einander in den zwanziger Jahren im Bahncoupé gegenüber.

»Wie gehn bei euch in der Stadt die Geschäfte?« will der eine wissen.

»So schlecht«, klagt der zweite, »daß nicht einmal mehr die auf die Reise gehn, welche ihre Billette nicht zahlen.«

Der Buchhalter zum Chef: »Herr Schmelkes, der Silberblatt hat geschickt 300 Gulden zu viel. Was soll ich tun?«

»Das fragen Sie? Immer korrekt handeln! 150 Gulden schreiben Sie mir gut und 150 meinem Compagnon!«

Lemberg. Mendel Löb, Herrenbekleidung, muß ausgehen. Er bittet seinen einstweilen noch geschäftsunerfahrenen Schwiegersohn, ihn inzwischen im Laden zu vertreten, und instruiert ihn: »Auf den Etiketten steht der Preis nicht in Zahlen, sondern du findest Punkte auf ihnen: Ein Punkt bedeutet 20 Kronen, zwei Punkte 40 Kronen, drei Punkte 60 Kronen etc. Du verlangst von den Kunden natürlich zunächst das Doppelte, und dann gehst du notfalls bis auf den angezeichneten Preis hinab ...«

Als Mendel zurückkommt, überreicht ihm der Schwiegersohn 120 Kronen und sagt: »Tate, ich hab' einen Paletot verkauft.«

Mendel wundert sich: »Wir haben doch gar keine so teure Ware am Lager!«

»Bitte«, sagt der Schwiegersohn, »hier ist das Etikett! Sechs Punkte, macht 120 Kronen!«

Mendel setzt die Brille auf, starrt lange auf das Etikett und sagt dann begeistert: »Gesegnete Fliegen!«

Efraim feiert sein Geschäftsjubiläum. Der Vorsteher der Kultusgemeinde erscheint mit einer Deputation, um zu gratulieren, und betont in seiner Ansprache Efraims Unbescholtenheit.

Darauf Efraim, tief gerührt: »Es ist genau so, wie der Herr Vorsteher es sagen: Fünfzig Jahre lebe ich unter euch, und man kann mir nischt beweisen!«

»Bei dir hat es gebrannt? Warst du auch gut versichert?«
»Was fragste? Hätt' es sonst bei mir gebrannt?«

»Stell dir vor, Awremel, mein eigener Schwiegersohn nennt mich einen Ganew *(Dieb, Gauner)*!«
»Nu, was ist dabei? In der eigenen Familie gibt es keine Geheimnisse!«

Berl kommt ins koschere Restaurant, setzt sich neben einen Fremden und sagt zu ihm: »Ich glaube, wir sind uns schon gestern Nacht hier im Restaurant begegnet.«
Der Fremde: »Ich hab' Euch mein Lebtag nicht gesehn!«
Berl: »Ich Euch auch nicht. Ich erkenne Euch an Eurem Schirm.«
Der Fremde: »Den hatte ich gestern gar nicht bei mir.«
Berl: »Eben! Ich hatte ihn!«

Im Restaurant. »Nelkenstock, haste schon bezahlt?«
»Nein.«
»Ich auch nicht. Also worauf warten wir noch?«

Mandelbaum hat mit seinen Freunden bis tief in die Nacht hinein gezecht. Als er am andern Morgen mit schwerem Kopf aufwacht, kann er sich zwar noch erinnern, einem von ihnen 20 Gulden geliehen zu haben – er weiß aber nicht mehr, wem!
Er klagt seinem Weib seinen Kummer. Sie aber weiß Rat.
»Du gehst von einem zum andern«, schlägt sie vor, »und sagst zu jedem: ›Guten Morgen! Nu – und das Geld?‹ Dann wird der Schuldner schon zahlen ...«
Das leuchtet Mandelbaum ein. Er macht sich auf und betritt das Haus des ersten Zechkumpanen. »Guten Morgen«, sagt er freundlich, »und das Geld ...«
Dieser ist ganz gerührt: »Das ist aber schön von dir, daß du dich endlich erinnerst, bei mir im Vorjahr 50 Gulden geliehen zu haben! Ich hab' schon gefürchtet, du habest es vergessen!«

Bruchband, berüchtigter Falschspieler, kommt aus Przemysl zum ersten Mal nach Wien und sucht natürlich sofort nach einem Café, wo man Karten spielt. Artig bittet er um die Erlaubnis, mitspielen zu dürfen. Die Herren sind einverstanden.
Kurz darauf sagt einer von ihnen: »Ich hab' vier Könige!« und greift nach den Einsätzen.

»Halt!« schreit Bruchband, »erst vorzeigen!«

Die Herren sind empört.

»Was denken Sie, wo wir sind?« sagt einer von ihnen streng, »bei uns hat man zu glauben, was einer sagt!«

Bruchband entschuldigt sich erschrocken und spielt von jetzt an schweigend mit.

Am nächsten Tag kommt er mit 200 Gulden nach Przemysl zurück.

»Wie ist das möglich?« wundert sich seine Frau.

»Nu, Kunststück!« erklärt Bruchband, »bei *die* Usancen!«

Kahn und Bollag spielen Karten im Café.

Plötzlich springt Kahn außer sich vor Zorn auf und schreit: »Bollag! Sie betrügen!«

»Nu«, antwortet Bollag gemütlich, »das weiß ich doch selbst. Wozu also das Geschrei?«

Kukuruz hat in Tschernowitz beim Kartenspiel alles verloren und ist nach erheblichen Unterschlagungen nach Berlin verschwunden. Auch dort zieht es ihn wieder in die Caféhäuser, aber einstweilen begnügt er sich damit, bescheiden beim Kartenspiel der andern zu »kiebitzen«. Abend für Abend steht er hinter den Spielern und erteilt ihnen Ratschläge.

Diese kommen allmählich zur Überzeugung, es mit einem glänzenden Kenner zu tun zu haben, und eines abends fordert ihn einer von ihnen auf: »Wollen Sie sich nicht zu uns setzen?«

Unter den Spielern ist aber einer aus Tschernowitz, und der meint: »Laßt ihn stehn! Wenn er hätt' wollen sitzen, hätt' er bleiben können in Tschernowitz.«

Den Rumänen sagt man unkorrektes Geschäftsgebaren nach.
In Rumänien erzählte man: Wenn ein Jude zur Bekräftigung sagt: »Soll mich treffen der Schlag auf der Stelle!« – dann springt er schnell zur Seite, damit der Schlag danebenfällt.

Im Café von Neutra, dem bekannten Diebesnest in Ungarn, sitzen ein paar Juden beim Kartenspiel.

Plötzlich springt Isidor auf und schreit: »Gewalt! Einer von euch spielt falsch!«

Die andern wundern sich: »Wieso? Wie kommst du darauf? Und wer soll denn das sein?«

»Was weiß ich, wer es ist«, randaliert Isidor, »aber ich hab' gehabt im Stiefel ein fünftes As – und einer hat es mir gestohlen!«

Der Neffe aus Neutra besucht seinen Onkel in Budapest, logiert auch bei ihm.

Einmal, als der Neffe von einem Ausgang nach Hause kommt, sieht er, wie der Onkel vor seinem – des Neffen – Koffer kniet und ein zweites Schloß daran befestigt.

»Aber Onkel«, fragt der Neffe verwundert, »wozu soll das gut sein? Der Koffer ist doch bereits abgeschlossen, da kann ja keiner was rausnehmen!«

»Ich fürchte nicht, daß jemand wird was rausnehmen«, erklärt der Onkel, »ich fürchte umgekehrt, daß jemand könnte noch etwas reinlegen ...«

Schloime, der Hausierer, muß oft durch dunkle Wälder wandern, in denen es noch Räuber geben soll. Seine Frau rät ihm daher, einen Revolver bei sich zu haben.

»Wozu?« fragt Schloime wehmütig, »damit sie mir den auch noch wegnehmen?«

Der arme Hausierer Chaim: »Saraleben, heut hab' ich 100 Rubel gewonnen!«

»Wie ist das möglich?«

»Stell dir vor: wie ich geh' durch den Wald, fallen mich an zwei Kosaken und entreißen mir die Brieftasche. Hätt' ich darin gehabt 100 Rubel, so hätt' ich sie verloren! So hab' ich sie gewonnen!«

Der arme Hausierer Jossl ist den ganzen Tag herumgelaufen und hat keinen Heller verdient. Nun hat er Angst, zu seiner streitsüchtigen Frau heimzukommen.

Da verfällt er auf eine Idee. Er wickelt sich ein feuchtes Handtuch um den Kopf und kommt taumelnd nach Hause.

»Was ist geschehen?« ruft sein Weib entsetzt.

»Kosaken haben mich überfallen«, berichtet Jossl, »sie haben mich geschlagen und geschrien: Geld oder Leben!«

»Aber warum hast du ihnen das Geld nicht gegeben?«

»Ich habe es gegeben.«

Dem armen Rappaport geht es bitter schlecht. So beschließt er, ein Räuber zu werden. Er zieht mit einem scharf geschliffenen

Messer in den Wald und wartet auf ein Opfer. Endlich kommt ein großer, kräftiger Bauer daher. Rappaport springt aus seinem Versteck hervor, schwingt das Messer und schreit: »Geld oder Leben!«

Der Bauer erschrickt einen Augenblick, schaut sich dann das armselige Jüdlein an und fängt an zu lachen.

»Ich nehme an«, sagt er, »du hast Hunger. Da hast du eine Kopeke!«

Rappaport dreht die Münze hin und her und sagt dann entrüstet: »Eine Kopeke?! Bin ich ein Räuber oder bin ich ein Schnorrer?!«

Zitronsaft geht es sehr schlecht. Er beschließt, Räuber zu werden. Aus der Küche holt er sich das größte Messer und geht damit in den Wald. Doch Tag für Tag kommt er mit leeren Händen heim. Sein Weib macht ihm zornige Vorwürfe.

»Du stellst dir das viel zu einfach vor«, klagt Zitronsaft bitter. »Wann kommen die Leute am Morgen durch den Wald? Ganz früh! Gerade, wenn ich das Morgengebet sprechen muß. Und das darf man doch nicht unterbrechen, auch nicht zum Rauben ... Und wann kommen die Leute am Abend durch den Wald zurück? Genau zur Zeit des Abendgebetes. Da kann man wieder nicht unterbrechen ... Weißt du, Sara, ich glaub', das Räubern, das ist kein jüdisches Geschäft.«

Bankier Katzenfuß ist frisch geadelt und heißt jetzt »von Katzenburg«.

Eines Tages kommt der Geldbriefträger und ruft ins Kontor hinein: »Ich hab' eine Geldsendung für Herrn Katzenfuß!«

Der Bankier, außer sich vor Zorn: »Katzenfuß gibt's nicht mehr! Wenn's nicht gerade eine Geldsendung wär', würd' ich sie überhaupt nicht annehmen!«

Der reiche geizige Chaim Diamant betritt in Wien das Bureau seines Geschäftsfreundes Rosenblatt und stöhnt: »Mir ist von der Fahrt von Lemberg bis hierher, als wären alle meine Knochen zerbrochen!«

»Welcher Klasse bist du denn gefahren?«

»Dritter Klasse.«

»Wozu war das nötig?«

»Was sollte ich tun? Eine vierte Klasse hat der Zug nicht gehabt.«

Silberstein hat auf dem kleinen Telegraphenamt das einzige Schreibpult blockiert, steht da und brütet endlos über seinem Formular.

Ein ungeduldiger, eiliger Kunde tritt an Silberstein heran und fragt: »Vielleicht kann ich Ihnen helfen?«

»Gern«, sagt Silberstein, »können Se mir geben einen Tip, wie ich kann schreiben in einem einzigen Wort ›Sie Lump, Sie Betrüger, zahlen Sie auf der Stelle‹?«

Lubliner, sehr »aufgeklärt« und »assimiliert«, feiert mit seinen Kindern und Kindeskindern zusammen Weihnachten unter dem brennenden Kerzenbaum.

Da wird er ans Telephon gerufen. Entrüstet schreit er hinein: »Herr Katz! Ich feier' grad mit meiner Familie Weihnachten – und da kommen Se mir mit Geschäften!? Und wenn Se mer 10, ja sogar 12% bieten – ich sag' nein! ... Was haben Se gesagt? 14%? Gemacht!«

Gouvernante: »Herr Goldbaum! Ihr Moritzl hat einen Dukaten verschluckt!«

Goldbaum, stolz: »Na und? Deshalb werd' ich noch lang nicht bankrottieren!«

Die Mutter: »Hilfe! Unser Moritzl hat einen Heller verschluckt!«

Der Vater: »Und da schreiste, als hätt' er verschluckt einen Dukaten!«

»Hilfe! Unser Moritzl erstickt! Er hat den Sechser verschluckt, den du ihm geschenkt hast!«

»Scht! Beruhige dich! Der Sechser war falsch!«

Koppel zu seinem Weinlieferanten: »Weißt du den Unterschied zwischen den Juden in Babylon und dir?«

»Nu?«

»Die Juden in Babel saßen beim Wasser und weinten – und du sitzest beim Wein und wässerst.«

»Tate, draußen verkauft ein Mann Birnen. Gib mir einen Kreuzer, ich möcht' mir eine kaufen!«

»Wozu brauchst du da Geld? Geh hinaus und zeig dem Mann die Zunge! Vielleicht wirft er dir eine Birne an den Kopp!«

Prinzipal zum Commis: »Warum ist die Dame weggegangen, ohne etwas zu kaufen?«

»Sie wollte himmelblaue Strümpfe – die haben wir nicht.«

»Chammer *(Esel)*, warum haste ihr nicht verkauft eins von die rote Flanelltüchlein, die wir schon seit sechs Monaten am Lager haben und nicht loswerden?«

Krakauer zum Buchhalter: »Sie haben, ohne mich zu fragen, an alle Kunden Neujahrskarten verschickt. Das verbitte ich mir! Nur ich entscheide darüber, wer ein glückliches Jahr haben soll!«

»Tateleben, was ist das, ein Financier? Ein Mann, der viel Geld verdient?«

»Nein, mein Junge, ein Financier ist ein Mann, der es versteht, das Geld einzuheimsen, das andere verdient haben.«

»Sie haben mir meinen Commis Bergelson wegengagiert. Zumindest hätten Sie den Anstand haben sollen, mich zu fragen!«

»Und wenn ich Sie gefragt hätte – Sie hätten ja nichts davon gehabt!«

»Oh doch! Ich hätte nein gesagt!«

»Wie geht dein Geschäft?«

»Schlecht. Mir können nur noch zwei Menschen helfen. E Jäger und e Schuster. Der erste mit e Vorschuß, der zweite mit e Absatz.«

Feinstein, galizischer Geldverleiher, hat bisher seine Geschäfte ganz allein und nur anhand eines Notizbüchleins abgewickelt. Allmählich aber nehmen seine Transaktionen einen solchen Umfang an, daß er sich entschließt, einen Buchhalter anzustellen. Dieser macht sich gleich an die Arbeit und legt als erstes ein Hauptbuch an.

Feinstein schaut ihm interessiert dabei zu.

Der Buchhalter schreibt mit Zierschrift »Soll« oben ins Buch.

Darauf Feinstein, außer sich: »Chammer! Was heißt *soll*! Er *muß* zahlen!«

»Die Hälfte geb' ich Ihnen in bar, und die andere Hälfte in Wechseln.«

»Die Wechsel nehm' ich nicht, die sind mir zu unsicher.«

»Was heißt unsicher? Die sind sicherer als das Geld! Das Geld haben Sie schon morgen ausgegeben – dagegen meine Wechsel – die bleiben Ihnen und sogar noch Ihren Kindern und Kindeskindern!«

»Ihr wollt, ich soll Euch Geld leihen. Auf was hin sollte ich das tun? Habt Ihr Vermögenswerte? Oder Referenzen?«

»Referenzen? ... Nun, ich stamme aus erstklassiger Familie, ich bin mit dem lieben Gott persönlich verschwägert.«

»Was soll der Unsinn?«

»Aber ja! Sehn Sie: Mein Schwiegervater hatte zwei Töchter. Die eine habe ich genommen, die andere nahm der liebe Gott im Vorjahr zu sich.«

Drei Juden plaudern miteinander in der Synagoge. Ein vierter, vornehm gekleideter jüdischer Herr tritt herein und grüßt freundlich.

Der erste Jude: »Er grüßt mich! Er schuldet mir Geld.«

Der zweite Jude: »Unsinn! Er grüßt mich! Ich schulde ihm Geld!«

Der dritte Jude: »Er grüßt ohne Zweifel mich! Weder schuldet er mir etwas, noch schulde ich ihm etwas. Warum also sollte er mich nicht grüßen?«

»Lieber Herr Kohn, meine Tochter heiratet. Wollen Sie nicht eine Kleinigkeit zu ihrer Aussteuer beitragen?«

»Aber gern, lieber Levy! Sie schulden mir 300 Mark. Ich geb' Ihnen Ihren Wechsel zurück.«

Levy, traurig: »E Tüchelche für drei Mark wär' mir lieber gewesen!«

Tuchhändler Bromberger in Krakau hat dem Schneider Blumenfeld im nahen Dorf ein paar Ballen Stoff auf Kredit geliefert – der Schneider zahlt nicht. Von Zeit zu Zeit fährt Bromberger ins Dorf hinaus und versucht, ob nicht wenigstens eine Teilzahlung aus dem Schneider herauszuholen ist – aber es ist alles vergeblich.

»Schau«, bittet er den Schneider, »Woche für Woche komm' ich zu dir heraus – und immer umsonst. Ist das schön von dir, daß ich mich um deinetwegen so vergeblich abhetzen muß?«

»Nein«, gibt der Schneider zu, »es ist wirklich nicht schön. Aber ich versprech' dir, daß das bald anders werden soll!«

»Du willst wirklich zahlen?« fragt Bromberger ganz glücklich.

»Das nicht«, sagt der Schneider, »aber ich ziehe demnächst nach Krakau, dann hast du es zu mir nicht mehr so weit.«

Sauerteig kommt zum reichen Silberfeld: »Möchtet Ihr mir nicht leihen 20 Gulden für zwei Tage? Ich kann machen damit ein gutes Geschäft.«

»Und wieviel wirste verdienen bei deinem guten Geschäft?«

»Zehn Gulden.«

»Weißte was, Sauerteig? Ich wer' dir schenken 10 Gulden, dann haben wir beide bei dem Geschäft verdient 10 Gulden.«

»Ich mecht' den Chajim Wasserzieher bei mir anstellen. Sie kennen ihn. Können Sie mir geben Auskunft über ihn?«

»Na ja – er ist alles andere als integer.«

»Teger oder integer – ich mecht' wissen, ob er ist tüchtig?«

Jankew Diamant will einen neuen Buchhalter einstellen und erkundigt sich bei dessen früherem Chef nach ihm.

Die Auskunft lautet: »Der fragliche Buchhalter ist ein hochinteressanter Mann: zu nichts zu gebrauchen und dennoch zu allem fähig!«

Lewy, feierlich zu seinem Lehrling nach dessen absolvierter kaufmännischer Lehre: »Karfiol, ich gratuliere Ihnen! Ab heute sind Sie Commis – aber nicht bei mir!«

Junger Kaufmann: »Ich langweile mich. Ich habe das Gefühl, daß die Zeit überhaupt nicht weitergeht!«

Alter Kaufmann: »Da gibt es ein gutes Mittel dagegen. Stell ein paar Vierteljahrsakzepte aus! Dann wirst du sehn, wie schnell dir die Zeit bis zum Verfalltag auf einmal vergeht!«

Salo Teitelbaum hat neuerdings eine merkwürdige Gewohnheit angenommen. Statt »gut« sagt er immer »bon«.

»Salo«, fragt ihn der Schmul, »was biste auf einmal geworden e Franzos? Warum sagste nich einfach ›gut‹?«

»Nie wieder!« beteuert Salo, »ein einziges Mal in meinem Leben hab' ich gutgesagt – und was meinst du, wieviel Geld mich das gekostet hat!«

Dem Reisenden Moritz Grünbaum ist bei einem Hotelbrand der Anzug beschädigt worden. In der Spesenrechnung findet der Chef daher den Posten: Ein Anzug – 100 Mark.

Der Chef will aber für den Anzug nicht aufkommen und streicht den Posten aus der Rechnung ...

Als Grünbaum von seiner nächsten Geschäftsreise heimkehrt, fragt der Chef höhnisch: »Nu, Grünbaum, is wieder der Anzug in der Rechnung drin?«

»Drin ist er«, gibt Grünbaum zu, »aber Sie werden ihn nicht finden.«

»Nehmen Sie diesen schönen Regenschirm! Ich garantiere, er ist reine Seide!«

»Er ist mir aber zu teuer.«

»Nu, dann nehmen Sie den da! Auch sehr schön, und billig! Nur fünf Mark!«

»Auch mit Garantie?«

»Auch mit Garantie.«

»Sie garantieren, daß es ist reine Seide?«

»Das nicht.«

»Was garantieren Sie denn?«

»Nu – daß es is e Regenschirm.«

Jankew kauft beim Uhrmacher Weiss eine Taschenuhr und fragt: »Geht sie auch wirklich gut?«

»Auf Ehrenwort!« versichert Weiss.

Aber schon am gleichen Abend steht die Uhr still.

Erbost kommt Jankew zu Weiss: »Schaun Sie sich an Ihre Uhr! Erst heut früh hab' ich sie gekauft – und schon steht sie still!«

»Nu«, meint Weiss ruhig, »is es e Wunder? Wenn Sie werden gehn vom frühen Morgen bis zum Abend, wer'n Sie auch e bissele ausruhn und stillstehn wollen!«

Samuel Veitl, ein armer buckliger Hausierer, kauft beim Kaufmann Louis Spitz in Heidelsheim verschiedenen Kram ein und bittet, ihm die Zahlung zu stunden; er verspricht fest, er werde zahlen, wenn er grad wieder vorbeikäme.

Zufällig treffen sich die beiden auf dem Marktplatz, und Spitz erinnert Veitl an sein Zahlungsversprechen.

»Louis«, sagt Veitl, »hab' ich nicht ausdrücklich gesagt, ich würde zahlen, sobald ich ›grad‹ vorbeikomm'? Nu, bin ich ›grad‹? Ich hab' doch nach wie vor meinen Buckel!«

»Steht denn der Levy so gut, daß er kann Equipage fahren?«

»Umgekehrt! Wenn er tät' stehen gut, tät' er zu Fuß gehn.

Wenn er fährt, ist es ein Zeichen, daß er is nebbich schlecht auf den Beinen.«

»Kaminski hat mich regelrecht auf die Füß' gestellt.«

»Seit wann is er ein solcher Philanthrop?«

»Wieso Philanthrop? Ich war ihm Geld schuldig, er hat meine Kalesche gepfändet – und nun muß ich zu Fuß gehn!«

Angestellter zum langjährigen Kunden: »Herr Scholem! Sie haben doch gestern meinem Chef zehn Zloty gebracht mit der Erklärung, die habe er Ihnen kurz zuvor zuviel herausgegeben. Also, im Vertrauen: Sie können sich gar nicht vorstellen, wie sehr er sich aufgeregt hat! Den ganzen Tag hat er herumgejammert: ›Was muß ich dem Scholem in Wirklichkeit zuviel herausgegeben haben, wenn er zehn Zloty zurückbringt!‹«

»Vertrauen gegen Vertrauen: Er hat mir keinen Heller zuviel herausgegeben! Ich habe es nur behauptet, weil ich ihn kenne und wußte, wie sehr er sich aufregen wird!«

Schmul und Eisig betreiben beide kleine Schnittwarenläden in derselben Kleinstadt, sind aber dennoch miteinander befreundet.

Als sie einmal ihre Einkaufsrechnungen miteinander vergleichen, stellt Schmul verwundert fest, daß der Fabrikant ihm für dieselbe Ware pro Meter einen Gulden mehr berechnet hat als seinem Konkurrenten.

Erbittert stellt er den Fabrikanten zur Rede. Dieser aber meint ruhig: »Nu, und was weiter? Das kann Ihnen doch nur schmeichelhaft sein! Ihr Konkurrent hat bei uns eben weniger Kredit als Sie!«

Schwarz zu Blumenthal: »Sag, Markus, was hat dem Rosenfeld gefehlt, daß er gar so plötzlich gestorben ist?«

»Das weiß keiner.«

»Ist das nicht interessant? Solange er gelebt hat, hat keiner gewußt, von was er lebt, und jetzt weiß keiner, von was er is gestorben.«

Klein und Friedmann haben geschäftliche Schwierigkeiten.

»Weißt du was«, sagt Friedmann, »ich hab' in Brünn einen reichen Onkel. Ich fahr' hin und pumpe ihn an.«

Nach zwei Tagen ist er wieder zurück.

»Nun, und?« fragt Klein neugierig.

»Es ist gut gegangen«, sagt Friedmann zufrieden, »der Onkel hat mir angeboten, uns entweder 500 Kronen zu schenken oder 1000 zu leihen.«

»Und was hast du getan?«

»Ich habe die 500 als Geschenk gewählt.«

Friedmann schüttelt mißbilligend den Kopf: »Wie unsolid! Schade um die weitern 500 Kronen!«

Kohn zum Commis: »Ist das Geld von Levy & Co. eingegangen?«

»Nein, Herr Kohn, Levy & Co. ist eingegangen.«

Warschau. »Wie geht dein Mantelladen?«

»Schlecht. Im Sommer ist es so heiß, daß die Leute keine Mäntel brauchen. Und im Winter ist es so kalt, daß niemand Lust hat, das Haus zu verlassen, um einen Mantel zu kaufen. Inzwischen stehe ich in meinem leeren Laden ...«

»Warum machst du ihn nicht zu?«

»Und wovon soll ich leben?«

Scholem will nach Warschau fahren. Er tritt an den Bahnschalter: »Was kostet das Billett nach Warschau?«

»20 Zloty.«

»Ich gebe Ihnen 10.«

»Man kann hier nicht feilschen!«

»Ich habe aber nicht mehr als 10 bei mir.«

»Ich kann nicht nachlassen.«

Inzwischen ist der Zug eingefahren, stehen geblieben, und er beginnt bereits wieder abzufahren, wobei die Lokomotive pfeift.

Scholem, streng zur Lokomotive: »Sie können pfeifen so viel Sie wollen – mehr als 10 gebe ich nicht!«

Gurwitz steht bewundernd vor einem großen Warenhaus. Neben ihm steht ein eleganter Herr, der eine Zigarre raucht. Gurwitz spricht den Herrn höflich an: »Ihre Zigarre duftet herrlich! Sie ist aber sicher nicht billig?«

»Zwei Zloty das Stück.«

»Donnerwetter! Und wieviele rauchen Sie pro Tag?«

»Zehn Stück.«

»Hui! Und seit wann rauchen Sie?«

»Seit vierzig Jahren.«

»Aha! Und nun rechnen Sie aus: Wenn Sie nicht geraucht hätten, könnten Sie von dem Geld das Warenhaus kaufen!«
»Und Sie? Rauchen Sie auch?«
»Nein.«
»Gehört Ihnen das Warenhaus?«
»Nein.«
»Sehen Sie! Mir gehört es!«

»Onkel, wenn du mir nicht zahlst noch 1000 Gulden Studienzuschuß, spring' ich ins Wasser!«
»Wirst dir holen e Schnupfen.«
»Ich schieß' mir eine Kugel vor die Stirn!«
»Von deinem Dickkopf wird die Kugel abprallen.«
»Ich kauf' mir e Strick und häng' mich auf!«
»Ich hab' noch nie gesehn, daß ein Galgenstrick einem zweiten etwas angetan hätt'.«
»Also schön. Ich geb' das Studium auf und eröffne dir gegenüber e Konkurrenzgeschäft!«
Der Onkel, tief erschrocken: »Da haste das Geld!«

Schmul und Schloime sind Konkurrenten, stehen aber dennoch recht freundschaftlich miteinander.
Eines Tages sagt Schmul: »Schloime, schämst du dich nicht vor deinem Commis, wenn du ihn immer wieder um ein paar Gulden zu mir schickst?«
Darauf Schloime: »Für wie dumm hältst du mich, Schmul? Ich sag' ihm doch nicht, daß ich dich anpumpe, ich sag' ihm, daß du bist mir das Geld schuldig!«

»Ich kann jetzt nicht zahlen. Haben Sie doch ein Nachsehen mit mir, Herr Levy!«
»Ich fürchte, dann werd' *ich* mein Nachsehen haben.«

Der Chef ist in seine Geschäftspapiere vertieft.
Der Buchhalter tritt an ihn heran und sagt: »Herr Karpfenkopp, Ihre Frau Gemahlin läßt Ihnen ausrichten, daß sie soeben mit Zwillingen niedergekommen ist.«
Karpfenkopp, zerstreut: »In Ordnung! Schreiben Sie sie mir gut!«

»Ist Herr Birnbaum zu Haus? Ich muß einen Wechsel ...«
»Bedaure, er ist verreist ...«

»... bezahlen ...«

»Oj so! Er dürfte in einer Viertelstunde zurück sein!«

»... weil Birnbaum ihn nicht eingelöst hat.«

»... das heißt, wenn er dort nicht in Geschäften festgehalten ist.«

»Haben Sie schon gehört? Koppstein will seine ganze Ware unter dem Einstandspreis abstoßen!«

»Wissen möcht' ich, wie er das machen will! Er hat doch für sein ganzes Lager noch keinen roten Heller gezahlt!«

Chef zum Buchhalter: »Nu, warst du bei Karfiol?«

»Nu, war ich nicht bei Karfiol?«

»Nu, was hat er gesagt?«

»Nu, was hat er schon gesagt?«

»Nu, hat er gezahlt?«

»Nu, wann hat er je gezahlt?«

»Stell dir vor mein Pech! Gestern leih' ich mir von Leo Kloppstein 10 Gulden – und heute stirbt er!«

»Und das nennst du Pech?«

»Nu ja, wenn ich das geahnt hätt', hätt' ich mir doch geliehen das Zehnfache!«

»Stimmt es, daß man Jankef Feigenblatt ins Irrenhaus gesperrt hat, weil er pausenlos Wechsel ausgestellt hat?«

»Nein, nicht deswegen. Aber er hat anfangen wollen, alle zu bezahlen!«

»Krojanker in Breslau schuldet uns 2000 Mark. Warum höre ich nichts von ihm?«

»Wissen Sie es noch nicht? Er ist meschugge geworden, hält sich für den reichen Baron Rothschild und schleudert nach allen Seiten mit Geld ...«

»Da wird er vielleicht auch endlich die Faktura bezahlen?«

»Ich fürchte: So meschugge ist er doch noch nicht.«

Deutschland. Inflation nach dem Ersten Weltkrieg.

Indien gehört noch zum englischen Kolonialreich, möchte sich aber bereits davon lösen.

Kohn und Levy treffen sich in Berlin auf der Friedrichstraße. Begrüßung. Dann fragt Kohn: »Wie geht es dir?«

»Schlecht«, klagt Levy, »ich habe in der Inflation meinen letzten Pfennig eingebüßt. Und wie geht es dir?«

»Mir geht es gut. Ich habe ein Exportgeschäft nach Indien aufgemacht.«

»Was exportierst du denn?«

»Es sind vom Krieg her noch einige Posten Emailplaketten mit der Aufschrift ›Gott strafe England‹ zurückgeblieben, die habe ich gratis übernommen.«

Wien 1918. Blau und Grün, beide Kriegsschieber, begegnen einander auf der Mariahilferstraße. Blau trägt einen eleganten Pelz, Grün ist ganz abgemagert und abgerissen.

Grün: »Blau, dir geht es doch offenbar glänzend! Wie machst du das nur?«

Blau, stolz: »Ich habe 10 Waggon Zacheln doppelt verkauft.«

Grün, verwundert: »Zacheln, was ist denn das?«

Blau: »Weiß ich?«

Permutter bietet Potasch einen Waggon Kerzen sehr günstig an. Potasch ist sehr interessiert, stellt aber bei der Besichtigung empört fest, daß alle Kerzen keinen Docht haben.

Darauf Permutter: »Nu? Willste verkaufen oder willste leuchten?«

Krisenzeit in den frühen dreißiger Jahren. Der Textilfabrikant Goldberger möchte Informationen über eine neu erstandene Firma in der nahen Provinzstadt haben. Er fragt bei einem dortigen Freund an.

Dieser antwortet: »Wozu brauchst du eine Information? Heute gibt es nur zwei Sorten von Kaufleuten. Die einen haben sicher nichts und die andern haben nichts sicher.«

Etymologie.

Wie ist der Ausdruck »Lokomotive« bei den Eisenbahnen entstanden?

Die bankrotten Kaufleute haben ihn aufgebracht: Wenn sie keine *Motive* mehr haben, in *loco* zu bleiben, versuchen sie, mit der Eisenbahn wegzukommen.

Feldwebel: »Jeder Soldat ist seinem unmittelbaren Vorgesetzten Achtung schuldig ... Rekrut Teitelbaum, was hab' ich gesagt?«

»Daß die unbemittelten Vorgesetzten dem Soldaten etwas schuldig sind, Herr Feldwebel.«

Manöver. Infanterist Rappaport schaut interessiert zu, wie eine Kanone schußfertig gemacht wird.

»Wieviel Pulver braucht die Kanone pro Schuß?« fragt er den Kanonier.

»Fünf Pfund.«

»Fünf Pfund?! Wollt nicht gewesen besser, das zu verkaufen als auszuschießen?«

Eine sozialistische Jugendgruppe braucht Geld für ein Clublokal und hat zu diesem Zweck eine bescheidene Lotterie organisiert.

Ein Mitglied der Gruppe kommt zum Kaufmann Herschkowitz: »Kaufen Sie doch ein Los! Sie können ›Das Kapital‹ von Karl Marx gewinnen!«

»Das Kapital von Marx? Wer ist schon Marx? Verlosen Sie das Kapital von Rockefeller – und ich bin bereit, sogar drei Lose zu kaufen!«

Im Schnellzug Breslau–Berlin. Ein Fahrgast hat sein Billett verloren, sucht kurz vor der Endstation Berlin verzweifelt und vergeblich danach und jammert.

Ihm gegenüber sitzt Isidor Rabinowitz. »Für fünf Mark«, schlägt er vor, »geb' ich Ihnen mein Billett!«

»Und was wird aus Ihnen?«

»Das lassen Sie meine Sorge sein.«

Der Handel kommt zustande. Bevor Rabinowitz dem Fremden das Billett übergibt, kritzelt er etwas auf die Rückseite des Kärtchens ...

Der Fremde kommt in der Tat anstandslos durch die Kontrolle. Isidor drängt nach, ohne die Karte vorzuzeigen.

»Ihre Karte!« sagt der Kontrollbeamte streng.

Darauf Isidor: »Die hab' ich doch soeben abgegeben!«

Der Beamte empört: »Das stimmt nicht!«

Großer Tumult, Krach. Isidor, der weitergehen will, wird mit Gewalt zurückgehalten. Schließlich holt man den Bahnvorsteher herbei.

»Haißt e Chuzpe *(Frechheit)*!« schreit Isidor, »ich hab' doch die Karte soeben abgegeben!«

»Haben Sie Beweise?« fragt der Vorsteher streng.

»Beweise?« fragt Isidor zurück, »aber natürlich! Mir ist dasselbe schon einmal passiert. Seither bin ich vorsichtig und schreib' immer auf die Rückseite des Billetts meinen Namen, ich heiße Isidor Rabinowitz.«

Der Vorsteher veranlaßt, daß man alle Billette durchschauen soll. Große Bestürzung bei den Beamten, als die signierte Karte sich tatsächlich findet.

»Entschuldigen Sie vielmals, belästigt worden zu sein!« bittet der Vorsteher.

»Was heißt entschuldigen«, randaliert Rabinowitz, »her mit dem Beschwerdebuch!«

Diebstahl : Jiddisch Geneva.
Jossel kommt nach New York und schaut sich in der Fifth Avenue die eleganten Auslagen an. Bei den teuren Uhren findet er immer wieder die Anmerkung »Geneva Watches« *(Genfer Uhren).*

»Schau«, sagt er verwundert, »daß Uhren in New York gestohlen werden, genau wie in Warschau und Krakau, ist ja klar. Aber daß man es im Schaufenster offen anzeigt, ist unbegreiflich.«

Sammy ist in den Hitlerjahren nach Melbourne ausgewandert und versucht sein Glück mit einem kleinen Delikateßwarenladen, haargenau dem Italiener Antonio gegenüber. Antonio, verärgert über die neu zugewachsene Konkurrenz, hängt ein Schild heraus: »Schinken nur 50 Cents pro Pfund«.

Sammy pariert mit »40 Cents pro Pfund«.

Antonio geht prompt auf 35 Cents herunter, Sammy offeriert Schinken zu 30 Cents.

Jetzt platzt Antonio die Geduld. Er rennt zu Sammy hinüber und klagt bitter: »Wenn du die Preise weiter so drückst, gehen wir beide pleite!«

Darauf Sammy: »Wieso ›wir beide‹? *Du* gehst Pleite. Ich habe nur koschere Artikel und verkaufe keinen Schinken!«

New York. Meyer von der Anwaltsfirma Meyer & Cohn wohnt im gleichen Villenviertel wie Lifschitz. Sie treffen sich zufällig an der Stadtbahnstation.

Lifschitz fragt freundlich: »Wie beurteilen Sie die Börse?«

Darauf Meyer: »Ich kann natürlich irren, aber mir scheint, man kann auf Hausse spekulieren.«

Am anderen Tag hält Lifschitz eine Rechnung von Meyer & Cohn über 500 Dollar für fachliche Beratung in Händen.

Zwei Tage später fragt Lifschitz den Meyer: »Wie beurteilen Sie die Zukunft des Währungssystems?«

Darauf Meyer: »Ich halte es für möglich, daß wir die Goldparität aufgeben werden.«

Am andern Tag findet Lifschitz eine Rechnung von Meyer & Cohn über 800 Dollar im Briefkasten.

Wieder ein paar Tage später begegnen sich die beiden abermals bei der Station.

»Guten Morgen«, sagt Lifschitz, »mir scheint, es wird regnen. Aber denken Sie daran: Ich *sage* es Ihnen, ich *frage* Sie nicht danach!«

»Wie geht's, Herr Eiweiß?«

»Schlecht, sehr schlecht!«

»Aber gehn Sie! Ich hab' doch gehört, Sie haben vor ein paar Wochen Ihre Tante beerbt!«

»Das stimmt schon.«

»Und vorige Woche is gestorben Ihr Großonkel, der hat Ihnen auch ganz schön was hinterlassen?«

»Das stimmt auch.«

»Und da sagen Sie noch, es geht schlecht?«

»Ja – sehn Sie: Diese Woche is es wie abgeschnitten!«

Der arme Salmen hält auf dem Wochenmarkt Holzlöffel feil.

»Wie geht's dir?« fragt mitleidig ein Bekannter.

»Na, wie schon«, seufzt Salmen, »wie einem Kranken. Alle zwei Stunden e Löffel.«

Große Einladung bei Kommerzienrat Izkowicz. Um die Gäste zu unterhalten, hat man auch einen Zauberkünstler eingeladen. Er verlangt von der Dame des Hauses einen Silberlöffel und läßt ihn verschwinden. Dann geht er auf Weingort am andern Ende der langen Tafel zu und zieht ihm einen Löffel aus der Tasche. Großer Applaus.

Verlegen und zornig flüstert Frau Weingort ihrem Mann ins Ohr: »Du Schlemihl! Du hast uns tödlich blamiert!«

Darauf Weingort: »Beruhige dich! Ich hab' noch drei weitere Löffel in der Hosentasche.«

Sußmann kontrolliert die Bestände seines Engroslagers und stellt fest, daß eine Kiste Zucker fehlt.

»Was machen wir da bloß?« fragt er verärgert seinen Compagnon Spajer.

»Nu, sehr einfach«, rät dieser, »wir fakturieren allen unsern

Kunden eine Kiste mehr, als wir ihnen geliefert haben. Derjenige, der eine Kiste zuviel bekommen hat, wird sicher nicht protestieren!«

Zwei Wochen später stellt Sußman begeistert fest: »Großartig! Es haben drei weniger protestiert!«

Hochwasser am Rhein. Hirsch, der seine Tochter ins Rheingebiet verheiratet hat, kauft sich eine Zeitung und stellt erleichtert fest: »Schau, Aaron, in Koblenz fällt das Wasser!«

Aaron: »Nu – was geht das mich an? Hab' ich gekauft?«

Davidowitsch läßt an seinem Geschäft die Läden herunter.

Rabinowitsch, der gerade vorbeikommt: »Na, wie war heute das Geschäft?«

»Am Vormittag schwach. Es kam kein Mensch.«

»Und am Nachmittag?«

»Am Nachmittag? Ein wenig schwächer.«

Jiddisch Dalles (hebr. dalut): Armut. – Goj, pl. Gojim: Nichtjude.
Was ist Dalles?

E jüdisches Wort für e Sache, die es auch bei Gojim gibt.

Pädagogik.

Der Vater: »Moritzl, laß dir nix einreden! Du mußt dir immer darüber klar sein, daß Geld allein nicht glücklich macht: Man muß es auch *haben*!«

In Lemberg fragten die Juden einander nicht: »Was für einen Beruf üben Sie aus?« – sondern: »Womit handeln Sie?«

Bei einer Hamburger Geldkrise kamen unzählige Wechsel zu Protest. Ein Tag und Nacht beschäftigter Notar stöhnte: »Ich hätte nie geglaubt, daß es unter den Juden soviele Protestanten gibt!«

Wolkenbruch zu seinem Geschäftsfreund Lifschitz: »Mei Itzikl ist achtzehn geworden und möcht' in unsere Branche eintreten. Ich würd' ihn gern zu dir in die Lehre geben. Du wirst es nicht bereuen, er is e heller Kopp!«

Nach einigem Zögern erklärt sich Lifschitz einverstanden.

Ein paar Monate später erkundigt sich Wolkenbruch: »Nu – wie biste mit meinem Itzikl zufrieden?«

»Großartig!« lobt Lifschitz, »er ist ein noch zehnmal größerer Ganew *(Gauner)* als du!«

In den Trödelladen des alten Nathan kommt ein Kunde und will einen Wandspiegel. Nathan zeigt ihm ein Stück. Der Kunde betrachtet die abgeschlagene Randleiste und die entsilberten matten Flecken und meint zögernd: »Der Spiegel sieht aber sehr abgebraucht aus!«

»Abgebraucht?« empört sich Nathan, »ich versichere Ihnen, es ist höchstens zehnmal in ihn hineingeschaut worden!«

Beim jüdischen Altwarenhändler.

»Ich möcht' einen Hut!«

»Da hätt' ich Ihnen einen. Ganz billig, und noch fast neu!«

»Aber der ist mir doch viel zu groß!«

»Sehn Sie! Und ich verlange von Ihnen keinen Kreuzer mehr als für einen kleinen!«

Vor Gericht

Richter: »Rosenbaum, wie alt sind Sie?«

»Wer, ich?«

»Wer denn sonst! Es ist ja sonst keiner da!«

»Fünfzig Jahre.«

»Wo sind Sie geboren?«

»Wer, ich?«

»Natürlich Sie!«

»In Rzeszów.«

»Wo haben Sie den Rock gestohlen?«

»Wer, ich?«

Der Richter, ganz wild: »Nu, wer denn sonst? Etwa ich?«

Rosenbaum: »Weiß ich?«

Fromme Juden pflegen, wenn sie ihr eigenes Lebensalter oder das einer ihnen lieben Person angeben, die feste Wunschformel anzufügen »bis hundert Jahr'!«.

Richter: »Zeuge – wie alt sind Sie?«

»Vierzig – bis hundert Jahr'!«

»Also sechzig Jahre?«

»Nein. Vierzig – bis hundert Jahr'!«

Der Richter, gereizt: »Zeuge, ich verurteile Sie wegen groben Unfugs zu 20 Mark Buße. Haben Sie mich verstanden?«

Der Zeuge: »Jawohl, Herr Richter! Hundert Jahr' sollen Sie werden – aber auf der Stelle!«

Eine Zeitlang waren in Meseritz blaukarierte Taschentücher sehr verbreitet. Rubinstein klagt den Bauern, der bei ihm Holz gehackt hat, ein, er habe ihm ein solches Tuch gestohlen. Das Corpus delicti, das er dem Bauern abgenommen hat, liegt auf dem Tisch.

Der Richter schaut sich das Tuch an und meint: »Warum soll das Ihr Tuch sein? Schaun Sie« – und dabei entfaltet er sein eigenes Taschentuch – »ich habe doch genau das gleiche Tuch!«

Darauf Rubinstein, heftig: »Warum solln Sie nicht dasselbe Tuch haben? Es sind mir zwei gestohlen worden ...«

Richter: »Angeklagter Grün, Sie haben zu Herrn Blau gesagt, er sei nicht einmal wert, daß ihn der Teufel hole. Sie müssen Abbitte leisten!«

Grün: »Gut, ich nehm's zurück. Ich geb' zu: Er ist es wert, daß ihn der Teufel holt!«

Richter: »Awrom Kazew, sind Sie verheiratet oder ledig?«

»Verheiratet, Herr Richter. Aber wenn Sie mir wissen e gute Partie, bin ich bereit, mich scheiden zu lassen.«

Richter: »Angeklagter Meyerowski, sind Sie ledig?«

Meyerowski: »Wieso, Herr Richter? Haben Sie vielleicht eine Tochter auszugeben?«

Zwei Juden kamen mit einer Streitsache zum Stuhlrichter. Er wollte zwischen ihnen schlichten – sie überschrien ihn aber beide so lautstark, daß er bald ganz heiser war.

»Armer Moses!« murmelte er, »wie hast du das nur ausgehalten? Ich habe es nur mit zwei Juden zu tun und kann sie nicht zum Schweigen bringen – wie bist du mit sechzigtausend fertig geworden!?«

Am Ausgang des Gerichtsgebäudes. »Salmen, wie konntest du einen Schwur ablegen, daß du mir nichts schuldig bist! Du weißt doch ganz genau, daß ich bei dir 500 Gulden zugut habe!«

»Nu – ich weiß es und du weißt es auch. Aber was braucht es ein Dritter zu wissen, den es nichts angeht?«

Vor dem Rabbinatsgericht. Fischkopf, des Betruges angeklagt, versichert hitzig: »Gleich auf der Stelle soll ich tot umfallen, wenn ich lüge!«

Der Rabbi entsetzt: »Gott behüte! Was mach' ich hier mit Ihrer Leich'?«

Grünblatt ist wegen Betrugs vor den Richter zitiert. Beim Ausgang erwarten ihn seine Geschäftspartner.

»Nu, Grünblatt«, fragt einer neugierig, »du hast doch nicht etwa gestanden?«

»Natürlich habe ich gestanden«, antwortet Grünblatt.

»Wai geschrien, du hast uns alle mit blamiert!«

»Aber was hätt' ich tun sollen? Es hat mir ja keiner einen Sessel angeboten!«

Richter: »Teitelboim! Wir haben zwei Zeugen, welche gesehen haben, wie Sie dem Kläger das Portemonnaie aus der Tasche zogen!«

»Herr Richter, ich kann Ihnen bringen hundert Zeugen, welche das *nicht* gesehen haben!«

Richter: »Sie heißen?«

»Itzik Stern.«

»Woher kommen Sie?«

»Aus Krotoschin.«

»Was sind Sie?«

»Pleite.«

Der Richter spricht langsam vor: »Ich schwöre ...«

Meyerowitz: »Ich auch!«

Moses Rosenfeld, Textilien en gros, hat sich taufen lassen und heißt jetzt Max Rosen.

Bei einem gerichtlichen Verhör fragt ihn der Richter: »Sie heißen Moses Rosenfeld?«

»Mit Verlaub, nein«, protestiert der Angeklagte, »ich heiße jetzt Max Rosen.«

»Schön«, fährt der Richter fort, »und Sie sind mosaischen Glaubens?«

»Mit Verlaub, nein!« beteuert der Angeklagte. »*Die* Religion betreibe ich schon lange nicht mehr!«

In der Synagoge wird die Tora (die Fünf Bücher Mose) aus handgeschriebenen Pergamentrollen vorgelesen.

Richter: »Zeuge, Ihr Name?«

»Rabinowicz.«

»Ihr Beruf?«

»Toraschreiber!«

»Konfession?«

»Dreimal dürfen Sie raten, Herr Richter.«

Richter: »Zeuge Rosenbaum, Ihre Konfession?«

»Römisch-katholisch.«

Richter, nach einem schrägen Blick über den Brillenrand: »Und vorher?«

»Lutherisch.«

»Und noch vorher?«

»Noch vorher? Allerdings!«

Der Richter: »Zeuge, Ihr Name?«
Der Zeuge: »Kovacz.«
Der Richter, nach einem Blick auf den Zeugen: »Kovacz? Kovacz ... und früher? Doch ohne Zweifel Kohn? Und der Vorname?«
»Arpad.«
»Arpad? Vermutlich vorher Abraham ... Und die Konfession?«
»Protestantisch.«
»Was Sie sagen! Und vorher?«
»Und wenn Sie zerspringen, Herr Richter! Katholisch!«

Kleines Provinznest am südöstlichen Rand der Donaumonarchie. Der Richter, kein großes Licht, zitiert den Juden Moische vor Gericht und sagt streng zu ihm: »Die Dorfleute behaupten, du wärst ein Hexenmeister! Was hast du dazu zu sagen?«
Moische: »Nu, Herr Richter, wenn man wollt auf alles hören, was die Leut' sagen! Sie reden auch über Sie, Herr Richter!«
»Und was sagen die Leute über mich?«
»Sie sagen, Sie seien ganz bestimmt *kein* Hexenmeister.«

Nelkenduft ist wegen Betrug verurteilt und soll in der Kreisstadt ein Jahr Gefängnis absitzen. Ein Kriminalbeamter bringt ihn mit der Eisenbahn dorthin. Als der Zug in den Bahnsteig der Kreisstadt einfährt, ruft der Schaffner: »Zehn Minuten Aufenthalt!«
Nelkenduft seufzt: »Im Vermögen möcht' ich haben, um was ich länger Aufenthalt hab' ...«

»Der Gendarm hat mir gegeben e Patsch.«
»Vor Zeugen?«
»Nein, wir waren allein.«
»Nu – dann kannst es ableugnen!«

Goldfarb wird vom Gendarmen durch die Stadt geführt. Finkelstein sieht es und fragt mitleidig: »Um Gottes willen, was hast du getan?«
»Ich hab' auf dem Markt e Strick gefunden und mitgenommen.«
»Und dafür sperren sie dich ein?! Die Antisemiten!«
»Nu – es hat sich hinter dem Strick nachgeschleppt e Kuh ...«

Rot, Blau und Grün sitzen beim Skat.
Blau: »Willst du endlich ehrlich spielen, Grün, du Wechselfälscher, du Betrüger!«

Grün: »Du wagst es, mich zu beleidigen, du Lump. Wer hat im Vorjahr gesessen, weil er hat zu hoch versichert sein Haus und hat es in Brand gesteckt?«

Rot, begütigend: »Meine Herren, sind wir hergekommen, um zu spielen oder um alte Erinnerungen auszutauschen?«

In Erwartung des Gerichtsvollziehers hat Levy alles Wertvolle aus seiner Wohnung weggeräumt. Als der Gerichtsvollzieher klingelt, sagt Levy zuvorkommend zu ihm: »Nehmen Sie Platz! Es ist das einzige, was Sie bei mir nehmen können!«

Noch nach dem Ersten Weltkrieg wurden Obst und Gemüse auf großen Plätten von Oberösterreich nach Wien gebracht und am Donaukanal festgemacht. Taglieber & Co. hat einen Kahn voll herrlicher Äpfel bezogen und macht ein Bombengeschäft. Da wird ihm dreimal hintereinander der Kahn in der Nacht losgebunden und schwimmt ein Stück stromabwärts. Taglieber hat den Ärger und die Unkosten. In der vierten Nacht legt er sich mit seinem ältesten Sohn auf die Lauer und erwischt Seligmann, seinen ärgsten Konkurrenten. Taglieber und Sohn schleppen den Übeltäter aufs Kommissariat Leopoldstadt. Der diensthabende Jurist, ein Jude, will vermitteln: »Schauen Sie, Herr Taglieber, dem Schiff ist nichts passiert, die Ware ist in Ordnung. Also der Seligmann entschuldigt sich und ersetzt Ihnen die Unkosten, und wir gehen in Frieden auseinander.«

Taglieber bleibt unerbittlich.

Seufzend spannt der Jurist ein Formular in die Schreibmaschine: »Also, wenn Sie mich fragen, Herr Taglieber, ich weiß im Augenblick keinen Paragraphen, den man da anwenden könnt'.«

Taglieber klärt lange und schlägt vor: »Herr Doktor, schreiben Sie: Ich erstatte gegen Seligmann Anzeige wegen wiederholter Fruchtabtreibung.«

Polen. Ein Jude wartet schon ein volles Jahr, daß seine Eingabe beim Gericht endlich behandelt wird. Als er sich wieder einmal bei einem Beamten darüber beklagt, sagt dieser streng: »Du, Jude, sei nur still! Ihr Juden habt Christus gerichtet und umgebracht!«

»Sein Fehler«, sagt der Jude ungerührt, »er hätte sollen bei einem polnischen Gericht die Revision des Urteils beantragen – er wäre heute noch am Leben!«

Feuer anzünden, und folglich auch Rauchen, ist am Sabbat verboten.
Lehrer: »Moritzl, wenn dein Vater täglich drei Zigarren raucht, wieviel raucht er dann in der Woche?«

»Achtzehn.«

»Falsch. Es sind einundzwanzig. Du kannst nicht rechnen.«

»Ich kann schon rechnen, Herr Lehrer, aber Sie vergessen, daß mein Vater am Sabbat nicht rauchen darf.«

Trefe: nach mosaischem Gesetz unrein.
Lehrer: »Moritzl, zu welcher Tierklasse rechnet man das Schwein?«

Moritzl: »Zur trefenen, Herr Lehrer!«

Lehrer: »Moritzl, was war das größte Unrecht, das die Brüder Josefs ihm antaten?«

Moritzl: »Daß sie ihn haben so billig verkauft. Er war jung und schön und – unter Brüdern – mehr wert als zwanzig Schillinge.«

Religionsunterricht.

Lehrer: »Moritzl, erzähl uns nun, wie es dem Volke Israel ging nach der Rückkehr aus der Verbannung!«

Moritzl: »Danke, Herr Lehrer, gut.«

Religionsstunde in Berlin.

Lehrer: »Moritzl, nenn mir gute Handlungen!«

Moritzl: »Wertheim, Gerson, Israel.« *(Seinerzeit bekannte Berliner Warenhäuser.)*

Religionsstunde. Moritzl, protestantisch getauft, ist auch mit dabei.

Lehrer: »Moritzl, warum war die Volkszählung unter Herodes für die Juden mit soviel Mühen verbunden?«

Moritzl: »Weil se is gefallen mitten ins Weihnachtsgeschäft, Herr Lehrer!«

Religionsstunde.

Lehrer: »Moritzl, was weißt du von Aaron?«

Moritzl: »Ich weiß, daß Aaron ist der oberste Name im Telephonbuch!«

Religionsstunde.

Der Lehrer: »Die Hölle, liebe Kinder, ist ein Ort, wo ständig die schrecklichste Gluthitze herrscht ... Moritzl, was möchtest du wissen?«

»Herr Lehrer, ich möcht' wissen: Von wo bezieht die Hölle ihre Kohlen?«

»Warum fragst du das?«

»Weil: Mein Vater hat e Kohlenhandlung und könnt' preiswert liefern.«

Man behandelt in der Deutschstunde den Akkusativ.

Der Lehrer: »Nehmen wir ein Beispiel: Ich gebe euch den Anfang des Satzes: Das Pferd springt über ... Moritzl, bilde den Satz zuende!«

Moritzl: »Das Pferd springt über dem, weil man es hat geschlagen.«

Posen. Deutschstunde. Der Lehrer nimmt mit den Kindern Balladen durch und stößt dabei auf das Wort »Hohngelächter«.

Der Lehrer: »Moritzl, was versteht man darunter?«

Moritzl: »Kikeriki!«

Lehrer, streng: »Was soll der Unsinn!«

Moritzl: »Nu – so lacht der Hohn *(Hahn)*!«

Daumen: Jiddisch Doumen.

Volksschule in Posen.

Der Lehrer: »Kinder, wer von euch weiß, was ein Dom ist?«

Alle christlichen Schüler schweigen, einzig Moritzl meldet sich zum Wort.

Der Lehrer lobend: »Schön, daß du es weißt, obwohl du mosaischen Glaubens bist! Kinder, nehmt euch ein Beispiel an Moritzl! Also sag uns nun schön, was das ist, ein Dom!«

Moritzl, den Daumen vorzeigend: »Das ist ein Doom, Herr Lehrer!«

Lehrer: »Weiß jemand von euch, warum Goethe die Christiane Vulpius erst mit siebenundfünfzig Jahren geheiratet hat?«

Moritzl: »Nu – er wird gehabt haben vorher genug Geld, so daß er die Mitgift nicht so eilig gebraucht hat.«

Deutschstunde.

Lehrer: »Moritzl, welches ist die ergreifendste Stelle in Bürgers Lied vom braven Mann?«

Moritzl: »Wie der Graf hat hingeworfen den Geldbeutel, Herr Lehrer.«

Lehrer: »Moritzl, wer war die Pythia?«

Moritzl: »Die Pythia, Herr Lehrer, war e altertümliche Dame, was gesessen ist auf e Dreifuß und geredt hat lauter zweideutige Sachen.«

Der Lehrer: »Quid dicam de rebus gestis Pompei *(Was soll ich von den Taten des Pompejus berichten)* – Moritzl, übersetz den Satz!«

Moritzl: »Was soll ich sagen über die getragenen Sachen des Pompejus – Herr Lehrer, mer handeln nicht damit!«

Lehrer der jüdischen Schule: »Wenn ich sage ›der Rabbiner segnete seine zehn Kinder‹ – ist das die tätige oder die leidende Form?«

Moritzl: »Die tätige Form.«

Lehrer: »Richtig. Und nun bilde mir die leidende Form!«

Moritzl: »Der Rabbiner wurde mit zehn Kindern gesegnet.«

Lehrer: »Moritzl, was ist Syntax?«

Moritzl: »Syntags ist der Laden meines Vaters geschlossen.«

Als in Wien die Versicherungsgesellschaft Phoenix Pleite ansagte, kam folgender Witz auf.

Lehrer: »Moritzl, kann man ›nix‹ steigern?«

Moritzl: »Man kann, Herr Lehrer! Nix, Gornix, Phoenix.«

In der ersten Klasse.

Lehrer: »Moritzl, angenommen, ich schenk' dir zwei Kaninchen und dann nochmal drei Kaninchen. Wieviel hast du dann im ganzen?«

»Sieben.«

»Dummkopf! Es sind fünf! Zähl doch an den Fingern ab!«

Moritzl, triumphierend: »Und wenn Se zerspringen, Herr Lehrer, es sind sieben! Zwei hab' ich nämlich bereits zu Hause!«

Deutschstunde in Berlin.

Lehrer: »Kinder, wieviel Artikel gibt es?«

Moritzl, frisch aus Posen zugezogen: »Es gibt zwei Artikel, Herr Lehrer.«

Lehrer: »Unsinn! Denk noch einmal nach! Hast du das wirklich so gelernt?«

Moritzl: »Gelernt hab' ich überhaupt nichts darüber, Herr Lehrer. Aber mein Vater hat e Gemischtwarenhandlung, und er sagt jeden Tag: ›Es gibt nur zweierlei Artikel, solche, was gut gehen, und solche, was schlecht gehen‹.«

Der Lehrer: »Wir wollen jetzt Zusammenzählen üben ... Moritzl, dein Vater ist Pferdehändler. Wieviele Pferde hat er im Augenblick im Stall stehen?«

Moritzl, hochmütig: »Wozu fragen Sie, Herr Lehrer, Sie können sich ja doch keines leisten!«

Lehrer: »Kinder, wißt ihr, was das ist: ein Rechtsanwalt?«

Moritzl: »E Rechtsanwalt, Herr Lehrer, ist e Mensch, was den Verbrechern recht gibt.«

Lehrer: »Was versteht man unter Seehandel?«

Moritzl: »Seehandel – das ist das Geschäft meines Vaters.«

Lehrer: »Unsinn. Wie kommst du darauf?«

Moritzl: »Mein Vater sagt immer: ›Was immer ich *seh,* damit *handle* ich‹.«

Der Lehrer will feststellen, ob die Kinder zweistellige Zahlen richtig schreiben können, was in der deutschen Sprache nicht ganz einfach ist, weil die Einer vor den Zehnern ausgesprochen werden.

Der Lehrer: »Christian, nenn mir eine zweistellige Zahl.«

Christian: »23.«

Der Lehrer schreibt an die Tafel 32 und fragt den Christian: »Ist das so richtig?«

»Jawohl«, bestätigt Christian.

Der Lehrer erklärt es der Klasse noch einmal genau. Dann befiehlt er: »Hans, nenn mir noch eine Zahl!«

Hans: »73.«

Der Lehrer schreibt an die Tafel 37. Hans hat große Mühe zu begreifen, warum das falsch ist.

Der Lehrer: »Moritzl, jetzt sagst du mir eine Zahl!«

Moritzl: »33, 55, 99 ... Herr Lehrer, mit mir können Sie doch solche Sachen nicht machen!«

Lehrer: »Moritzl, wieviel ist die Hälfte von fünf?«

Moritzl, tief traurig: »Aj waj! Er hat mich erwischt! Sag' ich zwei, wird es ihm zu wenig sein. Sag' ich drei, ist es ihm zu viel. Schläge bekomm' ich in jedem Fall!«

Moritzl steht zur Strafe vor der Klassentür.

Der Rektor geht zufällig vorbei und spricht ihn an: »Warum mußt hier draußen stehen?«

Moritzl: »Zur Strafe, Herr Rektor, der Lehrer wollte wissen, was vier mal vier ist, und war mit meiner Antwort nicht zufrieden.«

Der Rektor, leutselig: »Na, geh nur wieder hinein und sag, vier mal vier ist 16.«

Moritzl, abwehrend: »Gott behüte! Ich hab' ihm sogar schon 20 geboten – und er war immer noch nicht zufrieden!«

»Moritzl, du gehst doch jetzt zur Schule?«

»Nu?«

»Was ist zwei mal zwei?«

»Ihretwegen wer' ich mir den Kopp zerbrechen!«

Klein Moritz zu Klein Jankel: »Du, ich weiß etwas Neues. Zwei und zwei macht vier.«

Klein Jankel: »Ich weiß mehr. Zwei mal zwei ist auch vier.«

Klein Moritz, nach langem Nachdenken: »Nun ja, aber da ist schon ein Dreh dabei.«

Lehrer: »Moritzl, was ist das für ein Geschmier! Ein solches Aufsatzheft wagst du mir vorzulegen!«

»Ich fürcht' mich nicht, Herr Lehrer! Sie sind so gescheit und geschickt, Sie wer'n es schon entziffern können!«

Lehrer in der Rechenstunde: »Kinder, paßt auf! Ich geh' in ein Kleidergeschäft, kauf' mir einen gewöhnlichen Anzug um 50 Mark und dann noch einen für Sonntag um 70 Mark ... Moritzl, wieviel muß ich zahlen?«

»110 Mark, Herr Lehrer.«

»Unsinn, es sind 120 Mark. Du kannst nicht rechnen!«

»Rechnen kann ich schon, aber Sie kennen nicht mei Vater, Herr Lehrer. Er hat e Kleidergeschäft, und er tät' Ihnen bestimmt nachlassen 10 Mark, damit Sie ein zweites Mal wiederkommen!«

Moritzl soll in der Schule ein Gedicht von Goethe aufsagen. Er kann keine Silbe.

Der Lehrer: »Schämst du dich nicht, Moritz? Als ich so alt war wie du, konnte ich alle Goethe-Gedichte auswendig!«

Moritzl, verächtlich: »Pah, und was sind Sie geworden? E Lehrer!«

Naturkundeunterricht.

Der Lehrer: »Stellt euch vor, Kinder, der Mond ist 4 Millionen und 822000 Kilometer von der Erde entfernt ... Was willst du, Moritzl?«

»Herr Lehrer, ich mecht' wissen: Wie weit is es bis zum Sirius?«

»Das weiß ich nicht auswendig, Moritzl, aber ich freu' mich über dein Interesse. Morgen kann ich es dir sagen ...«

Der Lehrer rechnet die ganze Nacht hindurch mit Logarithmen etc. Am anderen Morgen berichtet er: »Moritzl, bis zum Sirius sind es 2 Trillionen, 8 Billionen und 7 Millionen 336432 Kilometer!«

Moritzl, enttäuscht: »Ich hab' mir das viel weiter vorgestellt!«

Naturkundeunterricht.

Lehrer: »Moritzl, was geschieht mit dem Licht, wenn es unter einem Winkel von 45° ins Wasser fällt?«

Moritzl: »Nu – was wird schon geschehn? Es geht aus.«

Geschichtsstunde.

Lehrer: »Moritzl, wann ist Kolumbus gestorben?«

Moritzl, erschrocken: »Er is gestorben? Ich soll so leben, Herr Lehrer, wie ich nicht einmal gewußt hab', daß er krank war!«

Naturkundeunterricht.

Professor: »Wieviele Infusorien sind in einem Wassertropfen gezählt worden, Moritz?«

Moritz zuckt die Achseln.

Professor: »Ich hab's euch gestern gesagt! Es sind 2 Millionen und 347000 Infusorien!«

Moritz: »Abgesehen von Ihren Sorgen, Herr Professor – was fragen Sie, wenn Sie es eh' schon wissen?«

Der kleine Moritz lernt französisch. Der Papa fragt ihn ab: »Was heißt ›ein schönes Haus‹?«

»Beau Maison.«

Der Papa korrigiert: »Belle!«

Moritzl: »Wau, wau!«

Sukkess: Laubhüttenfest. – ä Krire: eine Kälte. – Schewu'ess: Pfingsten.

Moritzl repetiert französische Vokabeln und murmelt eifrig: Sukkess *(succès)* – Erfolg; Oiso! *(Oiseau)* – Vogel; ä krire *(ecrire)* – schreiben; Schewu'ess *(chez vous)* – bei euch.

Lehrer: »Moritzl, nenn mir ein paar Kriechtiere!«

»Schlange, Wurm, Schnecke...«

»Nu, noch ein paar!«

»Noch zwei Schnecken.«

Lehrer: »Moritzl! Bilde einen Satz mit ›Norwegen‹.«

»Bitte, Herr Lehrer. Nor wegen den Grazers *(Kreuzer, Geld)* hat mein Tate die Mame geheiratet.«

Rechenstunde.

Lehrer: »Moritzl, dein Vater leiht einem Kaufmann 200 Mark zu 4% auf 3 Monate. Wieviel bekommt er?«

Moritzl: »Nur 4%? Solche Geschäfte machen wir nicht, Herr Lehrer!«

Rechenstunde.

Lehrer: »Moritz! Wenn dein Vater mir 200 Mark leiht und im Jahr 8 Mark Zinsen bekommt – wieviel Prozent sind das dann?«

»Zwellef.«

Lehrer: »Blödsinn! Da kannst nicht rechnen!«

»Ich kann schon rechnen, Herr Lehrer, aber Se kennen nischt meinen Vater!«

Onkel: »Moritzl, wenn ich dir tät' schenken 20 Gulden – was würdste machen?«

»Nachzählen würd' ich!«

Moritzls Vater wird mit Drillingen beschenkt. Sorgenvoll steht er neben der Wiege der Neugeborenen.

Moritzl, nachdenklich: »Tate, müssen wir alle behalten, oder is das nor e Auswahlsendung?«

Moritzl ist mit seinen Eltern auf dem Land in Sommerfrische und sieht zum ersten Mal in seinem Leben eine Henne, die laut gackernd ein Ei legt.

Moritzl, bewundernd: »Gott über die Welt! Macht die Henne e Reklame wegen ein' Ei!«

»Moritzl, nemm dir einen Keks aus der Glasschale!«

»Mameleben, farwos soll ich nemmen einen, wenn ich kenn nemmen sechs?«

Der Vater: »Moritzl, du kommst jetzt in die Schule. Es ist Zeit, daß de nicht mehr alle Märchen glaubst! Also paß auf: Der Nicolas, das bin immer ich gewesen, der Weihnachtsmann auch, und auch der Osterhase ...«

»Weiß ich längst Tateleben! Und der Storch biste auch!«

»Moritzl, mein Sohn, merk dir eins: Geld regiert die Welt. Ohne Geld kannste nix machen!«

»Doch, Tate, eines schon!«

»Nu?«

»Schulden.«

»Moritzl, ich wer' aus dir machen e Bankier!«

»Moritzl, weißt du, was das ist, eine Fehlgeburt?«

»Aber sicher. Das ist, wenn statt der Mame das Dienstmädchen ein Kind bekommt.«

Variante:

»E Fehlgeburt is, wenn e anständiges Mädchen e Kind kriegt, Herr Professor.«

Der alte Katz, außer sich: »Moritzl, du frecher Lümmel, willste auf der Stelle gehorchen! Bin ich dein Vater oder nicht?!«

Moritzl, ungerührt: »*Mir* gibste solche Rebusse auf?!«

Schule. Der Geschichtsprofessor erzählt von der Gründung Roms und den sieben etruskischen Königen. Sami Weintraub schwätzt und paßt nicht auf.

Der Professor, erbost zu Weintraub: »Sie da! Wieviel etruskische Könige gab es in Rom und wie heißen sie?«

Weintraub: »Sieben, und ich heiß Weintraub.«

Des geizigen Goldbaum kranke Frau war monatelang in ärztlicher Behandlung. Als sie endlich gesund ist, kommt die Arztrechnung:

»12 Visiten à 10 Mark = 120 Mark. Medizin 10 Mark.«

Am Tag darauf erhält der Arzt in einem Briefumschlag eine Zehnmarknote und ein Kärtchen:

»Anbei begleiche ich Ihnen die Medizin. Was angeht die Visiten, so werde ich sie im Laufe der kommenden Monate vollzählig erwidern.«

Rubinstein fühlt Beschwerden und begibt sich sorgenvoll zum Medizinprofessor. Der untersucht ihn gründlich und beruhigt ihn dann: »Die Symptome haben nichts zu bedeuten. Sie sind gesund! Sie werden noch Ihre Frau und Ihre sämtlichen Kinder begraben!«

Rubinstein, tief traurig: »Ach, Herr Professor, das sagen Sie doch nur, um mich aufzuheitern!«

Simon Löb bringt zum Arzt eine ganze Weinflasche voll Urin mit. Der Arzt, ärgerlich: »Warum nicht gleich einen ganzen Kanister?!«

Simon Löb steckt den Vorwurf schweigend ein.

Als er am anderen Tag beim Arzt das Resultat abgeholt hat, eilt er zum nächsten Postamt und gibt nach Hause ein Telegramm auf: »Sara, ich bin gesund, du bist gesund, die Kinder sind gesund, das Dienstmädel ist gesund, und der Pudel ist auch gesund!«

Arzt: »Wie heißen Sie?«

»Kopilow.«

»Hinten ein w?«

»Nein, vorn! Der Magen tut mir weh.«

Der bettelarme Schloime Pfefferminz ist magenleidend und geht zum Doktor. Als dieser sieht, mit was für einem armen Schlucker er es zu tun hat, bekommt er Mitleid: Nicht nur verzichtet er auf das Honorar, sondern er gibt Schloime außerdem noch zwanzig Mark, damit er eine Kur mit Karlsbader Wasser machen kann.

Vier Wochen später trifft er den Patienten zufällig auf der Straße.

»Nu, Schloime«, fragt er, »hat dir die Kur gut getan?«

»Was für e Kur?« fragt der Patient verlegen.

»Aber ich hab' dir doch zwanzig Mark dafür gegeben!«

»Ja, schon – aber ich hab' sie nicht mehr.«

»Was hast du denn mit dem Geld gemacht?«

»Nu – sehn Sie, Herr Doktor, wie ich gehabt hab' volle zwanzig Mark in der Hand, hab' ich mir gesagt: Schloime, jetzt kannst du dir leisten eine Konsultation bei einer ganz teuren, echten medizinischen Kapazität!«

»Herr Doktor, ich freu' mich, daß Sie sich um meine Rosa bewerben. Aber das sag' ich Ihnen: Mehr als 5000 Gulden kann ich ihr nicht mitgeben. Bedenken Sie: Ich hab' noch vier Töchter zu verheiraten!«

»Wozu soll ich sie dann heiraten? Soviel hab' ich an Arzthonoraren ohnehin bei Ihnen zugut!«

Variante:

Dr. med. Finkelstein hat sich mit der schönen Esther verlobt. Aber schon wenige Tage später erklärt sie ihrem Vater: »Tate, ich mecht' die Verlobung mit dem Dr. Finkelstein wieder auflösen! Er ist mies, er ist alt – ich halt' ihn nicht aus!«

Der Vater, streng: »Das geht nicht! So wie de dich entlobst, schickt er sofort die Rechnung für seine dreißig Konsultationen!«

Nach einem erfolgreich abgeschlossenen Medizinstudium und langer Assistenzzeit an einem Pariser Spital kommt des alten Awrum Sohn wieder heim.

Der Vater ist ganz stolz auf ihn: »Ich habe schon alles für dich vorbereitet! Ab morgen läßt du dich als Zahnarzt nieder!«

»Aber Tate, das ist doch unmöglich! Ich habe doch Okulistik studiert!«

»Sei nicht kindisch! Augen hat der Mensch nur zwei, Zähne dagegen zweiunddreißig!«

Dr. Federbusch ist Zahnarzt, und seine Praxis floriert. Sein Studienkollege Dr. Rosengarten, Ohrenarzt und glühender Wagnerianer, schlägt sich mehr schlecht als recht durch.

Federbusch: »Hallo, Rosengarten! Wie geht's?«

Rosengarten: »Wie dem Lohengrin.«
Federbusch: ??
Rosengarten: »Alljährlich naht vom Himmel eine *Taube* ...«

Moische aus Tarnopol hat sich auf der Geschäftsreise in Lemberg mit einer Chonte *(Hure)* eingelassen, sie hat ihn angesteckt, und er muß sich behandeln lassen.

Er telegraphiert an seine Frau: »Kann nicht heimkommen, bin *gemitskrank,* liege im Spital.«

Die Frau fährt sofort nach Lemberg und eilt ins Irrenhaus – da ist aber Moische nicht. Endlich findet sie ihn im Spital, in der Abteilung für venerische Krankheiten.

»Moische«, sagt sie streng zu ihm, »wieso gibste dich aus für gemütskrank, wenn de bist geschlechtskrank?«

Darauf Moische: »Nu ja! Das Mädel hat zu mir gesagt: *›Geh mit!‹*, und nu hab' ich die *Gemits*krankheit!«

Dovid fährt nach Wien studieren. Sein Vater bringt ihn zur Bahn und sagt zu ihm: »Ich schick' dir, soviel de brauchst. Aber ich mecht' immer genau wissen, für was du das Geld ausgibst. Schick mir immer eine genaue Aufstellung!«

Dovidl, der häufig ins Bordell geht, befindet sich in einer Verlegenheit. Das kann er doch seinem frommen Vater nicht schreiben. Dann hat er eine Idee. Er richtet in seiner Aufstellung ein Konto »Jagdspesen« ein. Im ersten Monat steht unter dieser Rubrik »50 Schilling«, im zweiten Monat »200 Schilling«.

Im dritten Monat liest der Vater: »Flintenreparatur 2000 Schilling«.

Frau Finkelstein will zur Kur nach Marienbad fahren. Vorher kommt sie zu einem berühmten Medizinprofessor, läßt sich untersuchen und stellt unzählige Diätfragen: »Herr Professor, sind Karpfen gesund?«

»Ich glaub' schon. Jedenfalls ist noch keiner gekommen, um sich von mir behandeln zu lassen.«

Frau Wiesenfeld kommt heim – da sieht sie, daß ihr Haus in hellen Flammen steht. Die Feuerwehr ist dabei, zu löschen.

»Ist wenigstens die Familie vollzählig gerettet?« fragt sie aufgeregt einen der Männer.

»Aber sicher«, beruhigt dieser, »es ist niemand mehr drin.«

Frau Wiesenfeld schnuppert ein wenig, dann bricht sie händeringend in Tränen und Schreie aus: »Ach und Weh! Mein Schwiegervater muß mit verbrannt sein! Ich rieche einen deutlichen Karamelduft, und er hatte die Zuckerkrankheit!«

Psychoanalyse, in den USA hauptsächlich von jüdischen Einwanderern aus Mitteleuropa in Mode gebracht, wird als »Jewish Science« bezeichnet. Eine psychoanalytische Dauerbehandlung gehört heute drüben vor allem in jüdischen Kreisen zum guten Ton.

Partygespräch.

»Herr Doktor, als Fachmann für Psychoanalyse werden Sie die Frage, die wir diskutieren, sicher beantworten können. Was meinen Sie: Wenn van Gogh psychoanalysiert worden wäre – hätte er sich dann sein Ohr nicht abgeschnitten?«

»Oh doch! Aber er hätte gewußt, warum.«

Goldsand: »Herr Doktor, es ist nicht auszuhalten! Ich träume dauernd von Blut und dicken Fleischklumpen!«

»Das sind bedenkliche Symptome! Aber keine Angst, wir werden der Sache schon beikommen. Zunächst Ihre Personalien. Was sind Sie von Beruf?«

»Metzger.«

Jossl Mittelpunkt: »Doktor, ich habe ein Problem. Ich liebe mein Pferd.«

»Das ist nichts Ungewöhnliches. Die meisten Leute, die ein Tier halten, sind ihm zugetan, lieben es und sorgen zärtlich für sein Wohl.«

»Doktor, ich meine nicht diese Art Liebe. Er geht hier um Sex ...«

»Ah, ich verstehe ... ist es ein Hengst oder eine Stute?«

Mittelpunkt entrüstet: »Eine Stute natürlich! Doktor, halten Sie mich für pervers!?«

Vgl. zum Thema »jüdische Wasserscheu« Einleitung, S. 10.

Der alte Lindenzweig läßt sich vom Arzt untersuchen.

»Gehen Sie nach Hause, und nehmen Sie sofort ein Bad!« befiehlt der Arzt angeekelt.

»Ojweh!« seufzt Lindenzweig, »so ernst ist die Sache?«

Musterung bei der k. u. k. Armee. Rekrut Finkelboim ist so dreckig, daß der Militärarzt angewidert befiehlt, man möge ihn im Nebenraum in einen großen Waschzuber stecken.

Finkelstein, beim Anblick des vollen Zubers: »Grojßer Gott! Marine?!«

Zwei Frauen treffen sich.

»Lea, gestern habe ich deinen Mann gesehen.«

»Wo?«

»Er kam eben aus dem Dampfbad heraus.«

»Aus einem Bad? Unmöglich, das war nicht mein Mann!«

Ein vornehmer Herr kommt ins Lädchen eines jüdischen Krämers, um Heringe zu kaufen. Er wird von einer Unmenge von Fliegen belästigt und stellt mißmutig fest: »Sie haben aber viele Fliegen!«

Darauf der Krämer: »Mit Verlaub, die gehören mir nicht. Auch sind sie sehr gut erzogen. Neulich saßen ein paar davon auf diesem Stuhl; als sich eine Kundin hinsetzen wollte, standen sie sogleich auf.«

Krakau. Sara möchte, genau wie ihre reichen Freundinnen, ins Ausland zur Kur fahren. Der Ehemann scheut die Kosten. Der Fachmann, der Arzt, soll darüber entscheiden, ob Sara eine solche Kur wirklich braucht. Sara geht mit ihrem Mann zusammen zum Medizinprofessor.

»Siehst du!« triumphiert sie, als sie wieder heimgehen, »der Professor meint auch, ich soll zur Kur nach *Wiesbaden*!«

Darauf Moische: »Du hast falsch verstanden. Er meint, du sollst, bevor du zum Doktor gehst, jeweils die *Fiss baden.*«

Finkelstein kommt tief besorgt zum Arzt. Dieser untersucht ihn und verschreibt ihm Heilbäder.

Dabei rät er: »Sie können ein Abonnement für zwölf Bäder nehmen, das stellt sich billiger.«

Finkelstein, überglücklich: »Herr Doktor – kennen Se mer wirklich garantieren, daß ich wer leben noch volle zwölf Jahre?!«

Eigelb hört, daß sein Freund Weingort verrückt geworden sei. Er kann es gar nicht glauben und geht zu ihm in die Wohnung, um sich persönlich zu überzeugen.

Er läutet an der Tür. Das Dienstmädchen öffnet und sagt: »Herr Weingort kann Sie jetzt nicht empfangen, er sitzt im Bad!«

Eigelb, tief traurig: »Sitzt im Bad?! Also doch meschugge!«

Der Arzt: »Sie müssen nach Marienbad, Herr Korngelb!«
»Gut, Herr Doktor, aber das sag' ich Ihnen: Baden werd' ich nicht!«

»Isidor, was soll ich heut Nacht auf dem Maskenball anziehn, daß mich keiner kennt?
»Nu – wasch dir den Hals, Rebekka, dann kennt dich keiner mehr.«

»Sami, unsere beiden Jungen wollen auf den Maskenball.«
»Meinetwegen. Ich bin dafür, sie sollen gehn mit kurzen Hosen und Wadenstrümpfen als Tiroler.«
»Warum ausgerechnet als Tiroler?«
»Damit sie sich endlich einmal waschen die Knie.«

»So schönes Wetter! Wollen wir nicht im Fluß baden?«
»Im Fluß baden?! Gott behüte! Ich bad' erst, wenn ich kann schwimmen!«

Goldfaden ist aus dem galizischen Tarnów nach Wien ausgewandert und dort reich geworden. Sein alter Religionslehrer erfährt von dem Glück seines Schülers und kommt ihn besuchen. Dabei spuckt er immer wieder auf den Boden. Auf einen Wink des Hausherrn bringt der Diener einen Spucknapf herbei – doch der Lehrer spuckt daneben. Der Diener versucht immer aufs neue den Napf so hinzurücken, daß der Lehrer hineintrifft – es hilft nichts.
Schließlich sagt der Lehrer drohend: »Sie, wenn Sie das Ding da nicht sofort wegnehmen, werd' ich wirklich noch hineinspucken!«

»Kellner – e Zahnstocher!«
»Wir haben keine!«
»E schene Ordnung habt ihr hier!«
»Anfangs hatten wir welche – aber die verehrten Gäste haben sie nie zurückgegeben!«

»Wissen Se, der Schmil hat gar kei Bildung! Gestern war ich mit ihm im Restaurant – und auf einmal fängt er an, sich mit e Streichholz die Ohren zu putzen!«
»Mit e Streichholz!? Wozu stehn denn auf allen Tischen die Zahnstocher?!«

Vor dem Essen die Hände zu waschen ist rituelles Gebot.
Schnorrer Mandelzweig ist bei einem reichen, aber nicht sehr frommen Juden zum Nachtessen eingeladen.

Da er nicht weiß, wie weit hier die religiösen Bräuche eingehalten werden, fragt er bescheiden: »Sie gestatten doch, daß ich mir vor dem Essen die Hände wasche?«

»Was heißt gestatten?« fragt der Hausherr nach einem Blick auf Mandelzweigs Hände zurück, »ich bitte darum!«

Krotoschin: Kleiner Ort in Schlesien mit einst großer, armer, jüdischer Gemeinde.
Der schlimmste jüdische Fluch: »Sollst haben zwei Zentner Seife und sollst sie verkaufen müssen in Krotoschin!«

Itzikl: »Mutter, an der Wand sitzt eine Wanze.«

»Unsinn! Das ist ein Nagel!«

»Mutter, Mutter! Schau! Der Nagel läuft!«

Moritzl trifft auf dem Schulweg einen Kameraden.

Der Kamerad: »Sag, Moritzl, seit wann tragst du eigentlich die Nos'n so hoch?«

Moritzl: »Seit mir mei Mame aus'n Bod'n von Großtate *(Großvater)* seiner alt'n Hojsn ä neie West'n gemacht hat.«

Menasche zu seinem Sohn: »Schau, wie schlecht du aufpaßt auf deine Kleider! Diesen Rock hat schon dein seliger Großvater jahrelang getragen – und als er starb, war der Rock wie neu. Dann hat ihn dein seliger Onkel zehn Jahre getragen – und als er dahinging, war der Rock immer noch gut ... Und du hast ihn erst seit sechs Monaten, und schon sieht er aus wie ein alter Fetzen!«

Jankl und Schloime sitzen beisammen und meditieren über die höchsten und tiefsten Dinge.

»Was ist schon das ganze Leben?« meint Jankl traurig, »me lebt, me stirbt, me riecht ...«

»Jankl«, sagt Schloime, »ich glaub', du bist schon gestorben!«

In dem Waggon der Lokalbahn, die durch die galizische Ebene rollt, herrscht sommerliche Hitze. Hirschtalg, der aus der Bezirksstadt zurückkommt, entledigt sich der beengenden Stiefel. »Verzeihen Sie«, entschuldigt er sich bei seinem Gegenüber, »die Füße sind mir eingeschlafen.«

»Eingeschlafen?« fragt der andere verwundert. »So, wie die riechen, müssen sie schon lange tot sein!«

Kohn und Stern suchen am Bahnhof zwei nebeneinander liegende Toiletten auf. Kohn leidet an Blähungen.

»Waj, war das e mieser Ton!« protestiert Stern.

»Nu«, fragt Kohn, »wollnse für drei Kreuzer den Caruso hören?«

Galizische Kleinbahn. Srulke durchirrt alle Waggons vergeblich nach einem Abort, schließlich pinkelt er einfach zur offenen Tür hinaus und setzt sich nachher ins nächstbeste Abteil. Dort sitzt schon Jossel. Er glaubt, Srulke sei frisch zugestiegen, und fragt: »Sie haben nasse Schuh'! Regen?«

Srulke, trocken: »Nein. Wind.«

Smorgoń, Litauen, zu einer Zeit, da es überhaupt noch keine Taxi und – in Landstädtchen! – nicht einmal Pferdedroschken gab.

Leibusch hat spät abends seinen reichen Verwandten aus der Hauptstadt abgeholt. Er läßt ihn genau in der Mitte des Gäßchens gehen und ruft alle Augenblicke schallend: »Man kommt! Man kommt!«

Der Verwandte: »Scht! Es ist mitten in der Nacht! Du wirst wecken die Leut'! Kannst du nicht still sein?«

Leibusch: »Ausgeschlossen! Aus den Fenstern können doch die Leut' uns ganz naß machen mit den Nozniken *(Nachttöpfen)*!«

Zwischen Jud und Christ

Im Mittelalter zwang die katholische Kirche den Juden Disputationen zwischen Rabbinern und katholischen Geistlichen in der Hoffnung auf, auf diesem Weg die Bekehrung der Juden zu erreichen. Diese Disputationen waren von den Juden gefürchtet, denn die Spielregeln waren im voraus so festgelegt, daß die Juden nicht siegen konnten. Wenn sie aber unterlagen, wurden sie hart bestraft.

Der Bischof von Krakau verlangte einst von den dortigen Juden, sie möchten ihm einen der Ihren zur Disputation stellen. Alle hatten Angst – da meldet sich Moritzl freiwillig! Er kommt zum Bischof. Da Moritzl nur Jiddisch und Hebräisch kann, der Bischof aber nur Polnisch und Lateinisch, soll die Diskussion pantomimisch stattfinden. Der Bischof zeigt Moritzl die geschlossene Hand mit ausgestrecktem Daumen.

Moritzl zeigt dem Bischof die geschlossene Hand mit zwei ausgestreckten Fingern.

Der Bischof zeigt die flache Hand.

Moritzl zeigt die geballte Faust.

Der Bischof nimmt einen goldenen Kelch mit Erbsen und schüttet die Erbsen auf den Boden aus.

Moritzl nimmt den Kelch, sammelt die Erbsen wieder hinein und nimmt alles unter den Mantel.

Der Bischof entläßt ihn huldvoll und sagt zu seiner Umgebung: »Es muß wohl wahr sein, daß die Juden weise Männer sind. Ich hab' ihm gezeigt ›Ihr glaubt an einen Gott‹, er hat mir gezeigt ›Ihr glaubt an zwei, den Vater und den Sohn‹. Ich hab' ihm gezeigt ›Ihr seid schutzlos auf der Erde‹, er hat mir gezeigt ›zusammengeschlossen sind wir mächtig‹. Ich hab' ihm gezeigt ›Der Herr hat euch über die ganze Erde verstreut‹, er hat mir gezeigt ›Aber er wird uns einsammeln und unter den Mantel seiner Gnade nehmen.‹«

Wie Moritzl heimkommt, fragen alle: »Nu, wie war's?«

Und Moritzl berichtet: »Ganz einfach. Er hat mir geboten Eins, hab' ich ihm geboten Zwei. Er hat gezeigt ›Ich geb' dir e Patsch!‹, hab' ich ihm gezeigt ›Ich schlag dir ein die Zähn'‹. Das dritte Mal hab' ich nur scharf aufgepaßt. Er hat genommen einen Pokal aus Gold mit Erbsen und hat ausgeschüttet die Erbsen auf den Fußboden. Ich habe genommen den Pokal, hab' getan hinein die Erbsen. Und hier ist der Pokal!«

Noch im Altertum wurde in einer Zeit schlimmster Judenverfolgungen in die Sabbatgebete eine Stelle eingefügt, Gott möge die Nichtjuden (es waren damals die Heiden) von der Welt verschwinden lassen. Bei ihrer starken Traditionsbindung haben die Juden die Stelle seither nicht wieder aus dem Text entfernt.

Ungarn vor dem Ersten Weltkrieg. Der Bezirkshauptmann, der die höhere Kreisbehörde vertritt, hat von diesen Zeilen im Sabbatgebet erfahren. Er läßt den Rabbiner zu sich kommen und macht ihn darauf aufmerksam, daß die Verwünschung inskünftig nicht mehr vorgetragen werden darf.

Darauf der Rabbi, wehmütig: »Die Stelle mißfällt mir auch. Aber Sie können uns das Gebet ruhig weiter rezitieren lassen. Wir beten es schon über tausend Jahre, und es hat bis heute nichts genützt.«

Gojim: in der Bibel = Völker; im späteren Sprachgebrauch = nichtjüdische Völker oder einzelne Nichtjuden.

Der Prager Jesuitenbischof Hasselbauer, guter Kenner der jüdischen Religionsbräuche, sagte einmal zu dem berühmten Prager Rabbiner Jonathan Eibenschütz: »Ihr seid Christenhasser. Täglich dankt ihr Gott in einem Segensspruch, daß er euch nicht als ›Gojim‹ erschaffen hat.«

»Demnach müßten wir«, meinte Eibenschütz, »auch Weiberhasser sein. Denn wir danken Gott in unserm Gebet auch täglich dafür, daß er uns nicht als Weiber erschaffen hat.«

Fromme Juden tragen immer eine Kopfbedeckung. – Zwischen den jüdischen Reformlern, früher auch Neologen genannt, und den Orthodoxen herrscht erbitterter Zwist.

Zum ungarischen Magnaten kommt der jüdische Pächter, nimmt höflich den Hut ab, behält aber darunter die Jarmulke *(kleines rundes Käppchen)* auf.

Der Magnat, interessiert: »Solche Käppchen trägt doch sonst nur der katholische Klerus?«

Jankel: »Wir tragen sie auch, und zwar immer, auch zu Hause. Wir dürfen nicht mit unbedecktem Haupt herumgehen.«

»Aber ich hab' doch schon viele Juden ohne Käppchen gesehen!«

»Ja, das sind unsere Neologen.«

»Neologen – was verstehen Sie darunter?«

Jankel, hitzig: »Herr Baron, Neologen sind noch etwas Ärgeres als Christen!«

König Friedrich Wilhelm I. von Preußen, bekannt durch seine gewalttätige Art, ritt einmal in Berlin durch den Tiergarten. Da sah er, daß zwei Menschen bei seinem Anblick schleunigst ins Dickicht flohen. Er befahl dem Reitknecht, die beiden hervorzuholen. Sie erwiesen sich als zwei jüdische Bettler.

»Warum habt ihr euch versteckt?« fragte der König streng.

»Mir ham uns geforcht!« bekannten die Juden.

Zornig ergriff der König sein spanisches Rohr und verbleute die Bettler mit den Worten: »Donnerwetter! Lieben, lieben sollt ihr mich! Nicht fürchten!«

Der spätere König Friedrich Wilhelm IV. besuchte als Kronprinz eine Provinzstadt, wo er von den Einwohnern festlich empfangen wurde. Nur die Juden fanden sich zum Empfang des Kronprinzen nicht ein, denn es war Sabbat, sie saßen in der Synagoge und beteten.

Gleich Sonntag früh schickten sie aber eine Deputation zum Kronprinzen, um sich zu entschuldigen. Sie baten um eine Audienz, um ihre Aufwartung zu machen.

Der Kronprinz ließ ihnen sagen: »Schade! Aber heute kann *ich* nicht. Heute habe *ich* Schabbes.«

Altösterreich. Unter Kaiser Joseph II. wurde ein Seminardirektor Fessler, katholischer Theologe, zum »Zensor aller Bücher der Juden« ernannt.

Eines Tages meldete er dem Kaiser: »Die Juden drucken in ihre Bibelexemplare einen chaldäischen Kommentar, genannt Raschi, den der gemeine Mann nicht versteht, die Rabbiner jedoch zum Hineintragen von mancherlei Irrtümern und Aberglauben mißbrauchen.« *(Offenkundig verwechselte Fessler den sehr populären Raschi-Kommentar mit der aramäischen Onkelos-Übersetzung der Bibel, die den hebräischen Bibeln der Juden beigedruckt zu sein pflegt.)*

Fessler schlug vor: »Wie wäre es, wenn ich den Juden diesen Raschi streichen und sie verhalten würde, statt dessen die deutsche Bibelübersetzung Moses' Mendelssohns beizudrucken?«

Der Kaiser dachte nach und meinte dann: »Das geht nicht!

Mendelssohn war ein Naturalist *(Aufklärer, Ungläubiger – was übrigens nicht stimmt)*, und ich will nicht, daß meine Juden Naturalisten werden.«

Nachfolgende Geschichte hat sich in der alten Donaumonarchie wirklich zugetragen:

Der Sohn des ungarischen Kultusministers Czaky hatte sich erschossen. Das Oberhaupt der jüdischen Orthodoxie von Budapest schickte an alle jüdischen Kultusgemeinden der Provinz ein Telegramm: »Kondolieren Sie Czaky!«

Aus dem tief orthodoxen Huszt kam sofort ein Antworttelegramm: »Czakys Wahl sicher. Seien Sie beruhigt. Alles begeistert für Exzellenz!«

Der entsetzte Adressat, zum Glück nicht Czaky selbst, sondern der orthodoxe Oberrabbiner in Budapest, telegraphierte zurück: »Um Gottes willen! Nicht kandidieren! Kondolieren!«

Es kam die prompte Antwort: »Alles kondoliert begeistert! – Bitte telegraphieren Sie, was das ist: Kondolieren!«

Altösterreich. Kohn zum Starosten seiner Stadt: »Sie sagen, die Juden hier sind gleichberechtigt. Das stimmt aber nicht.«

»Wie können Sie so etwas behaupten! Schauen Sie sich doch den tüchtigen Dr. Schönfeld an, wie großartig er Karriere gemacht hat!«

»Nu – was hat das mit der Gleichberechtigung zu tun? Gleichberechtigt sind die Juden erst, wenn auch jüdische Dummköpfe Karriere machen können!«

»Hep, hep!«: Schmähruf gegen Juden anfangs 19. Jahrhundert. Herleitung ungeklärt. Zwei Deutungsversuche: Abkürzung von »Hebräer« oder Anagramm aus »Hierosolyma est perdita« (Jerusalem ist verloren). – Gojim: Nichtjuden.

Das war noch vor der Erfindung der Eisenbahn. Eine Gruppe polnischer Juden, kenntlich an Bart, Pejes *(Schläfenlocken)* und Kaftan, zieht auf der heißen Landstraße zur Leipziger Messe dahin. Am Straßenrand arbeiten Steinklopfer im Schweiße ihres Angesichts. Beim Anblick der Juden rufen sie höhnisch: »Hep, hep!«

Die Juden zucken schmerzlich berührt zusammen. Nur einer von ihnen, der älteste und weiseste, bleibt ruhig und sagt in feierlichem Ton: »Was regt ihr euch auf? Im Jenseits wird sich das alles ändern! Dort werden die Gojim reisen müssen zur

Leipziger Mess', und *wir* werden dürfen an der Landstraße sitzen und klopfen die Steine!«

Ein ukrainischer Bauer steht vor Gericht. Er hat einen wildfremden Juden verprügelt.

»Warum hast du das getan?« fragt der Richter.

»Weil die Juden den Heiland gekreuzigt haben.«

»Aber das ist doch schon zweitausend Jahre her!«

»Mag sein. Aber ich hab' es erst heute erfahren.«

Warum kommen die Juden aus dem Druck nie heraus?

Weil sie bekanntlich das »Volk des Buches« sind.

Bauer Michel: »Sagen Sie, Herr Kohn, was ist eigentlich der Unterschied zwischen Israelit und Jud?«

»Das ist ganz einfach. Wenn man sich Geld von uns leihen will, sind wir Israeliten. Wenn wir es zurückverlangen, sind wir Juden.«

Zitrinbaum kommt nach einem Autounfall mühsam unter dem Vehikel hervorgekrochen und tastet sich vorsichtig ab.

Ein Pater, der gerade dabeisteht, sagt gerührt: »Mein Bruder, ich war erfreut zu sehen, wie Sie selbst unter derartigen Umständen noch das Kreuz schlugen!«

Zitrinbaum: »Das Kreuz schlagen? Ich hab' wollen sehn nach der Brille, nach der Brieftasche, nach dem Füllhalter, und ob weiter unten alles in Ordnung ist!«

Berlin, zwanziger Jahre, Hochwelle der jüdischen Assimilation an deutsche Sitten.

Ein jüdischer Herr kommt in ein jüdisches Ritualiengeschäft und verlangt eine besonders elegant gebundene Gesamtausgabe der Gebetbücher.

»Ich habe nur solche mit Kartoneinband«, bedauert der Ladenchef, »aber ich bekomme demnächst noch eine Sendung sehr schöner Ausgaben.«

»Hoffentlich kommt sie rechtzeitig«, meint der Käufer besorgt, »ich möchte sie meinem Sohn zu Weihnachten schenken.«

Nach der Estherlegende wurde der persische Minister Haman, der die Ausrottung der Juden geplant hatte, zusammen mit seinen zehn Söhnen gehenkt. Ein alter Midrasch (Kommentar) meint hierzu: Der Vater des Planes wegen, und die Söhne, weil sie ihm

dazu geraten hatten. – Aus einem unerfindlichen Grunde gelten bei den Juden von den Söhnen Hamans Wajssosso als Narr und Dalfon als armer Teufel.
Tief nachdenklich fragt der Bocher *(Talmudstudent)* den Rabbi: »Rebbe, wie kann Wajssosso, der Narr, überhaupt Ratschläge erteilt haben, und woher nahm Dalfon, der Schnorrer, die Mittel zur Bestechung?«

Darauf der Rabbi, bitter: »Das ist sehr einfach. Wenn es gegen die Juden geht, dann hat Wajssosso plötzlich Einfälle, und Dalfon wirft mit einem Mal mit Tausendern um sich.«

An einem gewöhnlichen Wochentag – am Sabbat darf man ja kein Geld anrühren! – steht bei der Tür der Synagoge nach dem Morgengebet ein Schnorrer und bettelt alle Beter an, die herauskommen.

Unter den Betern ist auch der reiche Krakower, der den Schnorrer reich beschenkt.

Als aber der Krakower am Nachmittag zufällig bei einer Kirche vorbeikommt, sieht er, wie der Schnorrer eben das Kreuz schlägt und sich unter die anderen Bettler an der Kirchentür drängt.

Krakower stellt ihn empört zur Rede: »Heut früh haben Sie mich bei der Synagoge angeschnorrt! Sind Sie überhaupt ein Jud oder nicht?«

»Natürlich bin ich ein Jud!« beschwichtigt der Schnorrer, »aber bei die schlechte Zeiten kann ich von einem Gott allein nicht leben!«

Zum Bezirksadjunkt von Neutra, Südungarn, kam eines Tages ein jüdischer Handelsmann gestürzt und schrie:

»Helfen Sie, um Gottes willen, Herr Adjunktleben! Draußen hat man zwei Juden totgeschlagen!«

Der Adjunkt, der die Ausdrucksweise und das Temperament seiner Juden kannte, ließ den armen Kerl zunächst einmal in den Kotter abführen.

Erst nach einer Stunde ließ er ihn wieder vorführen: »Nu, wo sind deine zwei toten Juden?«

»Herr Adjunktleben – der eine bin ich, und der andere wird jeden Augenblick herkommen!«

Jom Kippur ist der strengste Buß- und Fasttag der Juden.
Mendel Rubin, mit Abstand der beste Schüler seiner Klasse, kommt am Tag vor Jom Kippur bedrückt nach Hause.

»Papa«, klagt er, »mein neuer Klassenlehrer ist ein Antisemit. Er gibt mir immer schlechtere Noten als ich verdiene.«

Der Vater schlägt das Schulheft Mendels auf, sucht nach der neuesten Zensur darin, und sagt ganz gerührt: »Schau, Mendel, dein Lehrer kann kein Antisemit sein. Hätt' er sonst gerade vor Jom Kippur hineingeschrieben ›Fast gut‹?«

Mandelbaum sitzt im Schnellzug Budapest–Wien einem eleganten Herrn gegenüber, der, wie sich erweist, ebenfalls in der Textilbranche tätig ist. Es ist Freitag, und als der Schnellzug sich Budapest nähert, fragt Mandelbaum: »In welche Synagoge gehen Sie heute abend?«

Darauf der zweite: »Ich bin kein Jude, auch nicht der Abstammung nach.«

Mandelbaum, verärgert: »Also, das ist schon sonderbar! Hat man endlich einen anständigen Juden kennengelernt, dann ist er gar keiner.«

Amerikanische Kleinstadt. Es gehen Gerüchte um, daß der katholische und der evangelische Pfarrer zusammen mit dem Rabbiner in der Hinterstube eines Wirtshauses zu pokern pflegen. Der Kommissar soll eingreifen. Schwere und unangenehme Sache. Endlich entschließt er sich, einen Polizisten mit der Angelegenheit zu betrauen.

Der brave Polizist trabt an. Die drei haben natürlich die Karten rechtzeitig vom Tisch verschwinden lassen. Als der Polizist eintritt, sieht er die drei friedlich beim Wein sitzen. Sie machen verwunderte Gesichter. Der Polizist reißt sich zusammen und fragt zunächst den katholischen Priester: »Herr Pfarrer, es wurde uns hinterbracht, daß die Herren hier pokern. Können Sie bei der Jungfrau Maria beschwören, daß dem nicht so ist?«

Der Pfarrer zaudert ein wenig, dann rafft er sich auf und bestreitet, je hier gepokert zu haben.

Der Polizist wendet sich zum evangelischen Geistlichen und fragt: »Können Sie auf die Bibel schwören, daß Sie hier nicht gepokert haben?«

Auch er zögert eine Sekunde und verneint es dann gleichfalls.

»Ja, und was meinen Sie, Herr Rabbiner?« fragt der Polizist.

Darauf der Rabbiner, entrüstet: »Haben Sie schon einmal einen allein Poker spielen sehen?!«

»Weißt du den Unterschied zwischen einer Nonne und einem Rabbiner?«

»Nu?«

»Die Nonne is Ka-rabiner, und der Rabbiner is Ka-none.«

Im ungarischen Städtchen St. Miklós gastiert eine deutsche Theatertruppe mit kümmerlichem Erfolg. Der Direktor sieht ein, daß er bei der Wahl des Repertoires zu wenig Rücksicht auf das vorwiegend jüdische Publikum genommen hat. In Eile läßt er durch seine Truppe ›Der ewige Jude‹ von Eugène Sue einstudieren. Auf den Zetteln, die er verteilen läßt, macht er eigens auf die schaurige Schlußszene aufmerksam, in welcher der unglückliche Ahasver auf dem jüdischen Friedhof wieder einmal vergeblich den Tod sucht. Um die Szene besonders eindrücklich zu gestalten, läßt er den Schammes *(Synagogendiener)* des Städtchens zu sich kommen und gibt ihm, um höchste Milieutreue zu erzeugen, den Auftrag, auf die Grabsteine, die auf der Kulisse durch helle Rechtecke flüchtig angedeutet sind, beliebige hebräische Buchstaben aufzumalen ...

Am Abend ist das Theater ausverkauft. Das Publikum folgt der Handlung mit ständig wachsender Spannung. Zuletzt öffnet sich der Vorhang über dem furchterregenden Schlußbild: heulender Wind, fahler Mondschein über dem alten verfallenen jüdischen Friedhof ...

Da schallt plötzlich Jubelgelächter vom Publikum herauf ...

Was war geschehen? Der Schammes, der keine Ahnung hatte, worum es in dem Stück ging, hatte alle Grabsteine mit der Aufschrift »koscher« *(rein, rituell erlaubt)* versehen, die über dem Eingang jüdischer Restaurants und auf Packungen vom Rabbinat kontrollierter Lebensmittel zu stehen pflegt.

Im Lippeschen lag der Viehhandel weitgehend in jüdischen Händen. Der Viehhändler Sternheim bekam von seinem Schulfreund Frittken aus dem »Achterlippsken« immer die Ziegenlämmchen. Einmal lud ihn Frittken nach dem Schweineschlachten ein. Da Frittken wußte, daß Juden kein Schweinefleisch essen dürfen, setzte er seinem Freund nicht eine Schlachtplatte vor, sondern – Rührei mit Schinken.

Schon vor Jahrtausenden aß man in Ägypten viel Zwiebeln und Knoblauch. Die alten Hebräer haben sich während ihres ägyptischen Exils ebenfalls an den Konsum von jederlei Lauchge-

müsen gewöhnt, ihre Nachkommen essen auch heute noch viel Knoblauch.
Hausbesitzer: »Es ist merkwürdig! Im Parterre hab' ich einen Herrn Blumenfeld sitzen, in der Belle Etage die Familie Veilchenblum, im ersten Stock die Witwe Rosenduft, zuoberst einen Herrn Wohlgeruch – und das ganze Haus riecht nur nach Knoblauch!«

Im Tierladen: »Herr Salomonsohn, wollen Sie nicht diesen schönen Papagei Ihrer Frau zum Geburtstag schenken? Er spricht eine Menge Sprachen! Er kann tadellos sagen ›Yes, Sir‹, ›Oui, Monsieur‹ und ›Si, Signore‹!

»Großartig! Jiddisch auch?«

»Nein ... Jiddisch nicht.«

Salomonsohn, streng: »Wieso nicht? Bei der Nase!«

»Sara! Gratulier mir! Seine Majestät hat geruht, mir den Roten Adlerorden zu verleihen!«

»Was heißt ›Seine Majestät hat geruht‹?! *Du* hast *nicht* geruht, bis du den Orden bekommen hast!«

In der Donaumonarchie hatten jüdische Privatdozenten an gewissen Universitäten schlechte Aussicht auf Beförderung. Sie sagten deshalb: »Mit 30 ist man zu jung, mit 40 hat man nicht die richtige Religion, und mit 50 ist man zu alt.«

Ruben Lemberger ist irrtümlich in die Versammlung einer christlichen Sekte hineingeraten. Schweigend hört er der Predigt zu.

Der Prediger ruft aus: »Alle, die in den Himmel kommen wollen, sollen sich erheben!«

Es stehen alle auf außer Lemberger.

»Und Sie«, fragt der Prediger, »wollen Sie nicht in den Himmel?«

Darauf Lemberger, befremdet: »Jetzt gleich? Nein!«

Hersch Krakauer kommt in das leere Eisenbahncoupé, und da es heiß ist, zieht er Rock und Schuhe aus und legt die Füße auf die Bank gegenüber.

Ein eleganter Herr steigt zu. Auf der Stelle zieht sich Krakauer wieder an und senkt die Füße artig auf den Fußboden herab.

Der vornehme Herr blättert in seinem Terminkalender, blickt

auf und fragt: »Wissen Sie zufällig, auf welches Datum in diesem Jahr Jom Kippur fällt?«

»Esoi!« ruft Krakauer erfreut aus, und bevor er antwortet, zieht er sich wieder aus und hebt die Füße wieder auf die Bank gegenüber.

Jankel steht vor einer Kathedrale neben einem Fremden, während das melodiöse Glockenspiel mächtig erklingt.

Der Fremde, entzückt: »Was für ein zauberhaftes Läuten!«

Jankel: »He?«

Der Fremde: »Ich sage: Das Glockenspiel ist hinreißend!«

Jankel: »He?«

Der Fremde: »Ich bin begeistert von der Glockenmelodie!«

Jankel: »He? Verzeihen Sie, aber in dem Glockenkrach kann ich Sie nicht verstehen!«

Bankier Danziger ist zum ersten Mal in seinem Leben zu einer Jagd eingeladen.

Der Förster, der nicht von seiner Seite weicht, ruft plötzlich aufgeregt: »Achtung, Herr Kommerzienrat! Da hinten kommt ein Hase daher!«

»Nu«, sagt Danziger stolz, »soll er kommen! Ich fürcht' mich nicht!«

Justizrat Kohn nimmt zum ersten Mal an einer Jagd teil. Da kommt ein angeschossener Hirsch gerade auf ihn losgestürzt.

»Gott über die Welt!« schreit Kohn entsetzt dem Hirsch entgegen, »ich hab' doch gar nicht geschossen!«

Bei manchen vornehmen Golfklubs in den USA sind Juden nicht zugelassen. Der reiche Bromberg aber läßt sich von seinem Chauffeur dennoch zu einem solchen Golfklub hinfahren und geht einfach hinein, als wäre er Mitglied. Der Chauffeur, überzeugt, daß man seinen Herrn auf der Stelle hinausspedieren wird, bleibt im Auto vor dem Eingang sitzen. Nach einer Viertelstunde beginnt er sich zu wundern. Schon wartet er volle zwei Stunden, als sein Herr, hinausbefördert von einem kräftigen schwarzen Portier, die Eingangstreppe herunterkollert. Er steht mühsam auf, staubt sich die Kleider ab und berichtet dem Chauffeur: »Anfangs ging alles gut. Niemand hat was gemerkt. Dann aber ist mir ein Mißgeschick passiert: Ich schieß' meinen Ball ins Wasser. Und wie ich rufe: ›Mein Gott, was mach' ich nu?‹ – teilt sich das

Wasser. Da wußten natürlich alle Bescheid, und es war um mich geschehen.«

Schikse: verächtlicher Ausdruck für nichtjüdisches Mädchen.
In Hollywood erzählt man sich: Marilyn Monroe und Liz Taylor, zwei bekannte Filmstars, die beide eine Zeitlang jüdische Ehemänner hatten und daher zum Judentum übergetreten waren, unterhalten sich in einer Drehpause, als auch Brigitte Bardot hinzutritt. Sagt die Monroe zur Liz: »Please, speak Yiddish, the Shikse comes here!«

USA. Robitschek wird vom Auto des Kardinals Spellman umgefahren. Es ist nichts passiert, Herr Robitschek staubt sich ab, der Kardinal entschuldigt sich, und höflich gehen sie auseinander. Als aber Robitschek zu Hause seiner Sara den Vorfall erzählt, schreit sie: »Was, du bist nicht einmal imstande, aus dem Millionär Spellmann einen Cent herauszuholen!«

Robitschek überlegt sich die Sache, verklagt den Kardinal wegen Körperverletzung und läßt sich zur Gerichtsverhandlung im Rollstuhl hinfahren. Alles geht glatt, und der Kardinal protestiert auch nicht, als er zu einem hohen Schmerzensgeld verurteilt wird.

Nach dem Prozeß tritt er aber im Korridor an Robitschek in seinem Rollstuhl heran und flüstert ihm zu: »Ich durchschaue alles, Herr Robitschek, ich habe zwar geschwiegen, aber merken Sie sich: Ich lasse Sie überwachen, und wenn Sie von diesem Rollstuhl herabsteigen, dann lasse ich Sie jagen – so was haben Sie noch nicht erlebt!«

»Das ist in Ordnung, Monsignore«, sagt Robitschek, »nur werde ich jetzt in ein Auto getragen und auf den Flugplatz gefahren, dort werde ich in ein Flugzeug gelegt und fliege nach Lourdes – und so ein Wunder haben Sie noch nicht erlebt!«

Schlafwagen Kanada–San Francisco. Zwei jüdische Herren verlangen vom schwarzen Schlafwagenkellner alle möglichen Extras und geben ihm keinen Cent Trinkgeld.

Als sich das täglich wiederholt, sagt der Kellner finster zu seinem Kollegen: »Ich fange an zu glauben, daß die Juden Jesus wirklich umgebracht haben!«

Beim Aussteigen gibt jeder der zwei Juden dem Schwarzen 5 Dollar.

Der rennt zu seinem Kollegen und sagt: »Ich habe mich jetzt

anders überzeugt. Die Juden haben Jesus nicht umgebracht, sondern zu Tode geärgert.«

Washington. Der Leiter einer jüdischen Religionsschule besichtigt mit seinen Schülern die »Independence Hall« und deutet auf die Inschrift »Proclaim liberty throughout the land into all habitants thereof!«

»Ihr kennt doch diese Zeilen?« fragt der Lehrer die Schüler, »sie stammen aus der Heiligen Schrift.«

Eine christliche Amerikanerin hat es zufällig gehört. Entrüstet flüstert sie ihrem Nachbarn zu: »Hörst du die Frechheit? Ich möchte wissen, was die Juden als nächstes für sich beanspruchen werden!«

Nach mosaischem Gesetz dürfen die Juden keine wirbellosen Tiere (Austern, Schnecken, Langusten etc.) essen.

New York. Ein streng orthodoxer jüdischer Wohltätigkeitsklub trifft sich alljährlich zu einem großen festlichen Fischessen. Als das Diner beginnt, stellt sich heraus, daß die Fischfilets nicht entgrätet sind. Die Herrschaften beklagen sich beim Manager.

Dieser entschuldigt sich: »Ich kann nichts dafür. Ich habe mich nur an die Anweisungen Ihres Rabbiners gehalten, der mich ausdrücklich darauf aufmerksam gemacht hat, daß die Juden Meertiere ohne Gräten nicht essen dürfen.«

Itzig ist aus dem zaristischen Rußland nach New York ausgewandert. Da er aber aus einem kleinen Städtchen stammt, ist ihm die Großstadt unheimlich, und er will sein Auskommen lieber in einer bescheidenen Provinzstadt suchen.

Er steigt in einem Städtchen aus und sucht als erstes nach der Synagoge, um dort Kontakt mit den ansässigen Juden zu finden. Weil er aber kein Englisch kann, kann er auch keinen Polizisten nach dem Weg fragen.

Da hat er eine Idee: Er stellt sich mitten auf eine Geschäftsstraße und schreit aus Leibeskräften: »Gewalt! Me schlugt Jidn!«

Auf der Stelle stürzen ein paar Juden aus ihren Läden herbei und fragen aufgeregt: »Wo schlägt man Juden?«

»In Rußland«, entgegnet Itzig ruhig, »ich möchte aber wirklich wissen, was euch das angeht und warum ihr euch darüber aufregt.«

Zaristisches Rußland. Jossel Jakubowitz, aus politischen Gründen deportiert, hat nach Meinung des Kommandanten etwas Todeswürdiges getan und soll gehenkt werden. Es erweist sich aber, daß im ganzen Straflager kein passender Strick aufzutreiben ist. Man müßte ihn aus der nächstgelegenen Stadt kommen lassen, das würde lange dauern und sich auf mindestens 10 Rubel stellen. Außerdem müßte man aus der Stadt auch einen Henker kommen lassen – und das ist mit viel Schreibereien verbunden.

»Soviel Umtriebe für einen Juden – das geht zu weit!« entscheidet der Kommandant, »ich schlage vor, wir geben dem Juden 10 Rubel und werfen ihn hinaus. Mag er sich selber aufhängen!«

Weinreb und Kalkstein gehen ins Kino. Man zeigt einen historischen Schinken über das Leben Cäsars. Die Römer werfen gefangene Gallier in der Arena rottenweise den Löwen vor.

Weinreb wird unruhig: »So e Antisemitismus, arme Jüden den Löwen zum Fressen vorzuwerfen!«

Kalkstein: »Gib a Ruh! Das sennen nicht Galizier, sondern Gallier!«

Weinreb beruhigt sich.

Nach kurzer Zeit wird er wieder unruhig.

Kalkstein: »Nu, was hast du schon wieder?«

Weinreb: »Der Löwe dort frißt nicht.«

»Gojischer Kopp«: feste jiddische Redensart für geistige Schwerfälligkeit, Vergeßlichkeit, Denkschwäche. – Dawenen: beten. – Beim Morgengebet zieht der Jude Talles und Tefillen (siehe Glossar) an.

Herr und Frau Schächter haben sich taufen lassen. Eines schönen Morgens kommt Frau Schächter ins Schlafzimmer und findet ihren Mann in Talles und Tefillen vor, wie er, in inniger Ekstase, den Körper vor- und rückwärtsschaukelnd, dawent.

»Um Himmels willen, David«, schreit sie empört auf, »was treibst du da?!«

David hält mit dem Schaukeln erschrocken inne, faßt sich an den Kopf und stöhnt: »Oj, mein gojischer Kopp!«

»Schma Jissro'ejl«: Anfangsworte des jüdischen Glaubensbekenntnisses, als spontaner Schreckensausruf gebräuchlich.

Lewinger hat sich taufen lassen. Eines schönen Morgens bleibt ihm die Uhr stehen. Er geht auf die Straße hinunter und fragt den ersten besten Passanten: »Verzeihung, wie spät ist es?«

»Zehn Uhr«, antwortet der Fremde.

»Schma Jissro'ejl!« ruft Lewinger entsetzt aus, »ich hab' die Messe versäumt!«

Chaim Weizenkorn hat sich taufen lassen. Da er für Wallenstein, den Herzog von Friedland, schwärmt, hat er sich bei der Taufe Wallensteins sämtliche Vornamen zugelegt: Albrecht, Wenzel, Eusebius.

Nun reicht er beim Kaiser Franz Joseph ein Gesuch ein, weist dabei auf seine Vorliebe für Wallenstein hin, erwähnt auch, daß er dessen Vornamen bereits trägt, und bittet, ob ihm nicht gestattet werden kann, auch den Nachnamen »Wallenstein« zu tragen.

Die gnädige Antwort lautet – »›Wallenstein‹ kann nicht gestattet werden, wohl aber – was doch auf dasselbe herauskommt – ›Friedländer‹ *(häufiger jüdischer Nachname).*«

Vor 1914 konnten nur sehr wenige sogenannte »konzessionierte« Juden in Rumänien Grundbesitz erwerben.

Einer dieser Begünstigten stirbt – er hat keine Söhne, sein

Neffe in Galatz wird das Gut erben. Jedoch die Aussicht, daß er ebenfalls »konzessioniert« wird, ist gering. Er wird also voraussichtlich die Domäne verkaufen müssen ...

Als er auf dem Gut eintrifft, bestürmen ihn die Agenten schon am frühen Morgen. Einem von ihnen gelingt es nach Bestechung der Dienerschaft, zum Erben vorzudringen. Dieser steht da, gehüllt in den Talles *(Gebetsmantel)*, mit den Tefillen *(schwarze Gebetskapseln und Riemen)* an Stirn und Unterarm, schaukelt ekstatisch vor- und rückwärts und rezitiert in tiefer Andacht das Morgengebet.

Der Agent wartet respektvoll ein Weilchen, dann aber steigt in ihm die Besorgnis auf, die anderen Agenten könnten sich ebenfalls Einlaß verschaffen.

»Verzeihen Sie vielmals«, flüstert er, »ich weiß, man darf beim Gebet nicht stören. Aber Sie werden doch ohne Zweifel das Gut Ihres Onkels verkaufen müssen ...«

Der Neffe schüttelt den Kopf und macht eine abwehrende Bewegung mit der Hand.

»Seien Sie doch vernünftig«, insistiert der Agent. »Es hilft ja nichts. Sie werden das Gut nicht übernehmen können ...«

Der Neffe schüttelt zornig den Kopf und betet doppelt so laut weiter.

»Ich versteh', daß Sie das ärgert«, räumt der Agent ein, »aber da es unvermeidbar ist ...«

Der Neffe, außer sich vor Zorn, rezitiert jetzt mit der Lautstärke eines Vorbeters in der Synagoge.

»Das ist doch zwecklos!« beharrt der Agent ungeduldig, »als Jude ...«

In diesem Augenblick hat der Erbe sein Gebet beendet. Er legt den Gebetsmantel zusammen, rollt die Gebetsriemen auf und sagt in äußerstem Zorn: »Was heißt da Jude?! In zehn Minuten bin ich getauft. Im Nebenzimmer wartet der Pope – nebbich *(siehe Glossar)*! – schon eine volle Stunde auf mich!«

Der Pfarrer hat dem taufwilligen Isidor Goldbaum monatelang Unterricht erteilt. Doch Isidor, dem nur an der raschen Taufe und nicht das Geringste an den katholischen Lehren und Dogmen liegt, erweist sich als ein miserabler Schüler.

»Herr Goldbaum«, seufzt der Pfarrer, »ich fürchte, einmal taufen wird bei Ihnen nichts nützen – und zweimal taufen ist nicht erlaubt.«

»Moritz, ich hab' gehört, du hast dich gestern taufen lassen?«
»Noch nicht, sie haben gestern erst angefangen.«

Heiratsinserat: »Theaterdirektor, langjähriger Christ, sucht die Bekanntschaft einer jungen Dame aus bester bemittelter Familie zwecks Eheschließung.«

Peckeles hat sich taufen lassen und beantragt beim zuständigen Minister eine Namensänderung.

»Was haben Sie gegen den Namen Peckeles einzuwenden?« fragt der Minister.

»Namen mit der Endung -eles klingen so jüdisch«, erklärt Peckeles.

»Jüdisch?« wundert sich der Minister, »wieso denn? Denken Sie doch an Aristoteles, Praxiteles! Was haben Sie bloß gegen Peckeles?«

Taufen heißt jiddisch schmaden (von hebr. schamod = vernichten), getauft heißt »geschmadt«. – Schmattes: Lumpen, Fetzen.
Zeitweise traten Wiener jüdische Parvenus gleich familien- und rudelweise zum Katholizismus über. Die Taufe wurde immer groß gefeiert. –

Frau Pinkus zur frisch getauften Frau Grün: »Wir lassen uns auch taufen!«

Frau Grün: »Wie schön! Und wann findet die Schmatiné statt?«

Im Gegensatz zu den Christen behalten die Juden bei religiösen Handlungen den Hut auf.
In der schönsten Wiener Kirche steht wieder einmal eine jüdische Familientaufe bevor. Natürlich haben sich auch viele Freunde und Verwandte zu der interessanten Feier eingefunden.

Vor dem Beginn der religiösen Handlung ruft der Küster, der mit jüdischen Klienten Erfahrung hat, die männlichen Gäste diskret beiseite und flüstert ihnen zu: »Die Herren sind gebeten, die Hüte abzunehmen.«

Der berühmte jüdische Prager Prediger Dr. Jellinek in einer Predigt vor seiner durch Taufe bereits bedenklich geschrumpften Gemeinde: »Und wenn ihr euch auch taufen laßt – was wird sich schon ändern? Die Kaufleute werden weiter jammern: Nix zu handeln! Die Ärzte: Nix zu behandeln! Und die Advokaten: Nix zu verhandeln!«

Goldschmidt läßt sich taufen und kürzt seinen Namen auf das arischer klingende »Schmidt« ein.

Feinberg: »Haißt e Chammer *(Esel)*! Der erste Jüd, was wirft eweg freiwillig sein Gold!«

Kohn ist zum christlichen Glauben übergetreten. Tags darauf trifft er seinen Bruder auf der Straße.

Der Bruder fragt: »Ich hab' gehört, du hast dich taufen lassen?«

»Ja, das stimmt.«

»Und wie war's?«

»Das geht dich Saujud einen Sch ... dreck an!«

Bankier Günzburgers Sohn hat doktoriert und ist mit seiner Frau zusammen zum Christentum übergetreten. Das tut dem alten Günzburger in seinem Herzen weh. Auch daß der Sohn ihm häufig seine beiden gut geratenen Knaben zu Besuch schickt, tröstet ihn nicht. »Sie sind nicht mehr mein Blut«, erklärt er traurig.

Einmal aber schaut er den beiden Knaben zu, wie sie mit Papierschnitzelchen spielen.

»Was macht ihr da, Kinderchen«, fragt er verwundert.

»Wir spielen Wechselchen«, erklären die Knaben.

Darauf Günzburger, gerührt: »Doch mein Blut!«

Herrn Grünbaums Schwester hat sich taufen lassen und ist Nonne geworden. Als sie stirbt, meint der Pfarrer, Grünbaum sollte sich an den Beerdigungskosten beteiligen.

Grünbaum klärt lange und begibt sich dann zum Pfarrer: »Als Nonne war doch meine Schwester die Braut des Herrn?«

»Jawohl.«

»Nu – soll er, der Herr Schwager, auch bezahlen for sie!«

Bei Neureichs in Wien.

»Herr Kohn, ich kann Ihnen meine Tochter nicht geben. Wir haben uns kürzlich taufen lassen und beschlossen, unser Kind nur mit einem Christen zu verheiraten!«

»Nu – auch gut! Geben Sie 10000 Gulden mehr Mitgift, und ich lass' mich auch taufen!«

Herr Weinstein und Familie haben sich taufen lassen. Trotzdem bewirbt sich Schmul Goldgewicht um die Hand der Tochter

Riwka. Dem alten Weinstein paßt das nicht: »Mein lieber Goldgewicht, das geht nicht. Erstens sind Sie e Jud' – und wir sind Christen. Und zweitens: Sie sind e Schnorrer und haben ka Geld – und Geld ist bei uns Juden immer die Hauptsach'.«

Eierfarb rutscht auf dem schmalen Pfad am Fluß aus und fällt ins Wasser.

»Ich kann nicht schwimmen!« schreit er entsetzt zu den paar christlichen Passanten hinauf.

Diese bleiben ungerührt und grinsend stehen. Einer ruft hinunter: »Ich zieh' dich heraus, wenn du auf der Stelle versprichst, in Zukunft an Gott Vater, Sohn und den Heiligen Geist und an die Mutter Gottes zu glauben!«

»Rettet!« schreit Eierfarb, »ich glaub' an die ganze Familie!«

Salomon Buglitz, Getreidehändler, war geschäftlich sehr gut vorangekommen, war auch hochgeachtet, blieb aber als Jude bei der guten Gesellschaft des Ortes nach wie vor unbeachtet. Ein christlicher Freund fragte ihn: »Sie sind doch eigentlich ein ganz famoses Haus, Buglitz, warum lassen Sie sich denn nicht taufen?«

»Gott«, antwortete Buglitz, »warum soll ich mer lassen taufen? Lass' ich mer taufen, sagen die Lajt: Da kommt der getaufte Jude Buglitz! So sagen se doch bloß: Da kommt der Jude Buglitz!«

Mesusa, Menora, Talles, Tefillen, Jarmulke etc: siehe Glossar. – Liebermann: Deutschjüdischer Maler – Goj: Nichtjude (Verwechslung von Goj und Goya).

Familie Blütenduft hat sich soeben taufen lassen. Herr Blütenduft schreitet alle Räume der Wohnung ab und entfernt sorgfältig alles, was an die jüdische Herkunft erinnern könnte: Er montiert von den Türpfosten die Mesusen ab, nimmt vom Buffet die schöne silberne Menora und den Schabbesleuchter weg, räumt aus den Schränken Talles, Tefillen und Jarmulken fort, leert die Regale mit den hebräischen Folianten ... Plötzlich fällt sein Blick auf das schöne Gemälde an der Wand.

»Dieser Liebermann muß weg!« befiehlt er streng. »Statt seiner muß ein Goya her!«

Lifschitz kommt zu Ginzberg gelaufen und klagt: »Hören Sie, was soll ich bloß machen? Mein Sohn hat sich taufen lassen!«

»Ausgerechnet *mir* müssen Sie das erzählen?! Mein Sohn hat sich auch taufen lassen!«

Sie beschließen beide, zum Rabbi zu gehen, und sie erzählen ihm, daß sich ihre Söhne haben taufen lassen.

Darauf der Rabbi, tief traurig: »Ausgerechnet *mir* müssen Sie das erzählen? Mein Sohn hat sich auch taufen lassen.

Lifschitz und Ginzberg klären und entscheiden dann: »Da muß etwas geschehen! Wo bleibt unser heiliger Glaube? Wir werden uns beim HERRN beklagen!«

Der Rabbi stimmt ihnen zu, hebt die Hände zum Himmel empor und ruft: »HERR, schau auf uns! Unsere Söhne haben sich taufen lassen!«

Da ertönt von oben eine traurige Stimme: »Und ausgerechnet *mir* müßt ihr das erzählen!?«

Nach jüdischem Ritualgesetz muß man vor dem Essen die Hände waschen und einen Segensspruch sprechen.

Drei Konvertiten gehen zusammen ins Restaurant. Bevor der Kellner mit der Suppe kommt, entschuldigt sich der eine und geht hinaus.

Sagt der zweite zum dritten: »Da schau her! Jetzt ist er schon sechs Wochen getauft, und noch immer geht er sich die Hände vor dem Essen waschen! Der Saujud!«

Als Kaiser Franz Joseph die ostgalizische Stadt Brody besuchte, bemerkte einer seiner Generale: »Nichts wie Juden!«

»Richtig«, bestätigte der Kaiser, »jetzt verstehe ich auch, warum sich meine Ahnen unter anderem ›Könige von Jerusalem‹ nannten.«

Altösterreich. In der k. u. k. Armee gab es feudale Reiterregimenter, in denen ausnahmsweise, wenn der Papa über entsprechende Verbindungen verfügte, auch überaus reiche Juden als Einjährige dienen durften.

Der Oberst eines solchen Regiments, das schon unter Wallenstein im Sattel saß, pflegte deshalb, wenn ihm die Rekruten mit Abitur vorgestellt wurden, sobald er Namen hörte wie Fürstenberg oder Löwenstein, zu fragen: »Prinz oder Jud'?«

1914. An der russischen Front.

Der österreichische Kommandant: »Soldaten! Wir treten jetzt zu unserm ersten Kampf gegen den Russen an! Wer mir die feindliche Fahne mitbringt, bekommt 100 Kronen!«

Nach zwei Stunden kommt Sally Bromberger triumphierend mit der Fahne zum Kommandanten. Er wird öffentlich vor der Kompanie gelobt und bekommt die 100 Kronen.

Danach zieht ihn der Kommandant beiseite: »Sagen Sie, Bromberger, so ein Held sind Sie doch gar nicht! Wie haben Sie das nur zuwege gebracht?«

Bromberger: »Nu, sehr einfach! Der russische Fahnenträger war ein Jude, da hab' ich mit ihm Kippe gemacht ...«

Variante:

»Ich hab' gesehen, daß der russische Fahnenträger auch e Jud' war. Da bin ich auf ihn zugesprungen und hab' geschrien: ›Willste warten, bis e Goj sie dir wegnimmt?! Gib schon her!‹«

Der Leutnant hält einen Vortrag vor den Rekruten, in wieviel Teile die Handgranate bei der Explosion zerbirst. Da bemerkt er, daß Rekrut Hersch in der letzten Reihe friedlich vor sich hindämmert.

Leutnant, schreiend: »Rekrut Hersch! In wieviel Teile zersplittert die Handgranate bei der Explosion?«

Hersch fährt auf: »Herr Leutnant, auf jeden Fall in mehr als zwei!«

Rekrut Karfunkelschtajn, nachdem er beim Reitunterricht mehrmals vom Pferd gefallen ist: »Herr Lajtnant, kann man nicht lernen das Reiten durch Unterrichtsbriefe?«

Galizien 1914. Ein fast rein jüdisches Städtchen. Der Stabsarzt ist zur Musterung eingetroffen und schreibt jeden tauglich, der nur eben noch auf den Füßen stehen kann.

Ein hagerer Jude mit Pejes *(Schläfenlocken der Orthodoxen)* und Kaftan wird vorgeführt. Er schwankt.

Stabsarzt: »Fehlt Ihnen etwas?«

Der Jude: »Ich bin schwindsüchtig.«

Der Stabsarzt ironisch: »Schwindsüchtig sind Sie? Das macht nichts! Der Oberst ist auch schwindsüchtig, der Herr Hauptmann ist schwindsüchtig, ich bin auch schwindsüchtig – wir sind alle schwindsüchtig ... tauglich! Der Nächste!«

Es tritt ein blasser, aufgeschwemmter Kaftanjude vor.

Der Stabsarzt, höhnisch: »Fehlt Ihnen auch was?«

Der Jude: »Ich bitte, Herr Stabsarzt, ich bin schwer zuckerkrank!«

Der Stabsarzt: »Nu – was ist dabei? Der Oberst ist auch zuckerkrank, der Herr Hauptmann ist zuckerkrank, ich bin auch zuckerkrank! Wir sind alle zuckerkrank! ... Tauglich! Der Nächste!«

Gedalje Geliebter tritt vor und verkündet triumphierend: »Und wenn Se zerspringen, Herr Stabsarzt! Ich bin meschugge!«

1914. Kantorowitsch und Gurwitsch haben Himmel und Hölle in Bewegung gesetzt, um vom Frontdienst freigestellt zu werden – es hat ihnen nichts geholfen. Sie sitzen beide im Schützengraben und beratschlagen, was man eventuell jetzt noch tun könnte.

Gurwitsch, entschlossen: »Ich meld' mich krank!«

Kantorowitsch schlägt die Hände über dem Kopf zusammen: »Biste meschugge? Man wird merken, daß de gesund bist wie e Fisch, und man wird dich bestrafen!«

Gurwitsch: »Ich probier's doch!«

Kantorowitsch: »Ich trau' mich nicht!« ...

Wochen später liegt Gurwitsch, der gut zu simulieren versteht, immer noch unter Beobachtung im Lazarett. Es besucht ihn Levy. Beide unterhalten sich über gemeinsame Freunde.

Levy will wissen: »Was ist eigentlich aus dem Kantorowitsch geworden?«

»Der Kantorowitsch?« sagt Gurwitsch verächtlich, »der sitzt immer noch im Schützengraben, der Feigling!«

Im Ersten Weltkrieg an der galizischen Front. Ein hochgestellter Herr besucht ein Lazarett, wo er sich auch mit einigen schwer verwundeten Juden unterhalten hat.

»Ich hab' den Eindruck«, sagt er zu seinem Begleiter, »die Juden sind doch ganz tüchtige Soldaten!«

»Ja«, bestätigt dieser, »man kriegt sie nur sehr schwer.«

1914. Moses Breitfeld, jüdischer Soldat in Rußland, schreibt an seine Eltern über das Rote Kreuz: »Liebe Eltern! Ich bin Gott sei Dank in Gefangenschaft, ich hab' mich übergeben. Mein Bruder Samuel liegt im Lazarett. Ihr sollt so gesund sein, wie er es ist.«

Im Ersten Weltkrieg wechselte das ostgalizische Lemberg einige Male den Besitzer. Nachdem die Österreicher sich hinter den San zurückgezogen hatten, kamen die Russen. Dann setzten sich die Österreicher wieder in den Besitz der Stadt. Groß war der Jubel der Bevölkerung beim Einzug der Truppen unter den schwarzgelben Fahnen.

Mit Genugtuung sieht und hört das ein österreichischer General. Er fragt leutselig den Josselе Silberblech, der winkend und Hurra rufend am Wege steht: »Na, und wie war das, als die Russen einzogen?«

»Genauso, Panie General, genauso!« antwortet Jossele strahlend.

Vor dem Ersten Weltkrieg. Der Korporal versucht den Rekruten beizubringen, in welcher Form man bei verschiedenen Gelegenheiten die Honneurs zu machen hat: »Wenn zum Beispiel die Hofequipage vorbeifährt, müßt ihr Front machen und stramm ›Habt acht‹ stehen ... Wir wollen das jetzt einmal ausprobieren. Stellt euch vor, ich bin die Hofequipage.«

Zweimal galoppiert der Unteroffizier an der Truppe vorbei, alle nehmen Haltung an, nur Moritz Steinkrug bleibt gelassen stehen.

»Steinkrug«, schreit der Korporal zornig, »warum machen Sie nicht Front? Ich bin doch die Hofequipage!«

»Nu, Herr Korporal«, sagt Steinkrug gemütlich, »es sitzt ja keiner drin.«

Zaristisches Rußland. Der Offizier zur jüdischen Ordonnanz: »Paß auf, Simche, heut nachmittag halte ich vor der Truppe eine patriotische Ansprache. Du mußt die Stimmung anheizen. Wenn ich die Brauen hochziehe, mußt du in Lachen ausbrechen. Und wenn ich das Glas Wasser an die Lippen hebe, dann mußt du applaudieren!«

»Herr Leutnant«, bittet Simche, »würde es Ihnen etwas ausmachen, die Signale auszuwechseln? Ich werde viel natürlicher lachen, wenn ich Sie Wasser trinken sehe!«

Zur Kaiserzeit in Deutschland saß Herr von Breitenbach, Minister für öffentliche Arbeiten, dem auch das Eisenbahnwesen unterstand, bei einer Dienstreise mit einem jüdischen Reisenden allein im Coupé. Der Reisende war brennend interessiert, welchen Beruf sein Mitfahrer wohl ausübe. Der Minister wich allen indirekten Fragen aus.

Schließlich konnte der Reisende seine Neugier nicht mehr bezähmen und fragte geradeaus: »Ich reise für Grünblatt und Salmanowitz. Und für wen reisen Sie?«

Der Minister, abweisend: »Für Kaiser und Reich.«

»Für Kaiser und Reich? Nie von ihnen gehört. Aber dem Namen nach ist Ihre Firma auch jüdisch.«

Jakob Fürst reist erster Klasse. Der Herr ihm gegenüber stellt sich ihm vor: Corpskommandant Prinz Lobkowitz.«

Jakob Fürst stellt sich ebenfalls vor: »Angenehm! Fürst Jakob.«

In der Polsterklasse des Kurierzuges Warschau–Berlin sitzt Salkowski. Zwei Herren steigen zu und stellen sich gegenseitig vor: »Von Hohenhausen.«

»Von Rabenstein.«

Da erhebt sich Salkowski, verneigt sich höflich und stellt sich ebenfalls vor: »Von Meseritz.«

Bahncoupé.

»Gestatten, Kammergerichtsreferendar und Leutnant der Reserve!«

»Angenehm. Kohn, Schnittwarenhändler und Ersatzreserve ohne Übung!«

Amerikanische Truppen sind bei einer idyllischen Kleinstadt stationiert, wo Lady S. einen großen Ball geben will. Wenige Stunden vor Beginn des Festes sagen einige Herren ab. Es werden also Tänzer fehlen!

Die Lady hat einen Einfall. Sie läutet die Militärkommandostelle an und bittet: »Schicken Sie mir doch einige Offiziere für meinen Ball, aber unter keinen Umständen Juden!«

Am Abend stehen uniformierte, stramme Neger vor der Tür und melden sich für den Ball.

»Das muß ein Irrtum sein«, stottert die Lady.

»Ausgeschlossen«, sagt einer der schwarzen Offiziere, »Colonel Rosenblum irrt sich nie!«

Wir erwähnten bereits in der Einleitung (S. 12), daß am Tschernowitzer deutschen Gymnasium Jiddisch die Lingua franca war, in der sich sämtliche Schüler, und zwar auch die Antisemiten unter ihnen, in den Pausen unterhielten. Es waren dies: »Volksdeutsche«, Juden, Ruthenen, Rumänen, Polen. Sie übersetzten auch um die Wette deutsche klassische Balladen in ein bewußt miserables und komisches Jiddisch. Zwei Überlebende aus jener Schülerschaft – beide »Volksdeutsche« – haben mir drei Kostproben geschickt, die ich nachfolgend ohne jede Korrektur oder Abänderung abdrucke.

Der Taucherjing

»Anu«, rift der Kejnig, »anu, soll ich sejn *(sehen)*,
Wer fin ajch wet kojdem *(zuerst)* ins Wasser gejn?
A goldenes bechale hob ech, kikts un:
Wus'sche soll ech machen, wus'sche soll ech tun?
Ech warf es otedu arub ins Meer,
Wer es mir bringt wieder aher,
Der mejg es behalten, ferkojfen, ins Versatzamt trugen,
Ech wel ehm dafir gurnischt ferklugen!«

Der Kejnig sugt ünd warft mit a Schub
Dus Bechale taki *(wirklich)* ins Meer arub.
Adu sajn gewejn viele fin insre Lajt,
Alle hoben gesugt, der Kejnig is nit gescheit.
»Adu«, sugt aner,
»Kenn men sich zerbrechen beide Baner.«
»Wus«, sugt a zwejter, »es is ka Schpaß,
Zi gejn ins Wasser, wus is taki naß.«
Ünd a dritter sugt: »Dus Bechale is mir git zu bakimen,
Nor ba meine Rachmuness *(Erbarmen; gemeint: leider!)*
Ech kenn gur nit schwimmen!«
»Puh«, sugt a vierter, »anu soll ech sehn,
Du *(da)* der Kejnig soll kojdem *(zuvor, als erster)* ins Wasser gejn!«

As der Kejnig hert schiche Rejdn und Schrein,
Rift er noch amul: »Schah! Anu soll ich sehn,
Wer fin ajch wet kojdem ins Wasser gejn?«
Ünd alle senen geworn blaß ünd blasser,
Weil sej hobn asoj Mojre *(Furcht)* gehat vor dem Wasser.

Otedu kimmt ouf ejnmul zim Kejnig a schejner Jing
Ünd sugt: »Herr Kejnig, *ech* spring!«
Do hot sich erhojben inter die lajt a Schreck,
Ünd der alte Rebbe sugt: »Der Purez *(Gutsherr; hier: Herr)* is keck!«
Ünd der Jing gejt zim Kejnig zi und sugt: »Ech spring!
Awade *(sicher)* di gibst mir dan goldenen Ring!«
(Der König): »Ech soll asoj lebn, ech kenn nischt mehr gebn!«
(Der Jing): »Nu, so kennste mir gebn vier Dukaten,
Soll ich schon kenen ins Wasser waten ...
Wus'sche hajßt? Werst nit geben vier, weste gebn drei,
Soll ech schojn machn dus Geschäft, farwus'sche dus Geschrei?«

Sej hobn sich gehandelt a lange Zajt,
Der Kejnig hot zigegebn a Ranesch *(Goldtaler)*, der Jing war izt berajt!
Uf amul is gekimen di Mame zi lojfn:
»Aj waj geschrien, der Jing wet ersojfn!«
Is gekimen der Brider, die Schwester, die Kalle *(Braut)*,
Is gekimen die ganze Mischpoche *(Sippe)*, sen se gekimen alle.
Der Jing hot sech nit gelossen bewejgn,
Ihm is gewejn am Bechale sehr viel gelejgn.
Ünd er hot ojsgezojgn dus Klajd –
Die Damen senen gegangen a bissele ojf der Sajt –,
Hot er sech ojsgezojgn die Schtrimp ünd die Schuh,
Die Hojsn, die Gatkes *(Unterhosen)*, ünd dus Hemmet dazu,
Hot sech genemen zwej trefene Blasen *(gemeint: Schweinsblasen)*,
Ünd hot sech ojfgeschtellt ojf dem Rasen,
Ünd er hot gewollt machen dem gefährlichen Schprung –
Otedu is ihm eingefaln, wos er hot schojn längst gewißt,
Dus men hot sich kojdem naß zi machen die Brist.
Zi'erscht hot er probiert dus Wasser mitn grojßn Zeh.
Dus Wasser is aber gewejn asoj kalt, as er hot geschrien »Oj wej!«
Zweimul ünd dreimul hot er probiert –
Dus Wasser war zi kolt, dus hot ihn geniert!

Drouf hot er sich ungezojgn die Schtrimp ünd die Schuh
Ünd gejt itzert zim Kejnig zu:
»Verzejhn Sie, gnediger Herr Kejnig,
Die Temperatur is mir eppes zi wejnig!«

Dem Kejnig is gekimmen zim Wejnen schier:
War nischt kajn Bechale, ünd nischt kajn Plaisir!
Ünd wajl kaner hot woln folgen sajn Gesetz,
Hot er aher bringn lossn a Fischernetz.
Men hot ungehojbn nach dem Bechale zi fischen,
Dus Wasser hot asoj bagonnen zu zischen,
Es hot asoj gegorgelt ünd geschmorgelt –
Men hot dus Netz gezojgn ahin ünd aher,
Dus Bechale war nischt zi finden mehr!

Bruchstück einer andern Variante:

Wie hajßt »Taucher«? Wie hajßt »Rittersmann oder Knapp«?
Wie hajßt »zu tauchen in den schwarzen Schlünd«?
Wie hajßt »einen güldenen Becher warf jach hinab«?
Wie hajßt? Jach soll so sajn gesünd,
Wenn jach hob nit im Talmud gelesen,
Daß der grojße Taucher a Jüd is gewesen ...

›Die Bürgschaft‹ von Schiller

Zu Dionys, dem Mejlech *(König)*
Kimmt Damon zi gejn pomejlech *(gemütlich)*
Mit a scharf Schpießl in der Hand
Ünd chapt sich powoli *(langsam)* heran
Zim Mejlech, dem Tyrann
Ünd will ihm machn tojt baj ihm im Land!
Adu gibt der Kejnig a Geschraj:
»Oj, di Gaslen *(Bandit)*, schtej!
Wejmenem hossti gewollt tejtn mit dem Schpießl?«
»Ech hob gewollt machn frei
Die Stadt fin dan Tyrannei!«
Ünd git derzu a Doptsche *(Tritt)* mit dem Fiß!

»Oj, asoj hosste gewollt?
Tommer *(vielleicht)* werst di bald
Charute *(Reue)* bakimen oufm Schtrang!
Ůnd far dajn schlechten Plan
Wet dajn Schtrafe san:
Di west gich *(schnell)* gejn dem letztn Gang!«

»Ech bin zim Schterben gerejt,
Nor her mech un, wus ech bejt:
Nit, chulile *(Gott behüte!)*, di sollst mech lossn lejbn,
Nor gib'sche mir drei Tug Zejt,
Bis ech hob die Schwester Zippe
Gefiert zu der Chippe *(Traubaldachin)*!
Fir a Maschken *(Pfand)* will ech dir majn Chawer *(Freund)* geben!«
Du hot sech der Mejlech zelacht
Ůnd nit kan Sach getracht:
»Drei Tug wel ich dir schenken fir an Ojd!
Nor gedenk, di Chammer *(Esel)*, git,
Tommer *(vielleicht, falls)* kimmst di nit,
Wet dein Chawer hobn durch dech dem Tojd!«
Ůnd der Damon gejt zim Chawer zi,
Und sugt: »Her nor, di,
Wuss ech will du ousspekuliern:
Du sollst dem Mejlech unterschrajbn,
Fir a Maschken bei ihm zu blajbn,
Bis ech hob die Schwester Zippe
Gefirt zu der Chippe!«
Der Chawer is gewejn ajnverschtanden,
Ůnd sie gesegnen *(verabschieden)* sech git ind wojl ind fan *(fein)*,
Der Damon hebt un aweg zu schpanen *(marschieren)*,
Ůnd der Chawer gejt, nebbich, zim Tyrannen.

Wenn Damon hot die Schwester Zippe
Gefirt zu der Chippe,
Lojft er mit a grojßn Chesek *(Kraft, Anstrengung)* zurick,
Men sol ihm dort nit quälen,
Dem getrajen Chawer, ouf dem Schtrik!
Ůnd wie er lojft, werd es parne *(dunstig)*,
Der Himmel wert chmarne *(wolkig)*,
Ůnd a schtarker Regn rajßt aweg die Brick,
Ůnd er kenn nischt zim Chawer zirick!

Adu tracht er nit kan Sach *(= zögert er nicht)*,
Ünd schpringt araan in den Taach
Ünd bet: »Ribojne schel ojlem *(Herr der Welt)*, hob Rachmuness *(Erbarmen)*!«
Adu helft ehm Gott, errettet ehm fin dem Tojd,
Ünd er schwimmt durch dem Potek *(Fluß)* un Sekuness *(Gefahr)*!
Ünd er lojft ünd lojft
Ünd kimmt zi gejn in a Wold,
Do sejt er taki *(tatsächlich)* bold
Wi gaslunem *(Räuber)* lossn sich zu ihm gejn:
»Ech hob nor dus hojle *(bloße)* Lebn,
Ünd dus miss ech dem Kejnig gebn!«
Bet er sech baj sej mit a Gewejn.
Ünd dernuch chapt *(packt)* er a grojßn Stecken
Ünd hebt un sie bedecken
Ünd mackelt *(schlägt)* sie alle wie die Hind!
Oj, wie die Gaslunem sejn, es wird mieß,
Chapn *(packen)* sie ouf die Plejzes *(Rücken, Schultern)* die Fieß
Ünd wern schier poter *(poter werden = einbüßen)* fin ihrem Bind!
Ünd Damon lojft wajter,
Di Sin hejbt un zi brihn,
Ermattet senen sajne Glieder,
Ünd er zergejt schier far a nassn Trink!
Adu fallt er schojn aneben,
Do sejt er – ech soll asoj lebn! –
Wie Wasser fin a klejn Quellele rinnt!
Do git er zi a Schpring,
Ünd macht a gitn Trink
Ünd werd schojn wieder frisch ünd gesind!
Endlach kimmt Damon zi der Schtut.
Do hert er – es kuhlen sich neben dem Bud *(Planwagen)*,
Da raschen *(sich aufregen)* sech Jidn eppes mit a Vejlem
Adu wet men bold, a wojlen *(wohlgeratenen)* Jing, a Jold *(kesser Bursch)*,
Oufkloppn bajm Mejlech ouf a Zejlem *(Kreuz, Galgen)*!
Du stoppt sech Damon dorch die Rejlem:
»Adu hot ihr mech zurick!
Binds ehm up die Schtrick!
Er is far mech gewen an Urew *(Bürge)*!«
Wie der Mejlech tit dus hern,

Rinnen fun ehm die Trern *(Tränen)*.
Ünd er rift die Chawerim zi sich heran,
Is sej mechabed *(erweist ihnen Ehre)* mit Waan *(Wein)* ünd a wojlem, gitn Kiddesch *(hier: Schnaps)*,
Ünd dann sugt er zi sej:
»Asoj, wie ech farschtej,
Is die Fraindschaft nischt kan pisste Schigun *(bloßer Wahn)*!
Nu will ech ajch nischt mehr tejten,
Nor eppes wil ech ajch bejtn:
Nehmts mech ouch als a dritten un!«

Die verschiedenen jiddischen Idiome unterscheiden sich vor allem in den Vokalen voneinander. Das im nachfolgenden sehr alten Witz zitierte Westjiddisch ist seit hundert Jahren praktisch ausgestorben.

In der Mitte des 19. Jahrhunderts wird ein jüdischer Religionslehrer aus dem Fränkischen nach Posen berufen, wo man noch das Westjiddisch spricht. Er berichtet nach Hause: »Eine hochinteressante Sprache haben die Juden hier! Statt breit sagen sie braat, statt braten broten, statt Brot Braut, – und für Braut sagen sie Kalle!«

»Jankef, ich mecht' machen e Gedicht. Kannst du mir helfen? Ich such' e Reim auf Form.«

»Auf Form? Sehr einfach: Worm *(Wurm)*.«

»Fein. Und auf Schirm?«

»Auf Schirm? Würm.«

»Großartig. Jetzt fehlt mir noch ein Reim auf Turm.«

»Turm? Turm? Auf Turm weiß ich leider keinen Reim.«

Der Melamed *(Religionslehrer)* in Posen, der selber noch mit Jiddisch als Muttersprache aufgewachsen ist, möchte den Kindern, die meist frisch aus Polen kommen, außer Hebräisch ein wenig Deutsch beibringen.

»Ich habe bemerkt«, sagt er, »daß ihr ›mir‹ und ›mich‹ verwechselt. ›Mich‹ ist Einzahl, ›mir‹ ist Mehrzahl. Merkt euch das! Also zum Beispiel: Es tut *mich* leid; dagegen: *Mir* Jüdn sind ein geplagtes Volk.«

Westjiddisch Prost: Praust.

Ein Jude von Posen fährt nach Danzig und kommt durch Praust. Der Schaffner ruft schallend: »Praust!«

Der Jude, der gerade in der Nähe des Schaffners aus dem Abteilfenster lehnt, gerührt: »Höfliche Leut', die Deutschen! Ich hab' noch nicht einmal geniest – und schon rufen sie ›Praust‹!«

Ein Mitglied des jüdischen Gemeindevorstandes in Leipzig, zufällig japanischer Generalkonsul »honoris causa«, bedauerte bei einer Ansprache, daß so viele der in Leipzig ansässigen Juden aus Osteuropa noch immer nicht richtig deutsch zu sprechen gelernt hätten.

Darauf erwiderte ihm einer der Betroffenen: »Herr japonischer Generalkonsul, wenn Ihr wollt geredt japonisch asoj gut wie ich red deutsch, wollt Ihr gewe'n stark zufrieden!«

Auf einer Freilichtbühne bei New York wird Shakespeares ›As You Like It‹ gegeben. Nach dem ersten Akt erkundigt sich Frau Krakower bei der Kasse nach der nächsten Fahrgelegenheit. Der Angestellte gibt ihr Auskunft und fragt dann verwundert: »Wollen Sie sich das Stück nicht zuende ansehen?«

Darauf Frau Krakower: »Ach nein, wissen Sie, ich habe das Stück vor fünfzehn Jahren jiddisch gesehen; in der Übersetzung verliert es.«

Goje oder Gojete: verächtliche Bezeichnung für eine Nichtjüdin.
Rabinowitsch ist reich geworden und hat einen echten Goya – ›Portrait einer jungen Frau‹ – erworben. Stolz führt er seine Gäste vor das Bild.

Frau Rudermann studiert sorgfältig die Unterschrift auf dem Gemälde und meint dann indigniert: »Mußte es unbedingt eine Goje sein? Konnten Sie nicht ein nettes jüdisches Mädchen malen lassen?!«

Aus einer Traueranzeige in Chemnitz in den zwanziger Jahren:

... »und von uns gegangen ist unser teurer Kasriel Gelbart, *Materialist* (statt Materialwarenhändler) in ...«

Silberstein hat einen Poeten zum Diner eingeladen. Auf den Tisch kommen dem Gast zuliebe nur ganz exquisite Speisen. Nach dem Essen fragt Silberstein den Poeten: »Nu, Herr Doktor, wie hat Ihnen gefallen das Menü?«

Der Dichter, in poetischer Erregung: »Die ganze Speisenfolge – ein Gedicht! Jeder Gang – eine Strophe!«

Silberstein, aufgeregt: »Dieses Essen nennen Sie eine Strofe *(Strafe)*?! Das sag' ich sofort meiner Frau.«

Herr Friedmann kommt ins Geschäft und fragt den Buchhalter: »Wo ist der Commis?«

»Er ißt.«

»Schön, aber wo ist er?«

»Sie hören doch: Er ißt.«

»Zum Teufel, *wo* ist er denn?«

»Er tut essen.«

»Ach so! Warum reden Sie nicht deutsch?«

Talmudstudent: »Rebbe, wie sagt man? ›Der Tate *(Vater)* kimmt‹ oder ›der Tate gejt‹?«

»Beides falsch«, entscheidet der Rebbe, »es heißt ›der Tate kimmt zu gejn‹.«

Herschowitz, dessen Geschäfte schlecht gehen, will es zur Abwechslung mit Import von Südfrüchten versuchen und fährt zu diesem Zweck nach Rom.

»Nu – was haste erreicht?« will sein Freund wissen.

»Nichts. Die Konkurrenz ist zu groß«, klagt Herschowitz.

»Haste wenigstens das Kapitol gesehen?«

»Das Kapitol?!« ruft Herschowitz bitter aus, »nicht einen Heller!«

Goldblatt und Frau machen eine Bildungsreise nach Italien. Sie kommen nach Rom. Die Frau liest aus dem Reiseführer vor: »Auf des Kapitols Ruinen ...«

Goldblatt: »Hör auf zu jüdeln! Es heißt nicht Kapitol, sondern Kapital!«

»Hier steht aber Kapitol!«

»Zeig her! In der Tat! Das is e Druckfehler!«

Die Oper ›Faust‹ wird gegeben.

Herr Immerglück, entzückt zu seiner Frau: »Nu – was sagste zu der Musik?«

Frau Immerglück, nach einem Blick auf das Programm: »Kunststück! Goethe!«

Grünspan: »Was ist eigentlich ein Dichter?«

Wasserzug: »Nu – du kennst doch sicher auch welche. Etwa Goethe.«

Grünspan: »Nie gehört!«
Wasserzug: »Na – und Schiller?«
Grünspan: »Nein.«
Wasserzug: »Aber von Nathan dem Weisen von Ephraim Lessing wirst du doch schon gehört haben?«
Grünspan: »Wieso? Wer soll kennen alle Jiden?«

Jiddische Steigerung:
Klein – kleiner – heißt e Größ!
Groß – größer – e Kleinigkeit!

Jiddisch Tate: Vater.
Wie nennt man ein vaterloses Kind auf musikalisch?
Kantate *(kan Tate).*

Der Sohn ist aus Tarnow nach Wien ausgewandert und dort in ein großes Textilgeschäft als Commis eingetreten. Der Vater besucht ihn und kommt stolz zurück: »Mein Sohn ist in einer Firma! Also mindestens ein Dutzend Compagnons gibt es da, man kann sich die Namen gar nicht merken! Ich hab' sie mir aufgeschrieben, hört einmal zu!«

Er zieht einen Zettel aus der Tasche und liest – buchstabengetreu – vor:

»Modes, Ruches, Dentelles, Robes, Peluches, Laines, Etoffes, Pinkeles & Co.«

Ehepaar Karfunkel aus Posen macht eine Ferienreise. Mit der lebhaft schaukelnden Schwebebahn fahren sie einem Aussichtspunkt zu.

Frau Karfunkel schaut aus der Kabine in die Tiefe hinunter und flötet entzückt: »Prächtich! Prächtich!«

»Brech *du* dich, wenn dir schlecht ist!« sagt zornig der Gatte, »ich fühl' mich restlos wohl!«

Pätschen: ohrfeigen.
Gitel, eine bescheidene polnische Jüdin, lebt jetzt bei ihrem Sohn in New York. Die Enkelin, engagierte Frauenrechtlerin, versucht, die Großmutter von der Wichtigkeit der Frauenbefreiung, der Emanzipation, zu überzeugen. Dabei spricht sie das Wort englisch als »emanzipejschen« aus.

Gitel, empört: »Was sagst du da? Die Frauen sollen das Recht haben, e Mann zi *(zu)* pätschen?!«

Gitel, eine bescheidene Warschauer Jüdin, hat von ihrem Sohn aus New York einen Scheck erhalten und will ihn an der Bank einlösen.

»Gern«, sagt der Beamte, »aber Sie müssen den Scheck signieren.«

»Was heißt das?« fragt Gitel verwirrt.

»Sie müssen«, erklärt der Beamte geduldig, »auf der Rückseite genau so unterschreiben wie auf einem Brief.«

»Ich verstehe«, sagt Gitel und schreibt:

Tausend Küsse! Deine treue Gitel.

Jentes Sohn ist aus Warschau nach New York ausgewandert, hat dort geheiratet, ist zu Geld gekommen und hat jetzt seine Mutter zu sich geholt.

Die Mutter sitzt schüchtern im Zimmer. Die Katze klettert auf den Tisch.

»Husch«, sagt die Mutter leise. Die Katze bleibt sitzen.

Da kommt die Schwiegertochter, sieht die Katze auf dem Tisch und schreit wütend: »Get down!«

Die Katze flieht.

Darauf Jente, seufzend: »Ich wollte, ich könnte so gut englisch wie eine amerikanische Katze!«

Nach der Predigt geht Warschawski auf den Rabbi zu und sagt begeistert: »Ihre Predigten sind alle so herrlich! Sie sollten sie in einem Buch gesammelt herausgeben!«

»Höchstens postum«, wehrt der Rabbi bescheiden ab.

»Hoffentlich recht bald«, wünscht Warschawski herzlich.

Weißbart aus Tarnopol hat ein paar Jahre in Frankreich gelebt, hat gut verdient und kommt nach Tarnopol zurück. Seine Bekannten wundern sich über seine Erfolge und wollen wissen: »Weißbart, du kannst doch gar nicht französisch. Wie konntest du da in Frankreich das viele Geld machen?«

Weißbart erklärt: »Das war nicht weiter schwierig. Sooft ich einen gesehen hab', der so aussah wie ich, hab' ich ihn gefragt: ›Pouvez-vous français?‹ – Und wenn jener geantwortet hat: ›Je pouffe‹, mit dem hab' ich Geschäfte gemacht.«

Französisch Chat noir: Schwarze Katze.

Schmilowitsch kommt von einer Reise aus Paris zurück in sein Moldauer Städtchen. Die Nachbarn hören ihm atemlos zu, wie er die große Traumstadt beschreibt: »... und da gibt's noch eine Art Restaurant, wo auch Komödianten spielen und singen. Sehr teuer, aber sehr schön. Es heißt ›Schweig, du Neger!‹.«

»Wie sagst du, daß es heißt?«

»›Schweig, du Neger!‹«

»Unsinn! Wie kann ein Restaurant so heißen!?«

»Und ich sage euch, so heißt es! ›Schweig, du Neger!‹.«

»Möglich. Aber wie heißt es auf französisch?«

»Auf französisch? Auf französisch heißt es genau gleich! ›Scha *(still! pst!)*, noir!‹.«

Polnisch und jiddisch Katschka: Ente.
Hitlerzeit. Zwei jüdische Emigranten spazieren in Paris durch die (von vielen Juden bewohnte) Rue de Rivoli. Sagt der eine zum andern: »Jetzt hätt' ich Gusto auf e gebratene Katschke!«

»Ich auch«, sagt der andere nachdenklich, »ich weiß bloß nicht, was ›gebratene Katschke‹ auf französisch heißt!«

Also erstehen sie ein kleines Wörterbuch, studieren es lange, betreten schließlich ein kleines Restaurant und bestellen: »Un canard rôti!«

Ruft der Wirt in die Küche: »Joinele! Die Herren wollen e gebratene Katschke!«

Zu Purim *(Freudenfest zur Fasnachtszeit)* gab es beim Rabbiner ein feines Gastmahl, zu dem alle Kultusangestellten eingeladen waren. Der Rosch-Hakohel *(Gemeindevorsteher)* erhebt sich und toastet:

»Nach der Flut kommt die Ebbe,
Es lebe der Rebbe!«

Begeisterter Beifall.

Der Schammes *(Synagogendiener)* will auch einen poetischen Beitrag leisten, er erhebt sich ebenfalls und dichtet:

»Nach dem Essen kommt das Grebbezen *(Aufstoßen)*,
Es lebe die Rebbezen *(Rabbinerin)*!«

Baruch Stein ist in judaistischen Dingen ein totaler Ignorant, aber dennoch Mitglied des Schulrats für den jüdischen Religionsunterricht. In dieser Funktion wohnt er einmal einer Lektion bei.

Der Lehrer fragt: »Wer hat die Psalmen geschrieben?«

Moritzl, erschrocken: »Nicht ich! Bestimmt nicht!«

Baruch Stein mischt sich ein: »Sie können dem Jungen aufs

Wort glauben. Ich kenne seine Eltern, er stammt aus einer braven Familie!«

Der Klassenlehrer läßt Herrn Kohn zu sich kommen und sagt zu ihm: »Ihr Junge ist recht fleißig, er lernt auch alle mathematischen Lehrsätze tadellos auswendig – aber beweisen kann er keinen einzigen!«

»Herr Lehrer«, bittet Kohn, »wozu plagen Sie meinen Jungen und verlangen von ihm Beweise? Er lügt nie! Sie können ihm auch ohne Beweise glauben!«

Hotel in den Alpen.

»Nu, Herr Gerschfeld, warum machen Sie nicht mit die Bergpartie?«

»Bin ich meschugge? Der Wirt hat mir gesagt, der Berg hat zweitausend Füß'. Ich hab' nur zwei Füß'. Die Partie ist mir zu ungleich!«

Auf dem San-Marco-Platz in Venedig stehen auf zwei Säulen zwei in Stein gemeißelte Löwen.

Abeles kommt von einer Italienreise zurück und prahlt, daß er auch in Venedig war.

»Haben Sie auch die Löwen vom San Marco gesehen?«

»Was heißt gesehen!? Gefüttert hab' ich sie!«

Gesellschaft. Ein jüdischer Herr tritt auf einen andern zu und stellt sich vor: »Gestatten, mein Name ist Moses Platz.«

»Moses Platz?« grübelt der andere, »ich hab' schon was gehört von einem Marcus Platz in Venedig. Sind Sie mit ihm verwandt?«

Heringsdorf.

»Schau, Cheskiel, die Abendröte! Wie e rosa Seidenkleid, was sich der Himmel angezogen hat! Und unten e Spitzenvolant von Brandung ...«

»Nu, Sara, und der Posten Möwen da oben is Schund?«

Postamt Berlin.

Moische Geliebter: »Fräulein, ich möcht' ein Telegramm nach Przemysl aufgeben!«

»Bitte, buchstabieren Sie das!«

»Wenn ich es buchstabieren könnt', würd' ich nicht telegraphieren, sondern einen Brief aufgeben.«

Wie erobert man auf musikalisch eine Frau?

Man schenkt ihr einen *Strauß*, führt sie zum *Suppé* und überrascht sie mit einem *Rubinstein.*

Und wie wird man sie am besten los?

Man beginnt mit ihr *Händel*, führt sie zum *Bach*, und *Gluck*! ist sie weg!

Ginzburg hat ein Musikcafé eröffnet und ein ausgezeichnetes Unterhaltungsorchester engagiert. Nur auf den Trompeter ist er böse, weil der hin und wieder pausiert. Zornig stellt er ihn zur Rede.

»Aber Herr Ginzburg«, klärt ihn der Trompeter auf, »ich hab' doch an dieser Stelle ein ›tacet‹.«

Darauf Ginzburg, wütend: »Wenn Sie ham ein Tacet, dann bleiben Se gefälligst zu Haus und stecken Se mer nicht die andern Musiker an!«

»Herr Kohn, wie geht es Ihnen? Was macht Ihr Sohn?«

»Er ist nach Wien ausgewandert und e bekannter Dichter geworden.«

»Dichter? Was macht er da?«

»Verse.«

»Verse – was ist das?«

»Nu – ich will Ihnen geben e Beispiel. Wenn die Kuh aus dem Stall weggelaufen ist, wird e gewöhnliche Hausfrau zum Knecht sagen: ›Schabse! Die Kuh ist fort! Fang sie ein!‹ Mein Sohn aber wird es in einem Reim ausdrücken:

›Schabse –
Chapp *(fang!)* se!‹«

»Schön – und davon lebt er?!«

Vor dem deutsch-französischen Krieg im Jahr 1870 setzten viele Elsässer, da sie ja zu Frankreich gehörten, ihren Stolz darein, nur französisch zu parlieren. Auch Frau Rebekka Veilchenblum will nur noch französisch sprechen, zumal die einzige Tochter nach Paris geheiratet hat.

Eines Tages fährt die Mama nach Paris, um ihre Tochter dort zu besuchen. Nach ihrer Heimkehr beklagt sie sich bei ihrem Mann: »Stell dir vor, Pierre, sie ham mich alle for e Deutsche gehalten! Verstehste das?!«

»Nu, Rebekka«, meint der Mann, »das ist doch ganz einfach. Du wirst franzesisch geredt haben!«

Der alte Levy in Breslau: »Mei Sohn is geworden in Berlin e berihmter Mann, e Germanist ...«

Bloch: »Germanist – was ist das?«

Levy: »Nu – was wird es schon sein? Er bessert aus den Daitschen ihrene Sprach'.«

Sonnenfeld: »Sag mal, was ist das eigentlich: Die Relativitätstheorie von Einstein?«

Tulpenthal: »Das weißt du nicht? Ich will es dir erklären. Also wenn de auf'm Schoß von e jungem Mädchen sitzt, scheint dir eine Stunde wie eine Minute. Wenn de aber auf einem glühenden Ofen sitzt, scheint dir eine Minute wie e Stunde!«

Sonnenfeld: »Gott über die Welt! Und das hat der Einstein ausprobiert?!«

Korngelb, reich geworden, läßt seinem Sohn Klavierunterricht geben. Vom Nebenzimmer aus hört er zu.

Plötzlich kommt er außer sich vor Zorn ins Musikzimmer hereingestürzt und schreit den Klavierlehrer an: »Ich hab' Sie engagiert, damit Sie mei Sohn das Klavierspielen beibringen – und Sie wagen es, mit ihm statt dessen Karten zu spielen?«

»Aber wie kommen Sie auf die Idee?« fragt der Klavierlehrer erstaunt.

»Ich hab' ganz deutlich gehört, wie Sie zu meinem Sohn gesagt haben: ›Jetzt spielst du das As‹!«

Moritz kommt im Physikunterricht nicht recht mit und erhält daher Privatunterricht bei seinem Mitschüler Isaak Blum. Dieser erklärt ihm genau das Wesen des Vogelflugs. Da fliegt eine Taube am Fenster vorbei.

Blum schaut ihr nach und sagt streng: »Diese Taube fliegt falsch!«

Moritzl besucht die Lateinschule.

An einem Freitag abend, zu Beginn des Festmahls, als ihm die Mutter eben ein Stück gesülzten Hecht auf den Teller gelegt hat, beginnt er plötzlich zu murmeln: »Panis – piscis – crinis – finis.«

»Moritzl«, fragt der Vater verwundert, »was soll das heißen?«

Darauf Moritzl: »Nu – ganz einfach! Panis – das Abendessen, piscis – der Fisch, crinis – das Haar, das ich drin gefunden hab', finis – ich hör' auf zu essen.«

Frau Löwenthals Söhne besuchen alle das humanistische Gymnasium. Die Mama schnappt mitunter ein klassisches Zitat auf.

Eines Tages erzählt sie ihrem Mann: »Weißte, Benno, die Rosa Freudenthal hat mir vorgeprahlt, ihr Mann habe ihr neulich aus Paris ein Kleid von Worth für 5 000 Francs mitgebracht. Da hab' ich mir gedacht: Hic Rhodus – hic salta! *(Hier ist der Rhodus, hier spring!)* – hier zerspring! Und hab' zu ihr gesagt: Und mein Mann hat mir mitgebracht aus Wien e Solitär für 10 000 Gulden!«

Feiwusch kommt mit seiner jungen Frau von der Hochzeitsreise zurück und lädt seinen Freund Bloch zum Kaffee ein. Er macht ihn eigens auf die in der Tat wunderhübschen Mokkatäßchen aufmerksam.

Bloch dreht sein Täßchen hin und her und ruft plötzlich aus: »Aber Feiwusch, du hast das Geschirr gestohlen! Hier ist doch aufgedruckt ›Hotel Majestic‹!«

»Was redstu da!« wehrt Feiwusch entrüstet ab, »es ist ehrlich erworben! Ich kann dir die Quittung zeigen. Auf der Rechnung steht wörtlich drauf ›Service 3 Mark. Betrag dankend erhalten. Hotel Majestic‹!«

Drei Herren im Zug nach Marienbad. Sie unterhalten sich ein wenig.

»Ich bin Antisemit. Und Sie?«

»Ich bin Semit.«

»Aha. Und Sie?«

»Ich bin mied.«

»Ich hab' nicht gefragt, was Sie sind, sondern wie Sie gesinnt sind.«

»Was haißt gesind! Wenn ich wär' gesind, für was müßt' ich fahren nach Marienbad?«

Soirée bei Tulpenblatt. Man spielt Charade. Die Herren Doktoren Schiffer und Kahn müssen sich mitten ins Zimmer stellen, alle anderen Herren und Damen müssen sich um die beiden herum gruppieren und den Mund weit aufreißen.

»Was ist das?« fragt Tulpenblatt, der das Bild arrangiert hat.

Man rätselt hin und her – niemand findet die Lösung.

Endlich läßt Tulpenblatt sich erweichen und erklärt: »Das ist Heine: Ich glaube, die Wellen verschlingen / Am Ende Schiffer und Kahn.«

Börsianer Eidotter gibt in seinem Haus ein Maskenfest. Als Leitmotiv für die Kostüme schreibt er vor: sie müssen alle etwas mit der Börse zu tun haben.

Das Fest läßt sich großartig an. Alle haben sich etwas Witziges ausgedacht, um Spekulationen, Aktiengesellschaften oder sonst etwas aus dem Börsenbereich zu karikieren.

Da kommt Sally Federkiel herein – verkleidet als Napoleon I.

Alle wundern sich: »Sally, was hat denn Napoleon mit der Börse zu tun?«

»Nu, sehr einfach«, erklärt Sally: »Korse *(Kurse)*!«

Der junge Schönfeld will unbedingt die Kunstakademie besuchen. Der Vater, erfolgreicher Börsenspekulant, hat profunde Bedenken gegen die unsichere Karriere eines Malers. Offenbar hat er mit seinen Einwänden auch tatsächlich recht, denn der Sohn absolviert zwar die Akademie, ist aber mit achtunddreißig Jahren noch ein völlig unbekannter Maler. Der Papa hat sich inzwischen gründlich in die kunsthistorische Literatur vertieft.

Eines Tages meint er: »Weißte, Salo, am besten gibste die Malerei wieder auf. Wenn ich seh', was andere Maler schon ganz jung geleistet haben! Raffael war in deinem Alter sogar schon ein volles Jahr tot!«

Blaustein ist reich und fein geworden und läßt seinem kleinen Sohn Violinunterricht geben. Nach einiger Zeit erkundigt er sich beim Lehrer, ob der Junge Fortschritte macht.

»Er spielt nicht schlecht«, berichtet der Lehrer, »aber er hält den Takt nie ein. Statt Viertelnoten spielt er Achtel!«

»Nu«, sagt der alte Blaustein zufrieden, »das ist doch gut! Wenn er kann auskommen mit einem Achtel – warum soll er nehmen ein Viertel?«

Im Kunstpalais ist ein großmächtiges neues Gemälde ausgestellt mit dem Titel ›Das Urteil des Paris‹.

Blau zu Grün: »Kennen Sie schon ›Das Urteil des Paris‹?«

Grün: »Urteil des Paris? Nie von ihm gehört. Wieviel Jahre hat er denn gekriegt?«

Buchhändler: »Nu, was suchen Sie so lange herum, Herr Rabinowitsch? Kaufen Sie doch diese hochinteressante Biographie von Thomas Mann!«

»Wieso? Wodurch war denn Frau Thoma so berühmt, daß ich die Biographie ihres Mannes kaufen soll?«

»Mei Sohn, der Student, is so gescheit! Letzte Woche hat er gemacht e große Abhandlung!«

»Gratuliere! Wieviel hat er abgehandelt?«

Kirschkern in Breslau hat den Sohn seines Pariser Geschäftsfreundes Maçon bei sich angestellt, nennt ihn aber, da er kein Französisch kann, dauernd ›Makon‹.

Eines Tages sucht er nach ihm, findet ihn nicht und fragt seinen Buchhalter: »Wo ist denn der Makon?«

»Masson«, korrigiert dieser, »er hat eine Cédille am c!«

Am andern Tag ist Maçon wieder da.

Kirschkern fragt ihn freundlich: »Nu, sind Sie wieder ganz gesund?«

»Ich war nicht krank«, erklärt Maçon, »meine Mama aus Paris war da, und ich hab' sie ausgeführt.«

»Ausgeführt?« wundert sich Kirschkern, »wie konnten Sie herumlaufen mit Ihrer Cédille am Zeh!«

Silberstein, reich geworden, geht zum bekanntesten Modemaler der Stadt, um sich Bilder für seine neue Villa auszusuchen. Vor einem der Gemälde bleibt er stehen: »Was stellt das dar?«

»Die zwölf Söhne Jakobs.«

»Hat nicht auch Reichstein von Ihnen ein Bild mit zwölf Söhnen Jakobs?«

»Ja.«

»Für mich malen Sie vierzehn Söhne!«

Brünn 1912. Herr Ornstein führt seine Gäste durch sein neues, mit allem Luxus eingerichtetes Haus und kommentiert: »Den Spiegel, sehn Se, echt Venedig, hob ich gekoift for 500 Kronen. Der Sessel hier, echt antik, hot mich gekostet 1200. For den Teppich, wo Sie darauf stehn, e Prachtstück, mußt ich bezohlen fufzehn und e halbes Tausend ...«

Einer der Gäste flüstert seinem Nachbarn angewidert zu: »Parvenu!«

Ornstein dreht sich entrüstet zu dem Gast um: »Nix barveni *(tschechisch: gefärbt)*, is sich alles echt!«

Freudenheim, reich geworden, kommt zum Antiquar und wünscht Ziergegenstände für seine Wohnung.

»Ich hätt' Ihnen was besonders Kostbares«, sagt der Antiquar, »diese schöne Vase hier ist volle dreitausend Jahre alt!«

Darauf Freudenheim, zornig: »Mich wollen Sie für dumm verkaufen?! Wie kann die Vase dreitausend Jahre alt sein, wenn wir doch erst 1925 schreiben!«

Schloimes Sohn, bildungsbeflissen, hat ein juristisches Kompendium erstanden und brütet über den schwer verständlichen Texten.

»Tate«, fragt er, »was mag das wohl sein: Eheirrung?«

»Nu – was wird's schon sein?« meint der Alte, »ich denke, wenn man sich geirrt hat in der Höhe der Mitgift.«

Pulvermachers Sohn studiert in Tschernowitz. Während der Ferien kommt er zu seinen Eltern nach Kolomea.

»Was studierst du eigentlich?« will der alte Pulvermacher wissen.

»Philosophie«, sagt der Sohn, »wir behandeln jetzt die Sophistik.«

»Was ist denn das?« wundert sich der Alte.

»Nu«, erklärt der Junge, »ich kann dir zum Beispiel beweisen, daß du gar nicht hier in Kolomea bist, sondern anderswo.«

»Na, beweis mal!«

»Also paß auf: Biste in Lemberg oder anderswo?«

»Natürlich anderswo.«

»Na also«, triumphiert der Junge, »wenn de bist anderswo, dann biste nicht in Kolomea!«

Der Alte denkt eine Weile nach. Dann versetzt er dem Studenten plötzlich eine Ohrfeige.

»Aj waj!« schreit der Student, »was schlägst du mich?«

»Ich dich schlagen«, fragt der Alte zurück, »was redest du da! Ich bin doch gar nicht hier!«

»Moische, du bist doch e aufgeklärter und gebildeter Mann. Kannst du mir erklären, was das ist: Philosophie?«

»Philosophie ist, wenn einer in einem dunkeln Zimmer e Vögele zu fangen versucht.«

»Und Theologie?«

»Das gleiche. Nur ruft er noch: Ich hab' es!«

Das war in den siebziger Jahren des 19. Jahrhunderts. Kommerzienrat Rosenblum aus Krotoschin hat in Berlin den Kronorden verliehen bekommen.

Als er wieder in Krotoschin ist, erzählt er begeistert: »Ihr könnt euch gar nicht vorstellen, was für Aufsehen mein Orden in Berlin erregt hat! Wie ich an der Neuen Wache vorbeikomme, sieht mich der Posten, schreit sofort ›Garde raus!‹, und die Soldaten kommen aus der Wache herausgestürzt und präsentieren vor mir das Gewehr, bis ich an ihnen vorbei bin ...«

Der Neffe, mißtrauisch: »Das kann doch unmöglich stimmen, Onkel!«

»Nicht stimmen?« ruft der Onkel empört aus. »Ich habe einen Zeugen! Ihr braucht euch nur beim alten General Wrangel zu erkundigen, der ist auch gerade an der Wache vorbeigegangen und hat alles gesehen!«

Ein deutscher Jude kommt zu seinem Vetter nach Polen und erzählt ihm, wie er bei Metz mitgekämpft hat und wie sich zuletzt die hundertachtzigtausend Franzosen nach hartnäckiger Belagerung alle übergeben haben.

»Alle hundertachtzigtausend Mann?« fragt der Hausherr verwundert, »woran haben sie sich denn alle den Magen verdorben?«

»Hör Sara, unser Siegfried will unbedingt zur Kavallerie.«

»Der arme Junge! Er hat doch rein gar nichts Martialisches!«

»Nu – Säbelbeine hat er immerhin.«

Wien 1970. Lipschitz, längst amerikanischer Bürger, betritt ein Schmuckgeschäft, deutet auf eine teure Goldkette und fragt mit betont amerikanischem Akzent: »Uas kostet das?«

»Fünftausend Schilling«, antwortet der Juwelier.

»Ou«, antwortet Lipschitz, »und uiviel in mein Money?«

Der Juwelier mustert ihn von oben bis unten und meint: »Ja, so genau weiß ich das nicht. Ich vermute: Gegen 50000 Zloty.«

Maimonides: spanisch-jüdischer Arzt und Philosoph im 13. Jahrhundert.

Suppengrün ist reich geworden und möchte jetzt seine Wohnung mit echten Antiquitäten verzieren. Er kommt zum Antiquitätengeschäft seines Glaubensgenossen Levy: »Herr Levy, ich mecht' für meine neue Villa von Ihnen etwas ganz Besonderes!«

»Hab' ich, Herr Suppengrün, hab' ich! Sehn Sie die Uhr hier? Die größte Seltenheit der Welt! Nach ihr hat sich Maimonides gerichtet, wenn er seinen Kranken den Puls gezählt hat, sie hat er mitgebracht von seiner Reise nach Amerika ...«

Suppengrün wundert sich: »Was reden Sie da! Zur Zeit von Maimonides hat man doch noch gar nichts von Amerika gewußt!«

Levy, ungerührt: »Nu eben, was hab' ich gesagt? Eben deshalb is die Uhr so e seltenes Stück!«

Karfunkel kommt zum ersten Mal nach New York, schaut auf die imposante Sky-Line und meint: »Kunststück von Kolumbus, Amerika zu entdecken, bei die hohen Häuser!«

Oper. Frau Wasserglas schwärmt: »Wie schön der Tenor singt!«

Herr Wasserglas ungerührt: »Nu – wenn schon! Wenn ich mecht' haben seine Stimme, mecht' ich auch so schen singen!«

Salmen ist aus dem Provinznest zu einem Geschäftsaufenthalt nach Posen gekommen und will sich für den Abend eine Theaterkarte besorgen. Über dem Theatereingang hängt ein großes Plakat: ›Hamlet oder der Prinz von Dänemark‹.

»Komische Leute«, wundert sich Salmen, »am Vormittag wissen sie immer noch nicht, was sie am Abend spielen wollen!«

Fleckeles löst an der Theaterkasse ein Billett für Goldmarks Oper ›Die Königin von Saba‹.

»Zwei Mark«, verlangt das Fräulein.

Darauf Fleckeles, begeistert: »E billiges Vergnügen! For zwei Silbermark vier volle Akte Goldmark!«

Der junge Abeles: »Tate, gib mir e Mark! Ich mecht' heut Abend ausgehen und mich vergnügen!«

»Und dazu brauchst du e Mark!? Ich wer' dir geben e bessern Rat! Geh in dein ungeheiztes Schlafzimmer, leg dich ins Bett und streck e Fuß in die eiskalte Luft heraus, bis du es nicht mehr aushältst. Dann zieh den Fuß schnell unter die warme Decke – wirste sehen, das is e Vergnügen!«

Der Papa: »Schau, Moritzl, das da oben ist der Abendstern.«

»Auch e Jud?«

»Wie kommst du auf so einen Blödsinn?«

»Gestern hat die Mame gesagt, der Morgenstern, der is e Jud'.«

Rosenbaum, Analphabet aus Kolomea, signiert seine Wechsel mit einem Kreuz. Plötzlich unterzeichnet er mit einem Kreis.

»Was ist los?« fragt Grünfeld verwundert.

»Ich habe meinen Namen geändert«, erklärt Rosenbaum, »ich heiße jetzt Rosen.«

Vor dem Ersten Weltkrieg gab es in Ungarn eine große »Magyarisierungswelle«: Die Behörden sahen es gern, wenn die Bürger ihre deutsch klingenden Namen gegen ungarische eintauschten. Juden, denen die altösterreichischen Behörden lächerliche Namen angehängt hatten (Pulverbestandteil, Gesäßgezwitscher etc.), benutzten die Gelegenheit natürlich besonders eifrig, sich einen wohlklingenden magyarischen Namen zuzulegen.

Der alte Kornblum kommt nach Budapest auf Besuch zu seinem Sohn, der sich inzwischen aus einem Feiwel Kornblum in einen Ferenc Kertesz verwandelt hat. Der Sohn stellt ihm seine Freunde vor – alles Juden, und alle haben sie eine ähnliche Namensmetamorphose durchgemacht.

Dann zeigt er dem alten Herrn die Stadt und führt ihn vor das Denkmal des ungarischen Nationaldichters.

»Das ist Alexander Petöfy«, erklärt er.

»Petöfy ... Petöfy ...« murmelt der alte Kornblum. »Und wie hat er früher geheißen?«

Paradies. Eva zu Adam: »Du, die Schlange hat versprochen, sie werde unser Agent werden und unsere Lebensgeschichte als Buch herausbringen!«

In der Philosophenschule von Alexandria sitzen zweie einander gegenüber.

Sagt der eine: »Panta rhei!« *(Alles fließt)*

Der andere: »No – na!«

Frau Pollak von Parnegg

Die Gattin des getauften und geadelten Wiener Industriellen Pollak von Parnegg war berühmt durch die vorwiegend obszönen Witze, die sie am laufenden Band durch ihre besondere Art von Bildungslücken unabsichtlich erzeugte. Beim Einmarsch Hitlers stürzte sie sich aus dem Fenster. – Das deutsche U wird in vielen jiddischen Wörtern als Ü oder I gesprochen.

Frau Pollak von Parnegg: »Baron, Sie machen sich keine Vorstellung, was wir haben gegeben gestern für ein Menu *(das u wie im Deutschen als u gesprochen)* ...«

Baron Schönfeld, höflich korrigierend: »... nü!«

Frau Pollak: »Wie haißt ›nü‹?! Zuerst gab es Kaviar und Austern, dann Spargel und Hummer, dann Ente mit Orangen, zuletzt Fürst-Pückler-Eis ... Also ich sage Ihnen, ein Menu *(wieder mit deutschem u gesprochen)*!«

Der Baron: »... nü!«

Frau Pollak entrüstet: »Nü!? Ist Ihnen das noch nicht genug?«

Der Vortragende: »... und dann plötzlich ...«

Frau Pollak von Parnegg, flüsternd zu ihrer Nachbarin: »Meint er ›pletzlech‹ wie ›bereits‹ oder ›Pletzlech‹ wie ›süße Kichelchen‹?«

Es fällt das Wort »Brot«.

Frau Pollak: »Meint er ›Brout‹, was man bricht täglich, oder ›Brout‹, was man tätschelt?«

Bad Ischl. Frau Pollak von Parnegg kommt im feschen Dirndlkleid daher, trifft einen Bekannten und fragt kokett: »Na, wie gefall' ich Ihnen im Dirnenkleid?«

Frau Pollak von Parnegg: »Meine Tochter liebt immer nur platonisch: sie nimmt kan Geld.«

Frau Pollak von Parnegg stellt dem Grafen Hohenbalken ihre Kinder vor: »Mein Sohn Siegfried von Pollak, Klothilde von Pollak, Norbert von Pollak, und dies hier ist die kleine Elisabeth.«

»Sie ist nicht vom Pollak?« fragt von Hohenbalken interessiert.

Frau Rosenthal in Wien hat ein neues, herrliches Tafelservice angeschafft. Frau von Pollak besieht sich die Teller sachkundig und interessiert, schaut auch auf den Stempel auf der Unterseite der Teller: sie sind echtes Rosenthal!

Als nach ein paar Monaten Gäste bei Frau Pollak eingeladen sind, hat sie ebenfalls ein neues Porzellanservice.

Sie dreht den Teller um, zeigt stolz ihrer Nachbarin den Namenszug »Pollak von Parnegg« und sagt hochmütig: »Was die Rosenthal kann, kann ich schon lang!«

Tristanaufführung. Alles lauscht mit angehaltenem Atem der Stelle: »O sink hernieder, Nacht der Liebe!«

Da erschallt deutlich hörbar aus Frau von Pollaks Loge: »Auf die Weis ist nebbich der arme Sami um sei ganz Vermegen gekommen!«

Frau Pollak von Parnegg kommt in einem herrlichen, seidenglänzenden Karakulpelz daher. Alle machen ihr Komplimente.

»Nu ja«, sagt sie stolz, »es ist eben ein echter Perversianer.«

Skis oder Skűs: höchste Karte im Tarockspiel. – Schnapsen: Österreichisch für ›Sechsundsechzig spielen‹.

Weihnachten verbrachte Frau von Pollak auf dem Semmering. Als sie eines Abends mit einem Bekannten Sechsundsechzig spielt, gesellt sich ein Kiebitz dazu, der sie fragt: »Haben Sie Schi mitgenommen, Gnädigste?«

Worauf Frau von Pollak: »No na! Barfuß wer' ich im Schnee herumrennen!« *(Mißverständnis Schi = Schuh, jiddisch ausgesprochen)*

Hierauf er wieder: »Ich meine, ob Sie Ski's haben?«

Und sie: »Wieso? Sie sehn doch, daß mer schnapsen!« *(Mißverständnis Ski's = Skis)*

Der Kiebitz gibt noch nicht auf und beginnt wieder: »Verzeihung, Gnädigste, aber ich wollte nur wissen, ob Sie Schi's haben?«

Wonach sie, ihn indigniert anblickend: »Schiß?! Wovor?«

Als die neue Villa fertig eingerichtet ist, lädt Frau von Pollak Gäste zur Besichtigung ein. Sie führt sie durch alle Zimmer und erklärt: »Wie Sie sehen, meine Herrschaften, ist hier alles mit Seidenbrokat überzogen. Nur im Schlafzimmer habe ich einen Kretin.«

Als sie mit den Gästen in den Garten geht, dreht sie sich am Fuß der Freitreppe um, weist mit großartiger Geste hinauf und spricht: »Und hier, meine Herrschaften, sehen Sie über dem Portal die verschlungenen Genitalien meines Mannes.«

Herr von Pollak hatte die Gewohnheit, sich mit der einen Hand an der Wand abzustützen, wenn er des nachts mit der andern unter dem Bett nach dem Nachttopf angelte. So entstand an der Tapete allmählich ein Fleck.

Frau von Pollak ließ den Tapezierer kommen, führte ihn ins Schlafzimmer und sprach dabei: »So, lieber Mann, ich will Ihnen den Fleck zeigen, auf den mein Mann nachts immer hingreift.«

Der alte Tapezierer verlegen: »San S' net bes, Gnädigste, oba schaun S', i bin scho a ojda Mau! Bitt schen, schenkn S' ma lieber a Zigarrl!«

Frau Pollak von Parnegg kommt von einem Damentee nach Hause und erzählt: »Die Frau Taussig sagt, ihr Mann ist impotent geworden. (Aufgeregt und neidisch:) Sag mir, ist das mehr als kaiserlicher Rat?«

Frau Pollak von Parnegg wird immer dicker. Sogar ihr äußerst toleranter Gemahl beginnt Anstoß daran zu nehmen. Frau Pollak geht zum Arzt. Der hört sich ihre Geschichte an und meint: »Also ich tät' sagen, Frau Baronin, schränken Sie Ihre Mahlzeiten auf ein Minimum ein und wir werden die Sache schon hinkriegen!«

Frau Pollak: »Aber Herr Doktor, ich kastrier mich doch schon seit drei Monaten!«

Arzt: »Aber Frau Baronin, Sie meinen doch sicher ›kasteien‹?«

Frau Pollak: »Herr Doktor, Kastein is doch e Kurort in Salzburg!«

Das Dienstmädchen meldet: »Frau von Pollak, ein Bettler ist hier, er sagt, daß er vor Hunger beinahe stirbt.«

»Geben Sie ihm ein Stück Butterbrot!«

»Er behauptet aber, er stamme aus guter Familie und habe einst bessere Tage erlebt!«

Frau Pollak, großmütig: »Dann geben Sie ihm eine Serviette dazu!«

Bei Frau Pollak von Parnegg.

»Frau Baronin, wir sammeln für die freiwillige Feuerwehr. Wollen Sie uns nicht auch etwas spenden?«

Frau von Pollak, würdevoll: »Aber natürlich!« – indem sie sich dem Diener zudreht: »Johann! Bringen Sie sofort einen Eimer Wasser!«

Herr von Pollak ist aus dem Geschäft erst sehr spät heimgekommen. Als Herr und Frau Pollak ins Konzert kommen, hat es schon angefangen und der Logenschließer will sie erst in der nächsten Pause hineinlassen.

Frau von Pollak: »Was spielt man denn jetzt gerade?«

Logenschließer: »Die Neunte Symphonie.«

Frau von Pollak, streng zu ihrem Gatten: »Siehst du! Wegen deiner Bummelei haben wir schon acht verpaßt!«

Frau von Pollak in Venedig. Sie hat sich in der Toilette eingeschlossen – als sie wieder hinaus will, klemmt der Riegel, und sie kann nicht aufmachen. Verzweifelt trommelt sie an die Türe und schreit: »Hallo! Hallo! Ouverture Rigoletto!«

Bei einer Einladung sieht Frau Pollak von Parnegg, wie ein Gast, der Rotwein aufs Tischtuch vergossen hat, schnell Salz darüber schüttet.

Kurz darauf gibt sie selber eine Einladung. Ein Gast stößt durch eine ungeschickte Bewegung das Salzgefäß um. Frau Pollak, indem sie den Diener heranruft: »Johann, schütten Sie auf der Stelle Rotwein darüber!«

Freundin zu Frau von Pollak: »Ich habe zu Hause an der Wand lauter Kokoschkas!«

Frau von Pollak: »Pfui! Warum lassen Sie den Kammerjäger nicht kommen?«

Dem berühmten Philosophen und Dichter Abraham ibn Esra (Spanien 1092–1167) erzählten die Freunde einmal, daß viele Menschen ihn lobten.

»Ihr sagt, daß viele mich loben?« fragte er beunruhigt, »was habe ich denn Dummes getan?«

Der berühmte Rabbi Moses Isserles (16. Jahrhundert in Krakau) verlor in jungen Jahren seine Frau. An ihrem Grab hielt er eine tief durchdachte, allgemein bewunderte Trauerrede.

Hierauf bewarb er sich bei seinem Schwiegervater, Rabbi Schachna von Krakau, um die jüngere Schwester seiner Frau.

Der aber meinte: »Du gefällst mir nicht als Schwiegersohn. Einem Mann, der die Kraft hat, auf seine Frau einen so schön gebauten Nachruf zu halten, hat es an Liebe zu ihr gefehlt.«

Für den nachfolgenden Witz muß man wissen, daß die ersten chassidischen Wunderrabbis – vom Volk auch Zaddikim (die Gerechten oder Heiligen) oder »gite jidn« (gute Juden) genannt – in großer Armut lebten, die späteren sich aber mit Luxus umgaben und große Geldgeschenke entgegennahmen und daß die chassidische Bewegung, die von der Ukraine ausging, in Litauen nie Fuß gefaßt hat.

Leon Brodsky, der reiche Zuckerfabrikant aus Kiew, lernte während eines Kuraufenthalts in Karlsbad den berühmten Rabbi Israel aus Salant (in Litauen) kennen. Als sie sich trennten, wollte Brodsky dem Rabbi einen Hundert-Rubelschein übergeben.

»Wofür das?« fragte der Rabbi verwundert.

Brodsky, der mit der chassidischen Bewegung sympathisierte, erwiderte: »Bei uns Chassidim ist es üblich, wenn wir einen ›guten Juden‹ besuchen, ihm ein Geldgeschenk zu überreichen.«

»Merkwürdig«, meinte der litauische Rabbi, »in Weißrußland nennt man also einen ›guten Juden‹ den, der Geld *nimmt*. Bei uns in Litauen sprechen wir von einem guten Juden nur bei einem, der Geld *gibt*.«

Einmal saßen die Anhänger des chassidischen Rabbi Simcha Bunam von Parsischa im Gespräch um ihren Meister versammelt.

»Rabbi«, fragte einer der Jünger, »woran erkennt man einen echten Chassiden?«

»Vielleicht daran«, schlug ein anderer vor, »daß der betreffende mehr tut als verlangt wird?«

Rabbi Bunam schüttelte den Kopf.

»Wenn es so wäre«, meinte er, »dann wärt ihr alle nicht nur echte Chassidim, sondern sogar Heilige. Denn das mosaische Gesetz fordert ›Tu deinem Nächsten nichts Böses an‹, ihr aber tut sogar euch selbst Böses an!«

Rabbi Simcha Bunam von Parsischa sagte einmal: »Ihr solltet euch den Dieb zum Vorbild nehmen. Der Dieb hat drei nachahmenswerte Eigenschaften.

Erstens: Er ist nicht faul und tut seine Arbeit bei jedem Wetter und trotz jeder Schwierigkeit.

Zweitens: Mißlingt es, so fängt er wieder von vorne an.

Und drittens: Er strengt sich für große und kleine Dinge genau gleich an.

Im Dienst an Gott sollte sich der fromme Jude wie der Dieb verhalten.«

Der große chassidische Rabbi Israel Salanter pflegte in seinem Städtchen das Backen der Mazze, des ungesäuerten Brotes für Pessach *(Ostern)*, immer persönlich zu überwachen. Einmal war er aber gerade vor Pessach krank, und ein Schüler sollte ihn vertreten.

»Rabbi«, fragte der Schüler, »worauf muß ich besonders scharf achten?«

»Vor allem darauf«, sagte der Rabbi mit schwacher Stimme, »daß du nicht zu barsch mit dem Mazzebäcker sprichst. Er ist ein armer Witwer.«

Der Zaddik *(chassidischer Wunderrabbi)* Jizchak von Lublin, genannt »der Seher«, sagte einmal: »Ich halte mehr von einem Bösewicht, der weiß, daß er ein Bösewicht ist, als von einem Frommen, der weiß, daß er ein Frommer ist.«

Zum berühmten Rabbi Josef Babad kam bitter weinend eine christliche Bäuerin. Sie hatte im Haus einer Jüdin ihren Geldbeutel liegen lassen, und die Jüdin leugnete es! Die Jüdin leugnete es auch dem Rabbi gegenüber.

Dieser dachte nach und entschied dann: »Da für keine der

beiden Behauptungen ein Beweis vorliegt, muß der Schaden geteilt werden. Die Jüdin soll also der Bäuerin die Hälfte des verschwundenen Betrags ersetzen.«

Nach einigem Zögern erklärte die Jüdin sich einverstanden.

»Aber gib acht«, raunte der Rabbi ihr zu, »daß du nicht mit den Geldscheinen aus dem Beutel der Bäuerin zahlst!«

»So klug bin ich auch«, antwortete die Jüdin lächelnd.

»Damit«, erklärte der Rabbi, »ist der Fall entschieden: Du zahlst das Ganze.«

Den sehr skeptischen berühmten Preßburger Oberrabbiner Mose Schreiber besuchten einmal etliche schwärmerische Chassidim. Sie lobten ihren Wunderrabbi über alles, und einer erzählte von ihm: »Er ist wie ein Engel. Wenn er mit uns zusammen speist, berührt er die Gerichte kaum. Und zum Beten zieht er sich ins einsame Stübchen zurück ...«

Darauf Rabbi Schreiber, mißtrauisch: »Wenn einer statt in der Gemeinschaft im Stübchen allein betet, kann er sich dort auch allein sattessen.«

Der jiddische Schriftsteller Lunezki war in einer rein chassidischen Kleinstadt aufgewachsen, haßte den Chassidismus, den er als finster und abergläubisch empfand, und hatte aufklärerische Neigungen.

Sein Vater, Anhänger des chassidischen ortsansässigen Wunderrabbi, beriet sich mit diesem, was gegen die Haskala-Neigungen *(Haskala = Aufklärung)* seines Sohnes zu tun sei.

Der Rabbi riet: »Du mußt in der Mikwe *(rituelles Tauchbad)* untertauchen und dabei skandieren: Teufel! Weich von meinem Sohn!«

Als der Vater dem Sohn erfreut das Rezept des Rabbi mitteilte, meinte dieser: »Es wird zweckmäßiger sein, wenn ich selbst untertauche und dabei skandiere: Wahnsinn, weich von meinem Vater!«

Rabbi Itsche Charif von Slonim und Rabbi Jossel Schlupes, sein Schwiegersohn, lösten sich bei den Rabbinatsaufgaben im Städtchen gegenseitig ab.

Eines Tages fragte der Schwiegersohn nachdenklich: »Wer von uns beiden ist eigentlich das wirkliche Oberhaupt der Gemeinde?«

»Das kannst du leicht herausbekommen«, meinte der Schwiegervater, »horch bei den Leuten herum – wen sie am meisten beschimpfen, der ist es!«

Der auch in weltlichen Dingen gebildete Oberrabbiner Hirsch Chajes amtierte im galizischen Zółkiew. Eines Tages, im April 1832, erfuhr er aus der Zeitung von Goethes Tod. Die Nachricht erschütterte ihn dermaßen, daß beim Morgengottesdienst den Gemeindemitgliedern seine gedrückte Stimmung auffiel. Sie fragten ihn nach der Ursache des Kummers, worauf er seufzend antwortete, Goethe sei gestorben.

Die frommen Juden von Zółkiew hatten aber von Goethe bisher nie gehört. Rasch verbreitete sich in der Synagoge die Kunde, Rabbi Goethe sei gestorben. Die ganze Gemeinde trauerte mit.

Der berühmte Rabbi Jecheskel Baneth erhielt als Rabbiner in Neutra (Ungarn) ein so geringes Gehalt, daß er Schulden machen mußte. Als nun eines Tages in dem winzigen Nest Ivánka die Rabbinatsstelle vakant wurde, bewarb er sich um sie.

Die Bürger von Neutra kamen zu ihm geeilt: »Rabbi, wenn ein berühmter Mann wie Ihr in eine größere Stadt fortziehen will, müssen wir es hinnehmen. Wenn Sie uns aber um Ivánkas wegen verlassen, ist das doch für uns alle eine Schande!«

»Ihr müßt es von meinem Standpunkt aus betrachten«, sagte der Rabbi, »für einen Rabbi von Neutra ist es eine Schande, Schulden zu machen, nicht aber für einen Rabbi von Ivánka.«

Daraufhin wurde sein Gehalt erhöht.

Aus einem unerfindlichen Grund gilt die ungarische Stadt Neutra als Diebesnest. – Nach dem Babylonischen Talmud (Berachot 43b) soll der Gelehrte »wegen des Verdachts« nachts nicht allein ausgehen.

An Hoschana Raba, dem dritten Tag des Laubhüttenfestes, hatte die Gemeinde von Neutra, der alten Sitte gemäß, nachts gemeinsam Psalmen rezitiert. Vor Mitternacht erhob sich Rabbi Jecheskel Baneth, um nach Hause zu gehen.

Einige Beter standen auf, und einer von ihnen sagte: »Rabbi, Ihr wißt ja, was im Talmud steht. Wir wollen Euch begleiten.«

»Laßt nur«, winkte der Rabbi ab, »wenn es auf den Verdacht ankäme, dürfte ich in Neutra auch tagsüber nicht allein ausgehen.«

Rabbi Lazar Fürst, Oberrabbiner von Gyönyös, wurde auf einer Reise von einer schmerzhaften Krankheit erfaßt. Er mußte die Fahrt unterbrechen.

Der amtierende Kollege der betreffenden Stadt besuchte ihn und fragte, ob er nicht am Ende versäumt hatte, vor der Abreise das Reisegebet mit der gehörigen Andacht zu sprechen?

»Glaubt Ihr etwa«, stöhnte Rabbi Fürst, »daß Gott alle Gebete erhört? Ihr betet doch schon mindestens fünfzig Jahre täglich dreimal, Gott möge Euch Verstand und Einsicht gewähren *(im sog. Achtzehngebet).* Na und – hat er Euch etwa erhört?«

Eine Gemeinde in Deutschland bat den Oberrabbiner von Leipnik, Rabbi Baruch Fränkel, zugleich Oberhaupt der dortigen Jeschiwa *(Talmudhochschule)*, er möchte ihr seinen besten Jeschiwastudenten für die vakante Rabbinatsstelle empfehlen, es müsse aber ein Mann sein, der es verstünde, mit Menschen umzugehen.

Der Rabbi wählte einen Schüler aus und sagte zu ihm: »Die vier Teile des Schulchan Aruch *(umfassendes Kompendium des Ritualgesetzes)* beherrschest du, du wirst aber noch einen fünften Schulchan Aruch dazulernen müssen: mit Menschen umzugehen!«

Nach Jahren traf der Rabbi seinen ehemaligen Schüler.

»Nun«, fragte er, »beherrschest du jetzt den fünften Schulchan Aruch?«

»Ich beherrsche inzwischen sogar schon den sechsten Schulchan Aruch«, versicherte der Schüler, »nämlich: mit Unmenschen umzugehen.«

In kultischen und rituellen Zusammenhängen und folglich auch beim Betreten des Friedhofs bedecken Juden ihr Haupt.
Als der schon zweiundneunzig Jahre alte Brünner Professor Feder zum Oberrabbiner für Böhmen und Mähren ernannt wurde, besuchte er den berühmten Prager jüdischen Friedhof. Der Verwalter, Herr Klein, benützte die Gelegenheit, den Rabbi um Rat zu fragen, wie er sich verhalten solle, wenn Besucher – vorwiegend Ausländer und Nichtjuden – ohne Kopfbedeckung den Friedhof betraten, obwohl eine Tafel am Eingang auf diese Notwendigkeit hinwies.

Der Rabbi: »Herr Klein, wissen Sie, warum Gott dem Menschen Augen gegeben hat?«

Klein: »Jawohl, Herr Oberrabbiner, damit der Mensch alles sieht.«

Der Rabbi: »Richtig. Und außerdem auch deswegen, damit der Mensch trotz seiner Augen nicht alles sieht.«

Als der berühmte Rabbi Jecheskiel Landau die Berufung zum Oberrabbiner in Prag erhielt, stellte er die Bedingung, er wolle nur kommen, wenn er schriftlich und einstimmig von allen Gemeindemitgliedern gewählt würde. Alle unterschrieben – nur ein armer Wasserträger verweigerte die Zustimmung. Alles Zureden half nichts, schweren Herzens mußte man es Landau mitteilen und ihn bitten, doch auf diese eine Stimme zu verzichten und dennoch zu kommen.

Landau trat auch wirklich seinen Posten an, ließ aber den Wasserträger zu sich kommen und fragte ihn: »Was hast du gegen mich?«

»Nichts.«

»Warum dann die Weigerung?«

»Seht, Rabbi – von Euch weiß die ganze Welt. Wer aber hätte je von mir etwas erfahren, wenn ich Euch die Stimme nicht verweigert hätte?«

Frisch an die »westliche« Umwelt assimilierte Juden in Wien gebärdeten sich oft antisemitisch.

Ein bekannter Wiener jüdischer Advokat schimpfte in Gegenwart des berühmten (jüdischen) Predigers Jellinek auf seine Glaubensgenossen.

»Lieber Herr Doktor«, meinte hierauf Jellinek, »Sie begehen den Fehler, alle Juden nach sich selbst zu beurteilen. Ich versichere Ihnen aber: Es gibt auch anständige unter ihnen.«

Der in der jüdischen Anekdote bekannte Schalksnarr Herschl Ostropolier, Diener eines berühmten chassidischen Wunderrabbi, war bitter arm, da er alles vertrank. Dennoch sah er jung und blühend aus.

Einmal fragte ihn der Rabbi: »Sag mir, Herschl, wie kommt es, daß du so jung aussiehst?«

»Das ist ganz einfach«, entgegnete Herschl, »mein böses Weib stiehlt mir die Hälfte meiner Jahre.«

Einmal versuchte Herschl vergeblich, den reichen geizigen Reb Salmen um einen kleinen Betrag anzupumpen. Bevor er von ihm wegging, sagte er: »Der Abstand von Eurer Hand bis zu Eurer Rocktasche ist größer als der von hier bis Kiew!«

»Was soll der Unsinn?«

»Aber gewiß! Nach Kiew brauche ich von hier aus einen Tag. Wenn ich aber Euch anpumpe, dann sagt Ihr: Komm in drei Tagen wieder!«

Der berühmte Spaßmacher Motke Chabad bekam einmal von einem kräftigen Bauern eine schallende Ohrfeige. Er war ein schwächlicher Mann und nicht in der Lage, sich mit dem Bauern zu prügeln.

Da gab er ihm einen Rubel und sagte zu ihm: »Ich danke dir, daß du mir geholfen hast, ein religiöses Gebot zu erfüllen. Es ist nämlich bei uns Juden Sitte, daß wir uns an unsern Festtagen gegen Bezahlung ohrfeigen lassen. Der reiche Reb Judel Optatow zahlt sogar 100 Rubel dafür!«

Der Bauer ließ sich das nicht zweimal sagen, drang beim reichen Optatow ein und ohrfeigte ihn. Die kräftigen Diener Optatows verprügelten den Bauern nach Noten und warfen ihn hinaus.

»Nun, wie war's?« fragte ihn Motke Chabad draußen scheinheilig.

Der Bauer rieb sich den Rücken und sagte: »Du hast mich in das Haus eines Juden geschickt, der die religiösen Gebote nicht einhält!«

Gerda von Schwerin teilt mit, daß sich im Nachlaß ihrer Großmutter Enole von Schwerin, geb. Mendelssohn-Bartholdy, ein Kupferstich von Daniel Chodowiecki fand, der die Nr. 10 trägt und von Chodowiecki handsigniert und mit folgender Zeile unterschrieben ist: »Moses Mendelssohns Examen am Berliner Thor zu Potsdam«.

Der Kupferstich zeigt Moses Mendelssohn in korrektem schwarzem Anzug mit Kniehosen und weißem Jabot. Er steht zwischen einem baumlangen Grenadier mit Blechmütze und einem jungen Offizier, der einen Dreispitz in der Hand trägt. Hinter Moses Mendelssohn steht ein Begleiter. Im Hintergrund sieht man die Rückseite einer Kutsche mit dem Kutscher.

Aufgeklebt auf die Rückseite des Stichs, im Format genau passend, ist eine gedruckte Niederschrift in Typen etwa aus der Mitte des 19. Jahrhunderts, signiert von Joachim von Elbe, mit folgendem Inhalt: »Da dieses Blatt durch die äußerst interessante

Darstellung sowohl Mendelssohns als auch eines Offiziers und Gardisten ein ganz besonderes Interesse erregt und von Chodowiecki offenbar mit großer Liebe gezeichnet ist, gebe ich* zum bessern Verständnis die Erklärung des Bildes im Wortlaut, der anscheinend von Nicolai herrührt:

Der kursächsische Staatsminister, Freiherr von Fritsch, besuchte Friedrich den Einzigen im Jahre 1771 zu Potsdam. Vor seiner Abreise äußerte er gegen den König, daß er über Berlin zurückzugehen gesonnen sey. Der König fragte, was er in Berlin machen wolle. – ›Ich wünsche daselbst‹, antwortete der Minister, ›den berühmten Moses Mendelssohn, welchen ich sehr hoch schätze, persönlich kennen zu lernen.‹ – ›Ey‹, versetzte der König, ›deswegen brauchen Sie nicht über Berlin zu reisen. Bleiben Sie lieber einen Tag länger bei mir; ich will den Moses nach Potsdam kommen lassen.‹

Hierauf ließ Friedrich durch einen Herrn seines Hofes an Moses Mendelssohn einen Brief ungefähr in folgenden Ausdrükken schreiben: ›Da der kursächsische Staatsminister Freiherr von Fritsch Verlangen trägt, den berühmten Herrn Moses Mendelssohn persönlich kennen zu lernen, so habe ich denselben, auf Befehl Seiner Kgl. Majestät, hierdurch sollen zu wissen thun, daß Er, gegen morgen Mittag, nach Potsdam kommen möge.‹

Moses erhielt diesen Brief an einem Freitag. Nun sollte er also an einem Sonnabend reisen: an einem Tag, an welchem den Juden, zufolge der Gesetze des Talmuds, nicht über Land zu reisen erlaubt ist, am wenigsten in einem Wagen. Moses erkundigte sich bei dem Rabbiner, wie er sich zu verhalten hätte. Der Oberlandrabbiner berief eine Versammlung von Gesetzesverständigen, und diese entschieden: Daß in dem gegenwärtigen Falle der ausdrückliche Befehl des Landesherren eine Dispensation von dem Gesetze erlaube. Dabei ersuchten sie aber den Philosophen, daß er, um dem Volk kein Ärgernis zu geben, aus dem Thore von Berlin zu Fuß gehen und vor Potsdam aus dem Wagen steigen und zu Fuß hineingehen möchte.

Dieses geschah. Bei dem Eintritt in Potsdam wurde Moses von der Schildwache angerufen: ›Wo will der Jude hin?‹ Zu gleicher

* *Anmerkung: Dieses »ich« ist sowohl dem Unterzeichneten, der das Blatt entdeckte, als auch Frau Cordula Hammer (in deren Besitz es sich zu diesem Zeitpunkt befand) und anderen unbekannt.*

(gez.) Joachim von Elbe

Zeit kam ein ganz junger Offizier heraus, um ihn zu examinieren. Er wurde gefragt, was er für ein Geschäft in Potsdam habe. Darauf gab Mendelssohn zur Antwort, er komme auf Befehl des Königs, und überreichte zugleich den erhaltenen Brief. Der Fähnrich las den Brief bedächtig durch, sah noch einmal das Wort ›berühmt‹ und fragte: ›Worin ist Er denn so berühmt, daß Er hierher berufen wird?‹ – Moses lächelte und sagte: ›Ich spiele aus der Tasche.‹ – ›So!‹ versetzte der Fähnrich, ›geh' Er nur in Gottes Namen!‹«

Friedrich der Große war Antisemit, aber als ihm gesagt wurde, der Philosoph Moses Mendelssohn sei ein berühmter Mann, wollte er ihn doch kennenlernen und lud ihn zu einem Gesellschaftsabend ins Schloß. Da Mendelssohn sich in der fremden Umgebung jedoch ziemlich schweigend verhielt, war der König enttäuscht. Und um dem Ausdruck zu geben, schrieb er auf einen Zettel: »Moses Mendelssohn ist ein Esel. Friedrich II.« Und dann befahl er dem Philosophen, diesen Zettel vorzulesen.

Mendelssohn gehorchte. Er las: »Moses Mendelssohn ist *ein* Esel, Friedrich der *zweite*.«

Berlin. Ein Offizier, der genau wußte, wer Moses Mendelssohn war, hielt ihn auf der Straße an und fragte ironisch: »Womit handelt Ihr? Ich möchte Euch gern etwas abkaufen!«

»Womit ich handle«, entgegnete Mendelssohn, »könnt Ihr ohnehin nicht brauchen. Ich handle mit Verstand.«

Moses Mendelssohn schrieb eine vernichtende Kritik über die Verse Friedrichs des Großen. Bald darauf wurde in Berlin eine »Vereinigung der Gebildeten« gegründet, in deren Vorstand man auch Mendelssohn wählte. Der König ließ aber den Präsidenten wissen, daß er diese Wahl nicht bestätigen werde, und so mußte an Mendelssohns Stelle ein anderer gewählt werden. Nachdem man Mendelssohn davon verständigt hatte, schrieb er an den Präsidenten: »Es ist jedenfalls besser, daß die Gebildeten mich gewählt haben und der König mich ablehnte, als daß der König mich gewählt hätte und die Gebildeten hätten mich abgelehnt.«

Revolutionäre Stimmung zu Beginn des 19. Jahrhunderts in Frankfurt/Main. Ins Kontor Meier Amschel Rothschilds, des Begründers des berühmten Bankhauses, dringt ein wilder Kerl ein und randaliert: »Das Vermögen der Bank muß auf der Stelle aufgeteilt werden!«

»Einverstanden«, sagt Rothschild, und indem er seine Geldbörse hervorzieht und dem Kerl einen Taler zuwirft, erklärt er: »Wir haben eine Million Einwohner, ich habe eine Million Taler; da haben Sie Ihren Anteil, und nun hinaus mit Ihnen!«

Ein Schnorrer hält den Baron Rothschild auf der Straße an und jammert: »Ach, lieber Herr Baron, erbarmen Sie sich!«

Rothschild zieht die Börse und reicht ihm ein Zehnerl.

Der Schnorrer: »Unser Herrgott lohn's Ihnen tausendmal!«

Rothschild, die Achsel zuckend: »Nu, und was hätt' ich dann? Hundert Gulden!«

Meier Amschel Rothschild saß in Frankfurt. Einer seiner Söhne, Nathan, gründete eine Filiale in London.

Einmal lehnte ihm die »Bank of England« einen Scheck mit der Unterschrift »Anselm Rothschild, Frankfurt« mit der Begründung ab, daß sie bloß gegen eigene Papiere und nicht solche einer Privatbank Zahlung leiste.

Kurz darauf erschien an einem Morgen Nathan Rothschild bei der Bank, legte eine Fünf-Pfund-Note vor und verlangte dafür eine Goldmünze. Er bekam sie, worauf er Stück um Stück weitere Fünf-Pfund-Noten ebenfalls in Gold einwechselte.

Als seine Brieftasche leer war, ließ er sich von seinem Diener, den er mitgebracht hatte, ein weiteres Notenbündel reichen und fuhr damit fort, Note um Note gemächlich in Gold einzutauschen. Am Nachmittag erschien er wieder und fuhr mit der gleichen Prozedur in der gleichen Gemächlichkeit fort ...

»Wie lange soll das noch andauern?« fragte schließlich der Schalterbeamte besorgt.

»Wochenlang«, versprach Nathan Rothschild, »ich habe noch rund elf Millionen Pfund. Sie haben kein Vertrauen in meine Papiere – ich habe kein Vertrauen in die Ihren. Ich nehme nur noch Gold!«

Der entsetzte Bankdirektor nahm von Stund an die Schecks der Bank Rothschild anstandslos an.

Als eine Tochter des Londoner Bankiers Rothschild einen Lord heiratete und sich zu diesem Zweck taufen ließ, erschien in einer jüdischen Zeitung eine Zeichnung: Links der alte Rothschild mit der Hand auf dem Alten Testament, rechts die hübsche Tochter mit der Hand auf dem Neuen Testament, in der Mitte der Lord mit der Hand auf einem Testament Rothschilds.

In Hauffs Novelle ›Memoiren des Satans‹ gibt der Teufel eine Theatervorstellung, wobei ein Akt an der Londoner Börse spielt: Der berühmte Bankier Rothschild zieht im Triumph ein (die Szene spielt 1826).

Sagt einer im Publikum zum andern: »Wissen Sie, was der Unterschied ist zwischen König David und Rothschild?«

»?«

»Damals hatten die Juden einen König, jetzt haben die Könige einen Juden.«

Der berühmte Wiener Humorist Moritz Saphir ist von Kaiser Franz Joseph zum Tee eingeladen. Er sitzt schweigsam da.

Franz Joseph: »Wo bleibt Ihr berühmter Esprit?«

»Na, Majestät, trinken *Sie* mal mit einem Kaiser Tee!«

Der reiche Baron Rothschild forderte einst Saphir auf, ihm etwas ins Stammbuch zu schreiben.

Der ewig geldgierige Saphir schrieb: »Leihen Sie mir 100 Louisdor, und vergessen Sie auf ewig Ihren Freund Saphir.«

Saphir definierte einmal den Ursprung des jüdischen Witzes wie folgt: »Die Juden haben zum Witz gegriffen, weil das jener Waffendienst ist, bei dem sie es mit der Zeit zum Offizier bringen können, bevor ein Armeebefehl den Taufschein und nicht das Verdienst in Betracht zieht.«

Saphir wird auf der Straße angepöbelt. Er redet den Anführer der Flegel freundlich an: »Entschuldigen Sie, sind Sie nicht der Sohn meines Freundes Rott?«

»Nein.«

»Aber das ist ja ganz erstaunlich! Diese Ähnlichkeit! Ganz Rotts Stirn, ganz Rotts Augen, ganz Rotznase!«

Saphir geht spazieren, als ihm ein paar Studenten nachrufen: »Meck, meck!«

Saphir ruft zurück: »Leck, leck!«

Ein Student, empört: »Verdammter Jud, meinst du mich?«

Darauf Saphir, freundlich lächelnd: »Nein, mich!«

Hirsch: Häufiger jüdischer Vor- und Nachname.
Im Caféhaus warf Saphir die Frage auf: »Wer war der erste Antisemit?«

»Nu?«

»Diana. Denn sie verfolgte den Hirsch.«

Saphir sitzt im Gasthaus. Ein Herr am Nebentisch erkennt ihn, spuckt aus und sagt: »Der Auswurf des Auswurfs!«

Saphir spuckt ebenfalls aus und sagt: »Dem Auswurf den Auswurf!«

Saphir geht an zwei hübschen Wienerinnen vorbei und murmelt: »Die Wienerinnen stinken!«

Die Mädchen stellen ihn entrüstet zur Rede.

Darauf Saphir: »Aber meine Damen, ich habe doch nicht Sie gemeint, sondern nur behauptet, daß die Wiener Rinnen stinken!«

Saphir war zwar sehr reich, stellte sich aber immer arm.

In München machte er sich so unmöglich, daß er ausgewiesen wurde.

Am Tag der Abreise begegnete er zufällig noch einmal dem König Ludwig I., welcher höhnisch zu ihm sagte: »Nun, Saphir, man hat zu reisen!«

Darauf Saphir, in einem letzten Schnorrversuch: »Majestät, man hat nischt *(nämlich: kein Geld)* zu reisen!«

Saphir begegnet in München König Ludwig I., den er seines Geizes und seiner unglücklichen Poeterei wegen verachtet. Saphir hat einen neuen Hut auf.

Der König: »Na, Saphir, Sie haben aber einen schönen Hut!«

Saphir: »Filz, Wasserdichter!«

Saphir kommt ins Café, bestellt drei harte Eier, eins davon schält er und ißt das Eiweiß auf. Dann legt er die beiden andern Eier und das Dotter des dritten auf einen Teller und fragt die Tischgesellschaft: »Was bedeutet das?«

»?«

»Das bedeutet: Ei, ei, da liegt ein Toter *(Dotter)*!«

Am Tisch sitzt auch Mikosch, hoffnungsvoller Sproß der ungarischen Gentry. Er ist ganz begeistert. Zu Hause führt er dasselbe vor und läßt die Familie wacker raten.

Zuletzt erklärt er triumphierend: »Das bedeutet: ›Schau, schau, da ist einer gestorben!‹«

Saphir läßt sich im Caféhaus eine Handvoll Bohnenkerne reichen, schüttet sie alle auf einen Haufen und legt eine einzelne Bohne beiseite.

»Was heißt das?« fragt er die neugierigen Gäste. Sie raten hin und her und kommen nicht dahinter.

»Das heißt Bonaparte *(Bohn' a parte = Bohn' abseits).*«

Großes Gelächter. Mikosch, der ungarische Adelsherr, merkt sich alles ganz genau. Als er heimkommt, befiehlt er seiner Frau: »Bring eine Handvoll Bohnen!«

»Bohnen sind keine da«, sagt sie bedauernd, »vielleicht tun es auch Erbsen?«

»Warum nicht?« meint Mikosch, scharrt die Erbsen zu einem Häuflein zusammen und legt eine einzelne beiseite.

»Was ist das?« fragt er seine Frau.

Sie denkt lange nach und sagt dann: »Keine Ahnung!«

Darauf Mikosch, triumphierend: »Das ist Napoleon!«

»Wieso soll das Napoleon sein?« wundert sich die Frau.

»Das weiß ich auch nicht«, gibt Mikosch zu, »aber in Wien haben sie es behauptet.«

In einer Berliner Zeitung erschien eines Tages über Saphir die irrtümliche Meldung von seinem Ableben. Bekannte fragten in seinem Hause telegraphisch an, ob denn das wirklich stimme.

Darauf telegraphierte Saphir zurück: »Meldung von meinem Tod ist stark übertrieben. Saphir.«

Baron Rothschild hatte sich in der Rue Lafitte ein neues Palais im Renaissancestil bauen lassen. Er lud Bekannte zur Besichtigung ein, unter ihnen Heinrich Heine.

»Comment trouvez-vous mon chenil?« *(Wie finden Sie meine Hundehütte?)* fragte der Baron seine Gäste snobistisch.

Heinrich Heine zog ihn beiseite und flüsterte ihm zu: »Sie wissen doch, daß chenil Hundehütte heißt?«

»Na und?« fragte Rothschild zurück.

»Aber Sie bewohnen doch diesen chenil!« flüsterte Heine in beschwörendem Ton, »wenn Sie schon so schlecht von sich selbst denken, sollten Sie es wenigstens verschweigen!«

Salomon Heine, ein Onkel Heinrich Heines, Musenfeind, urteilte über die Tätigkeit seines Neffen: »Hätte der Junge was gelernt, so brauchte er nicht zu schreiben Bücher.«

Heinrich Heine seinerseits meinte über seinen Onkel: »Das Beste an ihm ist, daß er meinen Namen trägt.«

Heinrich Heines Onkel Salomon Heine war ein reicher Hamburger Bankier. Er unterstützte zwar den Neffen, der ewig an Geldmangel litt, hielt aber rein gar nichts von dessen Tätigkeit.

Einmal besuchte der reiche Onkel auf einer Geschäftsreise nach Paris seinen Neffen, der schon lange dort im Exil lebte.

Nach der Abreise des Onkels erzählte Heine sehr gutgelaunt seinen Freunden: »Ich bin so vergnügt wegen eines Wortes, das er mir sagte – auf das nur ein Bankier, Jude und zugleich Deutscher kommen kann. Wir plauderten. ›Nun, mein lieber Neffe, du tust immer noch nichts in Paris?‹ – ›Pardon, lieber Onkel, ich schreibe Bücher.‹ – Darauf er: ›Na also, ich sagte es ja: Du tust immer noch nichts.‹«

Heinrich Heine konnte den ebenfalls jüdischen Komponisten Meyerbeer nicht ausstehen. Als man bei einer literarischen Versammlung von Meyerbeer sprach, schwieg Heine beharrlich.

Schließlich fragte ihn einer: »Wissen Sie überhaupt, wer Meyerbeer ist?«

»Aber gewiß«, versicherte Heine, »er ist berühmt durch seinen Ruhm.«

Der Schriftsteller Ludwig Börne, der aus Karrieregründen zum Christentum übergetreten war, meinte: »Man haßt die Juden nicht, weil sie es verdienen, sondern weil sie verdienen.«

Dr. Markus Herz, der Gatte der bekannten Berliner Goetheverehrerin Rahel Herz, lehnte es einmal ab, einem armen jüdischen Studenten aus Wien zu helfen. Diesem gelang es trotzdem, sich irgendwie durch sein Studium zu schlagen, und er wurde ebenfalls ein bekannter Arzt.

Als er einmal mit Herz zusammen war, erzählte dieser dem Kollegen, in welchem er den armen Bittgänger von damals nicht wiedererkannte, von einem interessanten Fall: »Kürzlich ist ein Kind ohne Herz zur Welt gekommen – und es hat trotzdem noch eine kleine Weile gelebt!«

»Das ist noch gar nichts!« meinte der Wiener, »ich kenne zwei Menschen, die haben jahrelang ohne Herz gelebt.«

»Ausgeschlossen! Wer sollte das sein?«
»Sie und ich.«

Dr. med. Markus Herz hatte auf seine Equipage seine Initialen M. H. aufmalen lassen.
Ein jüdischer Passant meinte witzig: »Das heißt Malach hamowess *(Todesengel)*!«
»Unsinn«, korrigierte Herz, »es heißt mechaje hamejssim *(der die Toten auferweckt)*!«

Carl Weigert (1845–1904) und Paul Ehrlich (1854–1915; Begründer der Chemotherapie, 1908 Nobelpreis) arbeiteten zusammen mit Färbmitteln und -methoden, um unter dem Mikroskop kleinste Partikelchen des menschlichen Körpers zu studieren und sicher unterscheiden zu können. Ehrlich hatte dabei eine unerhörte Ausdauer und Zähigkeit, welche diejenige Weigerts bei weitem übertraf.
Da sagte man: »Ehrlich färbt am längsten.«

Professor Askenazy von der Königsberger Universität war ein angesehener Internist. Von seiner Heilkunst hielt er selber ebenso große Stücke wie seine Patienten, weswegen er ihnen gern folgende Geschichte – ganz ernsthaft! – erzählte:
Das Schlachtendenkmal von Tannenberg in Ostpreußen soll eingeweiht werden. Reichspräsident von Hindenburg wird im Kriegsschiffshafen Pillau an Land gesetzt, schreitet das Ehrenbataillon ab, fährt in großer Paradeuniform viele Kilometer an der spalierstehenden Jugend vorbei, dann durch die von Menschenmassen verstopfte Königsberger Innenstadt. Überall Musik, Fahnen und brausender Volksjubel.
Während der ganzen Zeit sagt der greise Feldmarschall kein Wort. Erst als die Autokolonne in eine etwas stillere Straße eingebogen ist, hebt er den Zeigefinger, deutet auf ein Eckgebäude und beugt sich zu seinem Sitznachbarn, dem Staatssekretär: »Sehen Sie, Meissner – da drüben wohnt der berühmte Askenazy.«

Die Beschneidung ist ein jüdisches Grundgebot.
Der berühmte und berühmt witzige Ordinarius für Pharmakologie in Graz und spätere Nobelpreisträger Professor Otto Loewi trifft den nichtjüdischen, aber mit einer getauften Jüdin verheirateten Chirurgen M. und fragt ihn nach dem Befinden.

M.: »Mein Bub mußte operiert werden. Nichts Ernsthaftes, eine Phimose *(durch zu enge Vorhaut hervorgerufene Entzündung, die durch einen Entspannungsschnitt geheilt wird).*«

Loewi: »Sehen Sie! Die Rache Jehovas!«

Ein russischer Jude kommt nach Breslau, um wegen eines Gesichtsfurunkels den berühmten, aus Altösterreich stammenden Professor Johann Mikulicz-Radecki zu konsultieren. Da er nur Jiddisch kann, nimmt er einen Breslauer Verwandten als Dolmetscher mit.

Mikulicz, der aus Tschernowitz stammt, hat aber in seiner Kindheit einige jiddische Ausdrücke aufgeschnappt, und als der Jude ins Sprechzimmer tritt, fragt ihn der Professor: »Na, was haste for e Schlemasel in Ponem *(Gesicht)*?«

Der Jude dreht sich zu seinem Verwandten um und sagt: »Jankl, du kannst gehn, der Professor kann Daitsch!«

Der bekannte Breslauer Chirurg Professor Johann von Mikulicz-Radecki wurde oft nach auswärts berufen, um an Ort und Stelle zu operieren. Er ließ sich das nicht schlecht bezahlen.

Da kam aus Galizien die Anfrage an ihn, wieviel er für eine Magenoperation, die in Tarnów vorzunehmen sei, fordere. Er telegraphierte zurück: 6000 Mark.

Umgehend traf die Nachricht ein, er möge kommen.

Er machte sich also mit einem Heilgehilfen und einer Krankenschwester auf den Weg, alles, was er zu so etwas brauchte, bei sich führend.

Auf dem Bahnhof in Tarnów empfing ihn eine Abordnung Juden, welche traurig erklärten, der Patient sei heute morgen gestorben. Sie seien untröstlich, daß der Professor umsonst gekommen sei.

Mikulicz war sehr ärgerlich.

Dann erzählten ihm die Juden, ein anderer Jude hier leide an derselben Krankheit, doch sei er arm und könnte für die Operation höchstens 600 Mark zahlen.

Mit dieser Summe waren die Reisekosten gerade gedeckt. Aus dieser Erwägung operierte Mikulicz.

Erst viel später erfuhr er, daß der Jude, der ihn hatte kommen lassen, gar nicht gestorben, sondern vielmehr identisch war mit dem Operierten. Mikulicz, der viel Sinn für Humor hatte, soll sich über die Art, wie man ihn hereingelegt hatte, sehr amüsiert haben.

Sami Blau hat eine Operation an der Aorta hinter sich und befindet sich bereits auf dem Weg der Besserung.

»Na, wie geht es?« fragt ihn der berühmte jüdische Chirurg Dr. Hartschmalz, der ihn operiert hat.

»Gott hat geholfen«, sagt Sami fromm.

»Nein, *ich* habe Ihnen geholfen«, entgegnet der Chirurg. »Gott ist ein Internist.«

Der bekannte Berliner Nasenchirurg Dr. Joseph wurde kurzweg Dr. Nosef gerufen.

Ed. Anton Wollheim, der Berliner Dozent für orientalische Sprachen, nannte sich nach seinem Übertritt zum Katholizismus Wollheim de Fonseca.

Theodor Fontane bemerkte dazu einmal: »*Hört* man ihn dozieren, so ist er ganz Fonseca. *Sieht* man ihn dozieren, so ist er ganz Wollheim.«

Als später Wollheim auch Redakteur wurde, sagte man von ihm, er spräche in dreiunddreißig Sprachen und löge in vierunddreißig.

Als Ferdinand Koreff zum Korreferenten im Preußischen Kultusministerium ernannt wurde, nannte man ihn: »Le juif correférent« oder »le juif Koreff errant« *(juif errant = ewiger Jude)*.

Zu Bleichröder, dem sehr reichen, geadelten Hofbankier Wilhelms II., kommt ein ostjüdischer Besucher in seidenem Kaftan. Bleichröder, überzeugt, einen berühmten Rabbi oder Leiter einer Talmudhochschule vor sich zu haben, unterhält sich artig mit seinem Besucher.

Bald aber stellt sich der Irrtum heraus. Der Kaftanjude beginnt über seine Gesundheit zu jammern und schließt seine Klagen mit den Worten ab: »Ich bitte um Ihr Verständnis, die Doktoren haben mir verschrieben Karlsbad ...«

Da unterbricht ihn Bleichröder zornig: »Und Sie wollen mir einreden, daß der Weg von Krakau nach Karlsbad über mein Bureau in Berlin führt!?«

Schottländer, Bankier und Großhändler in Breslau, war durch seine Derbheit und Unbildung berühmt.

Der kleine Sohn Schottländers: »Vater, gib mir eine Mark! Ich will mer kaufen e Lotterielos!«

Schottländer, stolz: »Nein! Mein Sohn hat es nicht nötig, das Glück zu belästigen!«

Der Berliner Bankier Carl Fürstenberg war bekannt durch seinen boshaften Witz.

Bei der Durchsicht seiner Bücher stößt Fürstenberg auf ein ungewöhnlich hohes Debet-Saldo.

»Was bedeutet das?« fragt er streng seinen Prokuristen.

»Das ist schon in Ordnung«, beschwichtigt dieser, »dieser Kunde ist mit der Tochter des schwedischen Financiers Wallenberg verheiratet.«

Fürstenberg bleibt ablehnend: »Wenn sie *ihm* als Unterlage genügt, ist das seine Sache. *Mir* genügt sie nicht!«

Am renovierten Berliner Börsensaal prangen zwei große neue Gemälde: links eine bekleidete, rechts eine unbekleidete Göttin.

Fürstenberg: »Wie sinnig! Links die verschleierte Bilanz, rechts die nackte Pleite!«

In Fürstenbergs Privatcomptoir stürzt ein aufgeregter Angestellter herein und klagt: »Herr Fürstenberg, Ihr Prokurist hat mich angeschrien, ich soll zum Teufel gehen!«

Fürstenberg, beleidigt: »Und da kommen Sie zu mir?!«

Frau Fürstenberg liebte es, literarische Tees zu veranstalten. Einmal las ein berühmter Dichter aus seinen Werken vor.

Ein verspäteter Gast tritt mit schrecklich knarrenden Stiefeln herein.

Fürstenberg, der an der Tür sitzt, flüstert ihm zu: »Leise, leise, sie schlafen schon alle!«

Bekanntlich sagt man den Juden einen ausgesprochenen Familiensinn nach. Bei Fürstenberg sah der so aus:

Zur Gründung seiner Bank wünschte sich Fürstenberg von allen seinen Verwandten Photos. Er klebte sie in ein schön gebundenes Album und rief den Portier herauf.

»Wuttke«, befahl er, »sehen Sie sich diese Bilder sehr genau an!«

»Warum denn, Herr Fürstenberg?«

»Damit Sie genau wissen, wann Sie fliegen!«

»???«

»Ja, wenn Sie nämlich einen aus diesem Album zu mir rauf lassen, fliegen Sie!«

Fürstenberg war bei einem frisch geadelten Bankier zum Diner eingeladen. Nach dem sehr reichlichen Essen sah er sich gezwungen, sich für einen Augenblick an einen »stillen Ort« zurückzuziehen. Er vergaß, den Riegel vorzuschieben. Wer beschreibt seinen Schrecken, als sich plötzlich die Tür öffnet und die Dame des Hauses an der Schwelle steht. Ein Schrei aus ihrem Mund und die Tür fliegt wieder zu ... Nachher bittet Fürstenberg den Herrn des Hauses für einen Augenblick auf die Seite und beichtet ihm zerknirscht sein Mißgeschick.

»Lassen Sie sich deshalb keine grauen Haare wachsen!« tröstet dieser.

»Tu' ich auch nicht«, versichert Fürstenberg, »mich quält nur eins. Ich bin ein gewöhnlicher Bürgersmann und in der Adelsetikette nicht so bewandert. Sagen Sie bitte: Ist es in Ihren Kreisen üblich, in solchen Fällen einen Gegenbesuch zu machen?«

Am First des Bankhauses Petschnek in Prag, in der Bredauerstraße, stand mit Riesenlettern: A.D. *(anno domini)* 1923.

Ein witziger jüdischer Banksensal übersetzte: »A – us D – evisen 1923.«

Petschek hatte nämlich in jenem Jahr mit Zuckerspekulationen an der Londoner Börse Riesensummen verdient.

Die Romane und Theaterstücke des ostpreußischen Schriftstellers Hermann Sudermann waren seinerzeit beim Publikum sehr beliebt, die Kritiker jedoch waren geteilter Meinung.

Die Theaterkritiker Julius Bab und Alfred Kerr unterhielten sich nach einer Berliner Premiere über ein Stück von Sudermann. Hart prallten die Meinungen aufeinander.

Schließlich winkte Kerr müde ab und machte den Vorschlag zur Güte: »Fragen wir Hermann Sudermann selber um seine Meinung ... und dann teilen wir uns in das Gegenteil!«

Adolf von Sonnenthal, der geadelte Wiener jüdische Schauspieler, steht als Richard III. im Schlußakt auf der Bühne und ruft verzweifelt aus: »Ein Pferd, ein Pferd, ein Königreich für ein Pferd!«

Stimme von der Galerie: »Tut's für einen Juden nicht auch ein Esel?«
Darauf Sonnenthal: »Sicher! Kommen Sie herunter!«

Als der bekannte Humorist Max Pallenberg nach geraumer Zeit wieder einmal an einem Wiener Theater auftrat, begrüßte ihn das Publikum mit riesigem Applaus. Er verbeugte sich dankend und sagte: »Ich bin ja auch ein Wiener!«
Da ertönte aus dem Hintergrund: »Ja, aber ä Bukowiner!«

Leopold Jessner, in den zwanziger Jahren Generalintendant der Berliner Bühnen, überzeugter Jude und gerade in diesem Punkt sehr empfindlich, bekam eben deshalb den Übernamen: Mimoses.

Der Theaterdirektor Ludwig Brahm pokert im Club.
Plötzlich setzt sich ein Freund neben ihn und flüstert ihm ins Ohr: »Es tut mir leid, es dir sagen zu müssen. Aber ich sah soeben deine Frau mit einem jungen Mann in einem Taxi zur Bahn fahren. Sie ist dir bestimmt davongegangen!«
»Zu schön, um wahr zu sein!« entgegnet Brahm und pokert ruhig weiter.

Brahm begleitete seine Gäste zum Fahrstuhl.
»Das war wieder mal sehr nett und gemütlich bei Ihnen«, sagt einer, »Sie sind wirklich ein reizender, aber auch schlagfertiger Mann!«
Darauf Brahm, seufzend: »Welcher Jud' über Sechzig ist nicht jeden Augenblick schlagfertig!«

Der bekannte ungarisch-jüdische Schriftsteller Ferenz Molnar, Verfasser des weltberühmten Stückes ›Liliom‹, hatte die Gewohnheit, bis Mittag im Bett zu liegen.
Einmal war er morgens neun Uhr als Zeuge vor Gericht geladen. Sein Anwalt weckte ihn mit Mühe und begleitete ihn zum Gericht.
Auf der Straße sieht Molnar die vielen Menschen und fragt den Anwalt: »Sagen Sie, Herr Doktor, sind das alles Zeugen?«

Franz Molnar hatte seit vielen Jahren ein Verhältnis mit der Schauspielerin Sari Fedak. Endlich entschließt er sich, sie zu heiraten.

Beim Standesamt erscheint er im gewöhnlichen Tagesanzug. Seine Freunde machen ihm deshalb Vorwürfe.

Darauf Molnar: »Smoking trage ich nur zu einer Premiere.«

Der Wiener Bohèmien und Dichter Peter Altenberg trat im Café, in dem er Stammgast war, auf einen Bekannten zu und erklärte: »Ich brauche zwei Kronen für ein Reisfleisch.«

Der Angepumpte spendete den Gulden, worauf Altenberg sich neben ihn setzte und das Reisfleisch bestellte. Als der Dichter gegessen und bezahlt hatte, warf ihm sein Bekannter vor: »Wieso verlangen Sie von mir einen Gulden? Dem Ober haben Sie nur eine Krone und zwanzig Heller bezahlt!«

»Herr«, fuhr Altenberg auf, »haben Sie hier Extrapreise oder ich?«

Peter Altenberg ließ sich von Emma G., die unbedingt mit ihm näher bekannt werden wollte, in ein Nachtlokal einladen. Dort saßen sie mit einer Bardame an einem Tisch, und es ergab sich, daß diese eine lange, rührselige Geschichte zum besten gab. Emma G. gab ihr beim Abschied zum Trost 5 Kronen.

»Wozu geben Sie diesem Mädchen Geld?« herrschte Peter Altenberg die Spenderin an.

»Ach, Peter«, verteidigte sich Emma, »sie war doch so schön, während sie erzählte.«

Worauf der ewig in Geldnöten steckende Altenberg barsch entgegnete: »Geben Sie mir 5 Kronen, und ich bin auch schön!«

Dr. W., einem Arzt der österreichisch-ungarischen Kriegsmarine, gelang es einmal, sich bei Peter Altenberg eine Krone auszuborgen.

Eines Tages schrieb Dr. W. an Peter Altenberg aus Hongkong eine Karte. Ins Café Central natürlich, wo sich Altenberg Tag und Nacht viele Stunden lang aufhielt. Altenberg erhielt die Karte, sah sie lange an und brach dann aus: »Also auf meine Kosten macht der Lausbub Weltreisen!«

Der Kabarettist Fritz Grünbaum erzählt: »Ich spreche da gerade von Künstlernamen – wissen Sie, eigentlich ist Grünbaum auch nicht mein richtiger, sondern nur mein Künstlername. Meinen richtigen Namen verrate ich Ihnen nicht; aber Sie können sich vorstellen, wie er ungefähr lauten mag, wenn mein Künstlername schon Grünbaum ist.«

Der jüdische Conférencier Kurt Robitschek führte eine Sängerin aus französischem Adel, Irène de Noiret, mit den Worten ein: »Sie ist wirklich aus ganz altem Adel, und ich stelle mir immer vor, daß ihre Vorfahren vielleicht in der gleichen Gegend auf Ritterburgen hausten, in der damals meine Vorfahren mit alten Rüstungen gehandelt haben.«

Thomas Manns Frau war die Tochter des (jüdischen) Mathematikers Alfred Pringsheim (1850–1941), Ordinarius in München. Pringsheim war der Sohn eines sehr erfolgreichen Geschäftsmannes und besaß selbst ein großes Vermögen, das er zum Teil in einer Gemäldesammlung angelegt hatte.

Während der Inflation nach dem Ersten Weltkrieg wurde Pringsheim einmal gefragt, wie es ihm gehe.

Darauf Pringsheim: »Na, es geht ganz gut. Man lebt von der *Wand* in den Mund.«

Pringsheim war von kleiner Statur, liebte das Debattieren und traf sich hie und da mit Freunden zu einem Schoppen Bier, in seinen späteren Jahren vor allem als Professor Emeritus. Wenn er sich bei diesen Diskussionen mit allem Räsonieren nicht durchsetzen konnte, wurde er ungeduldig und klopfte mit seinem Humpen auf den Tisch. Da nannten ihn seine Freunde den »kleinen Schopenhauer«.

Erfolgreiche Premiere eines Stückes von Werfel.

Erster Kritiker zum zweiten: »Was sagen Sie?«

»Alea iacta est.« *(Der Würfel ist gefallen. – Ausspruch Cäsars beim Überschreiten des Rubico.)*

»Was soll das heißen?«

»Der Werfel hat gefallen.«

Wiener Publizist, zugleich Philatelist, zu Karl Kraus: »Guten Tag, Herr Kollege!«

Kraus: »Tut mir leid! Ich sammle keine Briefmarken!«

Der bekannte Wiener Bonvivant Bela Haas sitzt über seinem Kaffee und meditiert: »Kaffee ist keiner drin, Zichorie ist auch nicht drin – von was ist er so schwarz?«

Der Prager Schriftsteller und Drehbuchautor Karel Polaček kommt einmal in sein Stammcafé »Zum Karl IV« und sieht, daß jedes Tischchen mit einem eifrig schreibenden Herrn besetzt ist.

Einer der Herren schiebt Karl einen noch freien Stuhl hin und fragt zugleich: »Was ist los, Polaček, daß Sie so wenige Bücher schreiben? Vergleichen Sie doch einmal mit uns!«

Darauf Karel, trocken: »Euch schreibt sich's gut! Ihr habt kein Talent!«

Chefredakteur Hlavac von der ›Tribuna‹ hielt sich für einen vollendeten Experten für jüdische Witze. Sooft Polaček ihm einen neuen Witz erzählen wollte, schrie Hlavac schon nach drei Worten: »Den kenn' ich schon!«

Einmal aber sagte Polaček: »Diesen Witz kennen Sie sicher noch nicht. Also passen Sie auf: Drei Juden gehn durch den finstern Wald ...«

»Schluß!« schreit Hlavac, »das ist kein jüdischer Witz! Erstens gehen Juden nie durch den finstern Wald, zweitens sind es niemals drei, sondern immer nur zwei Juden, und drittens überhaupt nicht im Wald, sondern immer im Zug oder Café!«

Karel Polaček schrieb unter anderm das Drehbuch zu dem Film ›Pan Necedarec, kral kibicu‹, die Regie führte Machatny (von dem auch ›Ekstase‹ mit Dorothy Lamour stammt). Die beiden verstanden sich gut. Der Film startete gleichzeitig in Prag und Brünn.

Machatny, telephonisch nach der Premiere zu Polaček: »Ich habe die Freude, Ihnen mitzuteilen, daß Ihr Film hier in Brünn ein großer Erfolg war!«

Darauf Polaček: »Danke. Aber ich muß Ihnen umgekehrt mitteilen, daß Ihr Film hier in Prag durchgefallen ist.«

Walther Rathenau zeigt in seiner elterlichen Wohnung in der Victoriastraße in Berlin einem Besucher sein in Lebensgröße von Edvard Munch gemaltes Bild.

»Ein ekelhafter Kerl, nicht wahr?« sagt Rathenau, »das kommt davon, wenn man sich von einem großen Künstler malen läßt. Da wird man ähnlicher als man ist.«

Walther Rathenau führt bei seinem Vetter, dem berühmten impressionistischen Maler Max Liebermann, einen Offizier ein und stellt ihn mit seinem Titel vor.

Als der Offizier hierauf die Bitte ausspricht, Liebermanns Bilder besichtigen zu dürfen, antwortet Liebermann: »Nanu, det interessiert Sie? Aber Sie haben doch 'nen janz anständigen Beruf!«

Bei einer Gesellschaft verzog sich Max Liebermann in ein menschenleeres Zimmer. Mittlerweile war auch der Pianist und Komponist Eugen d'Albert mit seiner vierten Frau (er heiratete später noch weitere drei Mal!) gekommen.

Der Hausherr stöberte Liebermann in seiner Ecke auf und fragte ihn: »Wollen Sie nicht die junge Frau von Eugen d'Albert kennenlernen?«

Darauf Liebermann: »Nee, die überspring' ick mal!«

Liebermann hatte einen reichen Juden gemalt. Der aber hatte allerlei an dem Bild auszusetzen.

»Noch ein Wort«, drohte Liebermann, »und ich mal' Sie genau so, wie Sie sind!«

Nach der Machtergreifung Hitlers mußte dem sonst durch seine Schlagfertigkeit berühmten Berliner impressionistischen Maler Max Liebermann mitgeteilt werden, daß er nicht länger der Präsident der »Preußischen Akademie der Bildenden Künste« sein könne. Einem Beamten fiel die peinliche Aufgabe zu, den Maler womöglich zur »freiwilligen« Abdankung zu bewegen. Er suchte Liebermann auf und begann davon zu sprechen, daß die Zeiten sich geändert hätten.

Liebermann schwieg.

Außerdem – meinte der Beamte – brauche die neue Zeit neue Menschen.

Liebermann schwieg.

Und auch in der Akademie seien gewisse Veränderungen unvermeidlich.

Liebermann schwieg.

Dem Beamten wurde die Sache immer peinlicher, er begann zu stottern und verstummte schließlich ganz. Die beiden saßen sich schweigend gegenüber.

Nach einer Weile schaute Liebermann auf und sagte: »So – jetzt haben Sie sich lange genug geschämt. Jetzt können Sie gehn.«

Der Dirigent und Komponist Max Reger und der bekannte und gefürchtete Musikkritiker der ›Neuen Freien Presse‹ in Wien, Dr. Julius Korngold, konnten sich nicht leiden.

Einmal dirigierte Max Reger in Wien ein Konzert, das auch seine eigenen Werke umfaßte. Gleich nach dem Konzert mußte er abreisen. Die vernichtende Kritik Korngolds wurde ihm nachgeschickt.

Einige Tage darauf erhielt Korngold aus Düsseldorf eine offene Postkarte: »Sehr geehrter Herr Korngold! Ich sitze im kleinsten Raum meines Hauses. Noch habe ich Ihre Kritik vor mir, bald werde ich sie hinter mir haben. Ergebenst Ihr Max Reger.«

Vater Korngold, Musikrezensent bei der ›Neuen Freien Presse‹, Wien, überquert mit seinem fetten Sohn Wolfgang, dem Komponisten, bei der Oper die Kärntnerstraße und stößt auf den bekannten Publizisten Egon Friedell.

Friedell, leutselig zum Pfeife rauchenden alten Korngold: »Na, Alter, pfeift das Schmöckchen?«

Als der bekannte Wiener Hofopern-Kapellmeister Esser, ein auffallend magerer Mann, starb, dichtete der Wiener Waldhornist Richard Lewy für ihn die Grabinschrift:

Hier ruht Esser,
Die Würmer, diese Fresser,
Speisen anderwärts besser.

In Osteuropa benützt man den Ausdruck »Komödiant« bei jedem künstlerischen Beruf; auch heute noch nennt man alle Künstler in Rußland »Artista«.

Der Vater des berühmten Komponisten und Dirigenten Gustav Mahler, Kaufmann in Iglau, wurde nach den ersten glänzenden Erfolgen seines Sohnes allseits beglückwünscht. Man prophezeite dem Sohn eine glänzende Zukunft.

Der Vater antwortete: »Ich dank' Ihnen sehr schön, aber Freud' hab' ich keine darüber, weil Gustl will werden e Komödiant.«

Gustav Mahler dirigierte eine Zeitlang das berühmte Berliner Philharmonische Orchester. In der heraufbrechenden Nazistimmung wurde er aber seines prononciert jüdischen Aussehens wegen so oft angepöbelt, daß er schließlich die Stellung aufgab und nach Wien zog.

Verehrer schrieben ihm aus Berlin: »Kommen Sie zurück! Die Atmosphäre hat sich gewandelt!«

Mahler schrieb zurück: »Die Atmosphäre hat sich vielleicht gewandelt, aber meine Nase ist noch dieselbe geblieben.«

Sigmund Freud über Gustav Mahler: »Dieser Mann ist psychisch verklemmt.«

Ein Freund von Freud fragt: »Könnten Sie ihn nicht psychoanalytisch behandeln?«

»Doch«, meint Freud, »aber ich fürchte, dann kann der Mann nicht mehr komponieren.«

Der Dirigent Hans von Bülow war ungemein eitel. Einmal schrieb er ins Gästebuch eines Musikmäzens:

Les noms de tous les grands compositeurs commancent avec B: Bach, Beethoven, Brahms, Berlioz, Bülow – tous les autres sont crétins.

Kurz darauf war der Komponist und Musikkritiker Moritz Moszkowski dort eingeladen und schrieb darunter:

Les noms de tous les grands compositeurs commancent avec M: Mendelssohn, Meyerbeer, Mahler, Moszkowski – tous les autres sont chrétiens *(Christen)*.

Der Geiger Jascha Heifetz eroberte schon als Knabe das New Yorker Publikum.

Bei einem seiner Konzerte saßen in der Carnegie-Hall in einer Loge der bereits berühmte Geiger Mischa Elman und der Pianist Leopold Godowski.

Als der Beifall sich gar nicht legen wollte, sagte Elman: »Es ist furchtbar heiß hier.«

»Ja«, bestätigte Godowski, »aber nur für Geiger.«

Nach dem Konzert Mischa Elmans kommt ein kleiner Junge auf ihn zu und bittet um ein Autogramm. Er bekommt es und bittet um ein zweites. Elman unterschreibt geduldig ein zweites Mal. Der Junge hält Elman ein drittes Stück Papier unter die Nase.

Nun wird Elman ein wenig ungeduldig: »Genügen dir nicht zwei Autogramme von mir?«

»Nein«, sagt der Junge, »ich muß noch eins haben. Mein Kamerad hat mir für drei Elmans einen Heifetz *(ebenfalls berühmter jüdischer Geiger)* versprochen.«

In Karlsbad gab es das berühmte Hotel und Gartencafé, benannt nach dem jüdischen Besitzer Pupp.

Zwei jüdische Kurgäste bewundern das große Hotel mit den vielen Gästen, die dort im Garten dem Konzert lauschen. Dann kommen sie in einer Anlage zum Goethedenkmal.

»Wer soll das wohl sein?« fragt der eine.

Darauf der andere: »Wer werd's sein? Der alte Pupp.«

Leon Blum, französischer Ministerpräsident, Sozialist, Jude, hat in Frankreich kürzere Arbeitszeiten eingeführt.

Paris. Bauarbeiter Itzik kommt Dienstag früh zur Arbeitsstelle – aber statt anzufangen, setzt er sich einfach hin.

»Was ist los?« fragt der Polier.

»Ich warte auf den vierten Juden«, erklärt Itzik.

»Was soll das heißen?«

»Nun: Den ersten freien Wochentag, den Sabbat, hat Moses gegeben; den zweiten, den Sonntag, Jesus; den dritten, den Montag, Leon Blum ... Und nun warte ich auf den vierten Juden, der den Dienstag freigibt.«

Jiddisch Tate: Vater. – Gojim: Nichtjuden. – dawenen: beten. – Minche-maariw: Nachmittags- und Abendgebet.

Leo Trotzki – ursprünglich Leib Bronstein – saß noch im Kreml. Einmal kam ihn sein Vater besuchen. Trotzki hatte gerade eine Besprechung. Er winkte seinen Vater heran und flüsterte ihm zu: »Tate, sollen nur die zwei, drei Gojim aroissgejn, wet men kennen dawenen minche-maariw.«

Fromme Juden tragen einen Bart.

Von einem Jerusalemer Juden, der sich nach außen hin sehr orthodox gab, sagte der Dichter Bialik: »Er hat einen langen Bart. Aber unter seinem Bart ist er ganz glattrasiert.«

In Pyritz an der Knatter, Mecklenburg, traf am 30. Januar 1933 vom Propagandaministerium Berlin ein Telegramm ein mit dem Befehl, am Judenboykott teilzunehmen.

Aus Pyritz traf die Antwort ein: »Sofort Juden herschicken, sonst Boykott unmöglich.«

Deutschland 1933.

Lifschitz: »Weißt du, Kohn, ich bin wirklich böse auf Moses!«

»Warum ausgerechnet auf Moses?«

»Hätte er uns nicht aus Ägypten hinausgeführt, dann hätten wir heute noch ägyptische Pässe.«

Deutschland 1933. Vier Juden sitzen im Café.

»Oj!« seufzt der erste.

»Ach!« stöhnt der zweite.

»Aeh!« macht der dritte.

Darauf der vierte: »Wenn ihr nicht sofort aufhört, von Politik zu reden, steh' ich auf und geh' hinaus!«

Der berühmte Generaloberst von Linsingen, im Ersten Weltkrieg Kommandeur einer Heeresgruppe an der Ostfront, hatte eine jüdische Großmutter. 1933 schrieb er an den »Jüdischen Frontkämpferbund«:

»Nachdem ich neuerdings zum Juden ernannt worden bin, bitte ich um Aufnahme in Ihren Bund.«

Theodor Düsterberg, 1932 Kandidat des Stahlhelms und der Deutschnationalen bei der Reichspräsidentenwahl, wurde 1933 von den Nazis als Jude »entlarvt«. – Um jene Zeit traten immer mehr Juden aus der jüdischen Gemeinde aus.

Von Bredow, die Zeitung lesend: »Wenn ich bloß einen Verein wüßte, in dem garantiert keine Juden drin sind!

Verein für christlich-jüdische Freundschaft? Das sind die Philosemiten, natürlich lauter Juden.

Deutschnationale Volkspartei? Das sind die Antisemiten. Auch lauter Juden ...

Am wenigsten scheinen noch in der Kille *(jüdische Gemeinde)* zu sein.«

Nazideutschland.

»Wie geht's?«

»Sehr schön!«

»Nu – wenn man dich so anschaut – abgerissen und abgemagert, möcht' man eher meinen, es geht dir schlecht.«

»Aber nein, mir geht's immer schön! Im Sommer schön heiß, im Winter schön kalt. Wenn's regnet, hol' ich mir eine schöne Erkältung, wenn der Führer eine neue Judenverordnung erläßt, werde ich schön wütend, und allmählich habe ich alles ganz schön satt.«

Nazideutschland.

»Weißt du, wer in Hitlerdeutschland die geschätzteste Frau ist?«

»Die arische Großmutter.«

»Falsch. Die jüdische Großmutter. Sie bringt Geld und Verstand in die Familie und gefährdet niemanden, denn Viertelsjuden gelten als Arier.«

1933. Die Judenverfolgungen in Deutschland haben bereits eingesetzt, die Juden können sich aber einstweilen noch frei bewegen.

Ein Nazi geht mit der Sammelbüchse im vollen Restaurant herum. Das Resultat ist spärlich. Er hält die Büchse einem Gast aufdringlich unter die Nase. Dieser weigert sich.

»Ich bin Jude«, erklärt er.

Der Nazi, verwundert: »Die Juden werden doch weiß Gott genügend verfolgt – aber bei Sammelaktionen gesteht dennoch jeder offen, daß er Jude ist!«

Ein Jude hat sich zu einer Hitlerrede eingeschlichen. Plötzlich lacht er lustig auf.

Als die Rede zu Ende ist, wird er von ein paar SA-Leuten vor den Führer gebracht, der ihn entrüstet fragt: »Wie konntest du wagen zu lachen?«

Der Jude: »Ich habe an etwas Lustiges gedacht. Es gab einen Pharao, der uns versklaven und ausrotten wollte – zur Erinnerung an jene Zeit feiern wir das heitere Pessachfest.

Dann gab es den persischen Minister Haman, der uns alle mit einem Schlag ausrotten wollte – ihm verdanken wir das fidele Purimfest ...

Sie, Herr Hitler, sind bis zum heutigen Tag unser größter Feind – und nun freue ich mich auf das Fest nach Ihrem Tode!«

Nazideutschland. Das Flugzeug Berlin-Hamburg stürzt ab. Fleckeles als einziger Überlebender klettert aus den Trümmern.

»Schrecklich!« sagt er erschüttert. »Die Luft fängt an, so unsicher zu sein wie die Straße!«

Nazideutschland. Katz kommt schwer bandagiert aus dem Gestapogebäude heraus.

Ein Passant bleibt erschrocken stehen: »Was in aller Welt ist mit Ihnen geschehn?«

Katz: »Nichts. Ich bin nur ein Märchen der Greuelpropaganda.«

Sichrono (weiblich sichrona) le 'olam: Möge sein (ihr) Andenken ewig währen! Feste Formel, wenn man von geachteten Verstorbenen spricht.

Ein Brief aus Nazideutschland, der die Zensur anstandslos passierte:

»Lieber Vetter Schloime,

es geht uns glänzend. Alles, was die amerikanischen Zeitungen über die Mißhandlungen von Juden schreiben, ist reine Greuelpropaganda. Wir möchten nirgends anderswo leben – außer vielleicht bei Tante Sara – sichrona le 'olam!«

Nazizeit. Brief aus Deutschland nach Amerika:

»Lieber Jossel,

es geht uns glänzend. Alles, was Eure Zeitungen über die Mißhandlung der Juden schreiben, ist gelogen!

P.S. Wir kommen eben von der Beerdigung von Jankew Katz, der das Gegenteil behauptet hat.«

Hitler, verkleidet wie Harun al Raschid, sitzt in einem Kino in Berlin. Die Wochenschau präsentiert eine Hitlerrede. Alles steht auf und hebt die Hand zum Hitlergruß. Nur Hitler selbst bleibt erschüttert sitzen.

Neben ihm sitzt ein Jude. Er klopft Hitler sacht auf die Schulter und sagt: »Schaun Sie, wir sind ja alle Ihrer Meinung. Aber Sie dürfen es nicht so offen zeigen!«

Die vier prominentesten Nazibonzen gingen anonym ins Café und wurden nicht erkannt. Denn Göring kam in einem simplen Tagesanzug, Goebbels öffnete kein einziges Mal den Mund, Schacht zahlte die Rechnung und Hitler kam mit einem Judenmädchen.

Nazideutschland. Der Einmarsch der deutschen Armeen in Polen hat noch nicht stattgefunden, der Erfolg ist noch unsicher.

Göring: »Sollte alles schiefgehen, dann setze ich mich in mein privates Flugzeug und fliehe nach Italien.«

Hitler: »Ich berufe mich darauf, daß ich Ausländer bin, und fordere die Immunität des Ausländers.«

Goebbels: »Ich fahre nach Warschau und tauche als polnischer Jude unter.«

Nazizeit. Der deutsche Finanzminister Hjalmar Schacht will in London eine Anleihe für Deutschland aufnehmen und versichert: »Das Geld ist euch sicher! Wir haben ausreichend Goldreserven unter der Erde und unsern unvergleichlichen Hitler über der Erde!«

Da flüstert der Großbankier Baron Rothschild seinem Kollegen zu: »Wenn es umgekehrt wäre, hätte ich mehr Vertrauen!«

Bei der Besichtigung der Kieler Flotte fällt Hitler ins Wasser. Ein Matrose zieht ihn heraus.

Darauf Hitler: »Ich will mich erkenntlich zeigen. Wie ist Ihr Name?«

»Itzig Levy.«

»Dennoch! Welchen Wunsch kann ich Ihnen erfüllen?«

»Nur einen: Erzählen Sie niemand, was ich getan habe!«

1938, als noch immer nicht alle Juden in Deutschland begriffen, wie gefährlich die Lage für sie war, kam ein jüdischer Vertreter ausländischer Arzneimittel zu einem deutschen Arzt.

»Haben Sie denn gar keine Angst vor den Nazis?« fragte der Arzt.

»Warum?« meinte der Vertreter. »San wir gekommen durch das Rote Meer, wern mer auch kommen durch den braunen Dreck.«

Die Emigranten sind alle Mexikaner (»es mag sie kaner«).

Andere wieder meinen, sie seien alle Holländer (»Van drieben«).

Nach seinem Besuch in Nazideutschland erklärt Professor Kohn in New York, wie es kommt, daß die bisher so sympathischen Deutschen sich so gewandelt haben: »Von drei Eigenschaften kann eben ein Deutscher heute immer nur zwei besitzen:

Ist er intelligent und nazi, dann ist er nicht anständig.

Ist er anständig und nazi, dann ist er nicht intelligent.

Ist er aber anständig und intelligent, dann kann er kein Nazi sein.«

Weiß und Rot stehen vor einem Naziplakat. Sie lesen es schweigend. Plötzlich murmelt Weiß: »1000 Jahre sollen die Hakenkreuzler leben!«

Rot: »Biste meschugge?!«

Weiß: »Wieso? Ich meine doch: aufgeteilt auf sie alle!«

Hitlerzeit. Goldfarb ist nach Frankreich ausgewandert. Als 1939 der Krieg ausbricht, werden die französischen Truppen aufgeboten. Goldfarb schaut beim Durchmarsch der nachlässig dahinschlendernden Poilus zu und meint wehmütig: »Wenn man das mit unserer SA vergleicht!«

Erich Remarque, »arischer« Verfasser eines pazifistischen Buches über den Ersten Weltkrieg, mußte in der Hitlerzeit auswandern.

Gefragt, ob er nicht Heimweh empfinde, entgegnete er: »Wieso? Bin ich ein Jude?«

Hitlerzeit. Für Ostjuden ist es fast unmöglich, ein Visum für die USA zu erlangen.

Lehrer: »Moritzl, weißt du, warum Kolumbus so berühmt geworden ist?«

»Ja, Herr Lehrer. Weil er ist ohne Visum in Amerika hineingekommen.«

Analog zum preußischen Orden »Pour le Mérite« nannten die Juden, solange sie überhaupt noch lachen konnten, den gelben Judenstern, den sie tragen mußten, den »Pour le Sémite«.

Berlin. Wilmersdorfer Straße. Zeit: Kristallnacht. Man wirft aus einem Stockwerk die Möbel auf die Straße. Kohn steht vor dem Haus, sieht zu und lacht furchtbar.

Ein Uniformierter erkennt ihn als Juden und schreit ihn an: »Das ist eine Judenwohnung!«

Kohn: »Ja, das ist meine Wohnung.«
»Warum lachst du dann?!«
»Nu«, sagt Kohn, »ich wohne doch möbliert!«

Nazizeit. Der Krieg geht dem Ende zu. In Deutschland ist alles bereits sehr knapp.

Jesus ist wieder einmal auf die Erde herabgestiegen und spaziert unter den Linden. Goebbels kommt daher, tief besorgt über die prekäre Versorgungslage. Als er Jesus sieht, leuchtet sein Gesicht auf: Hier wird er Rat finden!

»Sag mal, Jesus«, fragt er, »wie hast du seinerzeit Fünftausend ohne Brot gespeist?«

»Mich fragst du das?« entgegnet Jesus verwundert, »wie habt denn ihr achtzig Millionen ohne Alkohol besoffen gemacht?«

Galizisch jiddisch wird das deutsche U als Ü oder I gesprochen, also uns = üns oder ins.
1938 schrien alle Österreicher: »Wir wollen heim ins Reich!« Bis 1942 hatten sie aber alle jiddisch gelernt, denn jetzt schrien sie: »Wir wollen heim, *üns* reicht's!«

Auch in Rumänien gab es einen Wunderrabbi.

Als Rumänien, Deutschlands Kriegspartner, Rußland angegriffen hat, erscheint bei dem Rabbi eine junge christliche Frau: »Herr Rabbiner, ich habe von Ihnen viele Sachen gehört, und Sie sind jetzt unsere letzte Hoffnung. Mein Mann ist direkt an die Frontlinie geschickt worden und kann jeden Augenblick fallen. Helfen Sie uns bitte, helfen Sie uns!«

Der Rabbi verlangt zwei Tage Frist zum Klären, dann übergibt er der Frau ein kleines Päckchen: »Tun Sie dieses Päckchen zu den andern Sachen, die Sie Ihrem Mann schicken wollen. Und Sie werden sehen, Gott wird Ihnen Ihren Mann nach Hause bringen!«

Und tatsächlich – nach ein paar Tagen kommt der Mann nach Hause! Was ist geschehen? Als ein Paket für den Soldaten Popescu in der vordersten Frontlinie eintraf, wurde es, wie üblich, aufgemacht und genau kontrolliert. Auch das festverschnürte kleine Päckchen vom Rabbi, das der Sendung beigepackt war, wurde geöffnet. Was lag darin? Zwei Sidurim *(hebräische Gebetbücher)*!

Da schreit der Stabsoffizier ganz außer sich: »Wie? Was? Popescu ist ein verschleierter Jud'? Marsch nach Haus mit ihm!«

Drei nicht von Juden stammende »Witze« zur »Endlösung« der Judenfrage unter Hitler. – Der »Witz« über die Olympiade in Berlin 1936 mißachtet zudem die Tatsache, daß die Vernichtung der Juden in Gaskammern und Krematorien erst später einsetzte:

1. Frage: Welches war der beliebteste Platz im Krematorium?
   Antwort: Der Fensterplatz.
2. Frage: Wieviel Juden haben an der Olympiade in Berlin 1936 teilgenommen?
   Antwort: 80000.
   ??
   20000 in der Gasflamme und 60000 auf der Aschenbahn.
3. Frage: Wieviel Juden gehen in einen Volkswagen?
   Antwort: 24.
   ??
   2 vorne, 2 hinten, und der Rest im Aschenbecher.

1946. Grün und Blau haben die Hitlerjahre in der UdSSR heil überstanden und kommen nach Prag zurück. Es beginnt zu regnen.

Grün: »Kaufen wir einen Schirm!«

Sie gehen ins Warenhaus und fragen, wo es Schirme gibt.

Der Portier: »Ersten Stock!«

Grün: »Erst en Stock? Meschugge! Ich will nur einen Schirm! Gehn wir, bis es aufhört zu regnen, ins Kino!«

Sie kaufen zwei Kinokarten. Der Platzanweiser wirft einen Blick auf die Nummern und sagt: »Gerade aus!«

Grün: »Gerade aus?! Und da geht die Kassiererin hin und verkauft uns Karten! Meschugge! Lassen wir das Kino. Wir wollen ja ohnehin nach Dresden fahren, gehn wir zur Bahn!«

Sie kaufen zwei Fahrkarten nach Dresden, dann fragt Grün den Bahnbeamten: »Wann fährt der nächste Zug?«

Der Beamte: »Neunzehnfünfzig.«

Grün: »Was! Wir sollen volle vier Jahre, bis 1950, warten? Und da hat er die Chuzpe, uns Karten zu verkaufen! Meschugge! Nehmen wir das Flugzeug!«

Sie gehen zum Flugplatz und studieren die Preisliste: »Schau her, Blau! Das deutsche Flugzeug, das wir nehmen sollten, hat die Ariergesetze immer noch nicht abgeschafft! Da steht ausdrücklich ›Erste Ka Jüd *(Kajüte)*‹, ›Zweite Ka Jüd‹. Und wir beide tragen Pejes *(Schläfenlocken der Orthodoxen)*. Lassen wir es!«

Ein Jude kommt in die Hölle. Er will die neue Umgebung ein wenig kennenlernen und sieht sich um. In der Ecke steht ein Schreibtisch, schön kühl und bequem. Da sitzt Hitler und arbeitet.

Der Jude macht große Augen und fragt entsetzt: »Das soll die Hölle sein?!«

»Laß nur gut sein«, beruhigt ihn ein anderer Jude. »Er hat ›Mein Kampf‹ ins Hebräische zu übersetzen.«

Ein Witz, der zur Hitlerzeit in Deutschland unter Nichtjuden zirkulierte:
Der alte Levy ist gestorben und trifft auf dem Weg zum Himmel Hitler, Göring und Goebbels auf ihrem Weg zur Hölle. Sie flehen ihn an, bei Petrus ein gutes Wort für sie einzulegen. Nach einigem Zögern nimmt er von der Schulter seinen Sack, öffnet ihn und befiehlt ihnen, einzusteigen.

Petrus kennt den armen alten Hausierer Levy gut, und ohne Schwierigkeiten läßt er ihn ein. Aber kaum ist Levy ein Stück gegangen, als Petrus sich umdreht und den Sack auf seinem Rücken bemerkt: »Hallo, was hast du denn da drin?«

Darauf Levy: »Da? Oh, nur ein paar alte Lumpen.«

Hitler hat seine Höllenstrafe absolviert und darf in den Himmel einziehen. Als erstes erbittet er sich von Petrus einen Erdurlaub von sechs Wochen. Der liebe Gott ist gnädig aufgelegt und gewährt ihm die Bitte.

Aber nach drei Tagen ist Hitler schon wieder da. »Nanu«, fragt Petrus, »was ist denn los? Ich dachte, man hat Sie mit offenen Armen unten aufgenommen?!«

»Ach«, klagt Hitler traurig, »daran hätte es nicht gefehlt. Aber ich finde mich unten überhaupt nicht mehr zurecht. Die Juden kämpfen in Israel an drei Fronten wie die Teufel, und die Deutschen machen nichts wie Geschäfte ...«

1939 in Wien wirklich geschehen. Ein SS-Mann sieht einen Kameraden mit einem Judenmädchen daherkommen.

»Du Schwein«, herrscht er ihn an, »verkehrst mit Juden!«

»Aber wieso?« entgegnet der andere, »a Jüdin ist doch ka Jud!«

Moskau 1930. Große Wohnungsknappheit. Eine Abordnung der Wohnungskommission geht von Haus zu Haus, um festzustellen, wo man eventuell noch etwas freien Wohnraum auftreiben könnte.

Die Herren klingeln im Parterre. Heraus tritt die Hausfrau.

»Sagen Sie, Frau Wassiljewa, wie groß ist Ihre Wohnung? Drei Zimmer? Und wieviel Personen sind Sie? Wie, nur Sie, Ihr Mann und Ihr Kind? Sie müssen sofort die Wohnung verlassen! Wir werden Ihnen eine Zweizimmerwohnung zuweisen!«

Frau Wassiljewa, empört: »Was fällt Ihnen ein! Mein Mann ist Kaderleiter in der Textilfabrik ›Befreiung‹! Ich werde mich sofort bei ihm beschweren!«

Die Herren, erschrocken: »Verzeihen Sie tausend Mal die Störung, Genossin Wassiljewa! Auf Wiedersehen!«

Die Herren wandern von Stockwerk zu Stockwerk – überall ergeht es ihnen ähnlich.

Zuletzt klettern Sie in den Dachstock hinauf. Sie klingeln. Heraus tritt der alte Kohn.

»Wieviel Zimmer haben Sie? Eineinhalb? Und wieviel Personen wohnen hier? Wie, nur Sie allein?! Das ist ganz unmöglich! Sie ziehen innerhalb einer Woche aus! Wir weisen Sie in eine Einzimmerwohnung ein!«

Kohn, außer sich: »Was fällt Ihnen ein! Wissen Sie denn überhaupt, wer ich bin? Ich bin Regierungsverantwortlicher! Scheren Sie sich auf der Stelle fort von hier.«

»Entschuldigen Sie tausend Mal, Genosse Kohn!« bitten die Herren tief erschrocken und verlassen das Haus ...

Ganz deprimiert schreiten sie dahin. Plötzlich bleibt einer von ihnen stehen und sagt nachdenklich: »Der Kohn ist Regierungsverantwortlicher? Gibt es so etwas überhaupt? Kehren wir doch noch einmal um und fragen wir ihn!«

Sie klettern wieder ins Dachgeschoß hinauf und fragen.

Kohn: »Was wollen Sie schon wieder von mir? Wieso ich Regierungsverantwortlicher bin? Na, das ist doch wohl ganz klar! Wenn die jetzige Regierung gestürzt wird – wer wird dann für ihre Fehler verantwortlich gemacht? Natürlich der alte Jude Kohn!«

Sowjetunion. An der Parteispitze hat es wieder einmal scharfe ideologische Auseinandersetzungen und als Folge davon Umbesetzungen und Verhaftungen gegeben. Jankel kommt tief nachdenklich zum Rebben.

»Rebbe«, fragt er, »was ist der Unterschied zwischen dialektischem und historischem Materialismus?«

Darauf der Rebbe: »Kein Unterschied. Verlaß das Land!«

UdSSR.

Moische kommt zum Rebben: »Rebbe, ich fühle mich vom NKWD beschattet. Was soll ich bloß für Schritte unternehmen?«

Der Rebbe, ohne zu klären: »Große, Moische! Sehr große!«

Sowjetunion. Zehn Jahre nach Ausbruch der Revolution wird Moische vor ein Amt zitiert.

»Wie alt sind Sie?« fragt der Beamte.

»Vierzig«, erklärt Moische.

»Sie sehen aber älter aus!« wundert sich der Beamte, »wann sind Sie denn geboren?«

»1877.«

Der Beamte wundert sich noch mehr: »Dann sind Sie doch fünfzig und nicht vierzig!«

Moische winkt resigniert ab: »Sagen Sie selbst: Kann ich denn die letzten zehn Jahre wirklich als Teil meines Lebens betrachten?«

Sowjetrußland. Feinbaum geht in Moskau ins Museum und kommt in die Abteilung, in welcher die Kronjuwelen der ehemaligen Zaren ausgestellt sind. Sie liegen hinter ganz gewöhnlichem Glas.

Feinbaum zum Wärter, verwundert: »Das alles kann man doch mühelos stehlen? Warum liegen die Kostbarkeiten nicht hinter Gitter mit Alarmsignalen und sind nicht bewacht von bewaffneten Detektiven?«

Wärter, stolz: »Das mag in der kapitalistischen Welt nötig sein, aber nicht bei uns! Bei uns ist der größte Schatz der Mensch!«

Feinbaum, nachdenklich: »Darum also wird er hinter Gittern so streng bewacht!«

Sowjetunion. Srulke möchte gern in die Partei aufgenommen werden, sein Antrag wurde genehmigt, jetzt muß er noch eine strenge mündliche Prüfung bestehen.

»Es wird schon gut werden!« trösten die Freunde, »wir warten vor der Tür auf dich, um gleich zu hören, wie es gegangen ist!«

Mit Herzklopfen tritt Srulke vor das Komitee.

»Was halten Sie von Gott?« fragt einer der Examinatoren streng.

Srulke winkt verächtlich ab: »Eine miese bourgeoise Erfindung, um das Volk niederzuhalten!«

»Gut«, sagt der Examinator, »und was halten Sie von Kirchen und Synagogen?«

»Horte der Finsternis und Reaktion!« entgegnet Srulke streng, »man muß sie enteignen und in Klubhäuser umwandeln ...«

Es kommen noch einige ähnliche Fragen, aber schließlich ist die Prüfung zu Ende.

Srulke tritt heraus. Die Freunde umdrängen ihn.

»Nu – wie war's?«

Srulke, strahlend: »Mit Gottes Hilfe habe ich bestanden!«

Beschneidung der Knaben eine Woche nach der Geburt: Jüdisches religiöses Grundgebot. – Goj: Nichtjude, Christ, Bauer.

Sowjetunion. Jankel ist der Partei beigetreten. Nun hat er tiefe Sorgen. Sein Weib erwartet ein Kind. Er debattiert mit ihr die Probleme, die sich ergeben werden, falls es ein Knabe wird. Soll er ihn unbeschnitten lassen wie einen »goischen Iwan«? Das ist doch ganz unmöglich! Anderseits: Wie sieht das aus – ein beschnittener Sohn eines Parteimitglieds und überzeugten Kommunisten, der nicht an Gott glaubt!

»Nun«, meint Jankel schließlich resigniert, »laß uns abwarten! Vielleicht hilft Gott ...«

Endlich ist das Kind da.

»Siehst du«, sagt Jankel freudig zu seinem Weib, »Gott hat wirklich geholfen! Unser Kind ist ein Mädchen!«

Wahre Episode. Mitschurin war der durch die Sowjetpropaganda groß aufgemachte Botaniker, der – teilweise recht unwissenschaftlich – frostbeständige vaterländische Obstsorten für Sibirien zu züchten versuchte.

Ein jüdischer Geologe in der Mongolei hatte sich mit einer Jakutin verheiratet. Die beiden bekamen reizende, schlitzäugige Kinder.

Ein Freund aus Moskau besuchte das Paar und fragte den Geologen:

»Du hast eine Jakutin geheiratet? Warum eigentlich?«

»Ich bin Mitschurin-Schüler!«
»Das mußt du mir schon näher erklären!«
»Nu, ich züchte eine neue, frostbeständige Art von Juden.«

Der Sender von Eriwan, der Hauptstadt der Sowjetrepublik Armenien, sendet 4 Programme in 7 Sprachen. Er beantwortet auch Fragen. Einzig der politische, regimefeindliche Witz wird ihm untergeschoben. Es ist aber kein Zufall, daß man diese Rolle gerade den witzbegabten (vorderasiatischen) Armenen zuschreibt. – Der nachfolgende Eriwanwitz zirkuliert ausschließlich in Westdeutschland.

Frage an Sender Eriwan: »Trifft es zu, daß der BRD-Minister Egon Bahr Proletarier ist?«
Antwort: »Prolet ja, Arier nein!«

Am Himmelstor verhört der heilige Petrus den alten Jakubowitsch: »Wo sind Sie geboren?«
»In Österreich-Ungarn.«
»Wo haben Sie gelebt?«
»In Ungarn.«
»Wo haben Sie geheiratet?«
»In der Tschechoslowakei.«
»Wo sind Sie gestorben?«
»In Rußland.«
»Solche Vagabunden nehmen wir nicht.«
»Aber heiliger Petrus, ich schwöre Ihnen, daß ich mein Lebtag nicht aus Munkacz herausgekommen bin!«

Sozialistisches Prag.
Salkowski: »Herzberg, hör zu! Du bist doch in der Partei. Ich möchte auch hinein und muß mich zur Prüfung vor der Parteikommission stellen. Kannst du mir ein bißchen was beibringen, damit ich mich nicht blamier'?«
»Gut, Fangen wir an. Du weißt doch, wer den Sozialismus erfunden hat?«
»Nein.«
»Das weißt du nicht? Das war doch der Doktor Marx!«
»Ein Doktor?! Warum hat er nicht zuerst ausprobiert an Hunden?!«

Bei Dukla gab es im Ersten Weltkrieg eine Schlacht der Tschechischen Legionäre.

Kohn und Robitschek gehen ins Gespräch vertieft in Prag bei rotem Licht über die Straße.

Der Verkehrspolizist stellt die beiden: »Meine Herren, wissen Sie nicht, daß Sie bei Rot nicht über die Straße dürfen? Sie müssen eine Buße zahlen!«

Robitschek: »Genosse, gilt das auch für die Helden von Dukla?«

Der Polizist, verlegen und versöhnlich: »Nun gut. Aber diese Vorschrift liegt ja auch in Ihrem Interesse. Passen Sie das nächste Mal doch lieber auf!«

Auf der anderen Seite der Straße fragt Kohn den Robitschek verwundert: »Was erzählst du denn da? Seit wann sind wir Helden von Dukla?!«

»Na schön, sind wir nicht – aber fragen wird man doch dürfen!«

Die Salve des Kreuzers »Aurora« in der Bucht von Petersburg wird in den Lesebüchern kommunistischer Länder als Auftakt zur kommunistischen Oktoberrevolution geschildert.

Sozialistisches Prag. Trifft Herr Kohn Herrn Abeles. Abeles schimpft auf die allgemeinen Verhältnisse, auf Schlampereien im Handel und auf den Ämtern, auf die Bürokraten, die hohen Preise, die Steuern ...

Nach einer Weile wird es Herrn Kohn zuviel, und er sagt ungeduldig: »Was erzählen Sie mir das alles, Herr Abeles, habe vielleicht *ich* von der Aurora geschossen?«

Herr Kohn kommt 1960 im sozialistischen Prag aufs Ministerium und will die Genehmigung zum Auswandern.

»Aber warum?« fragt der Beamte.

»Ich habe zwei Gründe«, sagt Herr Kohn.

»Welche, ich bitte Sie?«

»Der erste: Man sagt, es soll zum Umsturz kommen.«

»Aber nein«, meint der Beamte, »das kann nicht so leicht passieren!«

»Na, sehen Sie«, bestätigt Herr Kohn, »das ist eben der zweite Grund.«

Sozialistisches Prag.

Karfunkelschtain kommt zur Ausreisebehörde und erklärt: »Ich brauch' ein Visum nach den USA zu einem Familienanlaß.«

»Was für ein Anlaß ist das?«

»Beerdigung Nixons.«

»Wieso sind Sie denn verwandt mit Nixon? Aber davon abgesehen: Nixon lebt doch noch!«

»Nu – ich kann drüben warten, bis er tot ist!«

Abermals Prag 1960, auf demselben Ministerium. Wieder verlangt Herr Kohn die Erlaubnis zur Auswanderung. Wieder will der Beamte den Grund wissen.

Darauf Kohn: »Ich habe in Amerika eine steinreiche Tante, die ist blind und taub und will mir viele Millionen vererben, und ich möchte sie noch pflegen.«

Da meint der Beamte: »Schreiben Sie doch der Tante, sie soll hierher kommen. Dann können Sie sie hier pflegen. Und sie soll die Millionen mitbringen.«

Herr Kohn: »Ich habe gesagt, sie ist blind und taub, ich hab nicht gesagt, sie ist blöd.«

Prag, nach dem Einmarsch der russischen Armeen 1967.

Berl zu Schmerl: »Sag einmal, Schmerl, würdest du die Russen als unsere Freunde oder als unsere Brüder bezeichnen?«

Schmerl: »Als unsere Brüder natürlich! Freunde kann man sich aussuchen.«

»Zionismus«, als positive Einstellung zum Staat Israel, wird bekanntlich in den marxistischen Staaten scharf verurteilt.
Als aus Anlaß des »Prager Frühlings« die Russen in der Tschechoslowakei einmarschierten, definierten die Prager:

Was ist ein Zionist?

Ein Tscheche, der ein russisches Panzerauto anspuckt.

Nach dem Einmarsch der russischen »Freunde« in der Tschechoslowakei 1967 kam in Prag die Scherzfrage auf:

»Welches ist der sicherste Staat der Welt?«

»?«

»Israel. Denn er ist *nur* von Feinden umgeben.«

Nebbich: Ausdruck des Mitleids (siehe Glossar).
Sozialistisches Polen 1970. Anschließend an den Sechstagekrieg Israels 1967 hatte es eine antizionistische Kampagne im Land gegeben, bei der die meisten Juden ihre Stelle verloren.

In Warschau begegnet der Grünblatt dem Abeles auf der Straße. Abeles ist blaß und abgerissen.

»Nu – wie geht's?« fragt Grünblatt mitleidig.

Darauf Abeles: »Was willst du? Wir leben – *nebbich* – in einer großen Zeit!«

Polen 1970. Praktisch sind zu diesem Zeitpunkt bereits alle Juden im sehr antisemitischen, kommunistischen Polen aus ihren Stellungen entlassen und direkt oder indirekt zur Auswanderung gezwungen worden.

Zwei Juden begegnen sich auf der Straße in Warschau.

Fragt der eine den andern: »Wie geht's dir?«

»Gut.«

»Wieso gut? Bist du nicht auch entlassen worden?«

»Doch.«

»Wovon lebst du dann?«

»Von Erpressung.«

»Erpressung? Ja, wen erpressest du denn?«

»Nu, sehr einfach. Den Goi *(Nichtjuden)*, der mich in der Okkupationszeit vor den Nazis versteckt hat.«

Volksdemokratie Polen. Irving, einst Itzik, kommt aus den USA in seine alte Gemeinde und besucht Miecio, einst Moische.

»Nu, wie geht's?«

»Früher ging's schlecht. Heute geht's gut. Aber ...«

»Nu?«

»Es mecht' gehn besser, wenn es tät' wieder gehn ein klein bissele schlechter ...«

Sozialistisches Ungarn. In der einst berühmten Fayencefabrik wird nachlässig gearbeitet, ein hoher Prozentsatz der Ware weist erhebliche Fabrikationsfehler auf. Am schlimmsten ist ein Posten von Töpfen mißraten, bei dem die Henkel statt außen, innen angebracht sind.

Der verantwortliche Fabrikleiter ist tief bedrückt.

Kohn, der Reisende der Fabrik, tröstet ihn: »Regen Sie sich nicht auf! Ich werde die Töpfe dennoch verkaufen!«

Er fährt nach Bulgarien und telegraphiert noch bald: »Habe 10000 Töpfe verkauft. Es lebe das freie Bulgarien!«

Er fliegt nach Rumänien und telegraphiert noch am gleichen Tag: »Habe 10000 Töpfe verkauft. Es lebe das freie Rumänien!«

Nun verlangt er ein Visum für den freien Westen, um dort den Rest der Töpfe abzusetzen. Die Behörden geben ihm die nötigen Ausreisepapiere bereitwillig.

Wenige Tage später trifft aus London bei der Fabrik ein Telegramm ein: »Bin hier angekommen. Habe in Wirklichkeit überhaupt nichts verkauft. Es lebe der freie Kohn!«

Sozialistisches Rumänien. Gold und Devisen privat zu besitzen ist streng verboten und wird hart bestraft.

»Hallo, Sicherheitspolizei? Hier spricht Leibowitsch. Mein Freund Schmilowitsch hat Gold in seinem Holzschuppen versteckt!«

Wenige Minuten später stoppt ein großer Militärwagen vor der Haustür von Schmilowitsch, ein Offizier und mehrere Polizisten steigen heraus und fangen sofort an, das Brennholz im Schuppen zu durchsuchen. Nichts. Da nehmen sie vom Wagen Säge und Äxte herunter und fangen an, das Brennholz in dünne Stücke zu zerschneiden.

Nach ungefähr zwei Stunden ruft Leibowitsch den Schmilowitsch an: »Hallo, Schmilowitsch? Hier ist dein bester Freund Leibowitsch. Wie geht es bei euch?«

»Danke der Nachfrage. Gut. Noch eine halbe Stunde, und das ganze Brennholz ist schön fertig geschnitten.«

Sozialistisches Rumänien. Der Besitz ausländischer Valuta ist streng verboten.

Moische bekommt Besuch von seinem Bruder aus Amerika, den die wirtschaftlichen Mißstände Rumäniens tief beeindrucken.

»Hör mal, Moische, ich möchte dir helfen! Ich geb' dir ein paar Hundert Dollar. Was bekommst du hier dafür?«

»Nu – ich glaub', so zehn bis zwölf Jahre.«

Sozialistisches Rumänien. Moische bekommt Besuch von seinem Bruder aus Amerika.

»Na, wie geht es euch?«

»Der Partei sei Dank – es geht uns gut.«

»Aber ich sehe doch, daß du zusammen mit deiner Frau und deinen zwei Kindern in einem einzigen Zimmerchen lebst!«

»Der Partei sei Dank – das genügt uns.«

»Und wie steht's mit Parnusse *(Einkommen)*, verdienst du gut?«

»Der Partei sei Dank – wir leben.«

»Deine Kleider scheinen aber ziemlich alt zu sein.«

»Der Partei sei Dank – nackt gehen wir nicht herum.«

»Moische, hör doch endlich einmal auf mit dem ewigen ›Der Partei sei Dank‹, ›Der Partei sei Dank‹! Was wirst du denn sagen, wenn die Partei nicht mehr existieren wird?«

»Schaaa! Dann werde ich sagen: ›Gott sei Dank!‹«

Sozialistisches Rumänien. Koralik hatte Besuch von seinem Bruder aus den USA, der ihm einige Silberdollar geschenkt hat. Koralik hat die kostbaren Silberstücke sorgfältig verwahrt, aber sein kleiner Sohn Pinchas hat dennoch eines davon gefunden und verschluckt. Den Arzt kann man nicht rufen, da der Besitz ausländischer Währung streng bestraft wird. Es bleibt also nichts übrig, als den kleinen Jungen auf dem Töpfchen sitzen zu lassen, bis das Dollarstück wieder zum Vorschein kommt. Der Kleine sitzt und sitzt.

Koralik zu seiner Frau: »Nu?«

Sara schaut nach und seufzt: »Leider immer noch bloß unsere Valuta!«

Die rumänische KP hat im ganzen Lande Plenarsitzungen angeordnet, auf denen die Auswanderung der Juden nach Israel angeprangert werden soll.

Der Parteisekretär, streng und laut: »Liebe Genossen! Wir haben uns hier freiwillig versammelt, um die Auswanderung der Genossen Juden scharf zu verurteilen. Als es unserm Lande gut ging, hat keiner von denen an so etwas gedacht. Aber jetzt natürlich, liebe Genossen ...«

Sozialistisches Rumänien.

Sara, mitten in der Nacht: »Moische, mir ist schlecht!«

Moische, im Halbschlaf: »Mmmmm?«

»Moische, mir geht's schlecht!«

Moische, halb aufwachend: »Nu – wem geht's schon gut?«

Sozialistisches Rumänien. Die Mißstimmung zwischen Rußland und China bahnt sich gerade an, und es ist noch nicht klar, auf welche Seite Rumänien sich stellen wird.

Kohn kommt in den Laden: »Bitte, geben Sie mir ein Päckchen Tee!«

»Russischen oder chinesischen?«

»Mich wer'n Sie provozieren! Geben Sie mir ein Päckchen Kakao!«

Sozialistisches Rumänien. Parteifunktionäre, die einen ideologischen Fehler begangen haben, oder Juden, die nach Israel auswandern wollten, verlieren ihre bisherigen Posten und werden zu sogenannter »Niederarbeit« verurteilt.

»Hast du schon gehört? Dr. Schmilowitz, der Augenarzt, wollte nach Israel auswandern und ist zu Niederarbeit geschickt worden.«

»Was du nicht sagst! Was ist denn aus ihm geworden?«

»E Gynäkolog.«

Sozialistisches Rumänien. Volksschulinspektion durch Vertreter des Kultusministeriums, der kommunistischen Partei etc. Der Schuldirektor stellt Fragen über den Zustand in den Schülerfamilien.

»Sag uns, Popescu, wie lebt ihr zu Hause? Fehlt euch etwas?«

»Ja, Genosse Direktor, eben sagte mein Vater, jetzt, da wir eine neue Wohnung von der Partei erhalten haben, müßten wir auch passende neue Möbel dazu haben. Aber in ein paar Jahren, sagt mein Vater, würden wir es schaffen, und dann wird uns nichts mehr fehlen.«

»Gut. Schön, Popescu, nimm Platz. Sag uns, Ionescu, wie ist es bei euch zu Hause? Fehlt euch etwas?«

»Genosse Direktor, wir haben eine neue Wohnung, und sogar neue Möbel sind bereits darin. Jetzt, sagt mein Vater, müssen wir zwei, drei Jahre nichts als Joghurt essen, um Geld für einen Wagen zu sparen. Dann wird uns nichts mehr fehlen.«

»Ist gut. Setz dich, Ionescu. Nun sag uns bitte, wie steht's bei euch zu Hause, Rabinowitsch?«

»Genosse Direktor – uns fehlt nichts mehr!«

Freudig und zufrieden nickt der Direktor der Kommission zu, dann dreht er sich wieder Rabinowitsch zu und fordert ihn auf: »Nun erzähl uns, mein lieber Rabinowitsch, damit wir es alle hören, wie deine Eltern zu einem Zustand gelangt sind, bei dem euch zu Hause gar nichts mehr fehlt!«

»Wissen Sie, Genosse Direktor, mein Vater war als Chefbuchhalter an einer großen Fabrik tätig. Neulich hat er einen Antrag auf Auswanderung nach Israel eingereicht, und sie haben ihn rausgeschmissen. Jetzt verkauft er Zeitungen auf der Straße, und meine Mutter wäscht Teller in einem Restaurant. Die Möbel und alles, was sonst irgendeinen Wert bei uns zu Hause hatte, haben meine Eltern schon verkauft. Wir haben auch aus der Wohnung ausziehen müssen und leben jetzt ganz provisorisch auf dem

Dachboden. Gestern kam nun meine sechzehnjährige Schwester weinend nach Hause und sagte: ›Tate, Mame, ich werd' ein Kind kriegen!‹ – Und da hat die Mame ganz ausdrücklich gesagt: ›Oj, grojßer Gott, nur das hat uns noch gefehlt!‹«

1969. Schule in einem osteuropäischen Staat.

Lehrer: »Wer kennt einen großen Feldherrn?«

Klein-Rudi: »Bitte, Kutusow.«

Lehrer: »Was weißt du von Kutusow?«

Klein-Rudi: »Kutusow hat Napoleon bis nach Moskau gelockt, dann hat er gewartet, bis es dort anfing zu frieren, und dann hat er ihn besiegt.«

Lehrer: »Gut. Wer kennt einen andern?«

Klein-Karli: »Bitte, Stalin.«

Lehrer: »Was weißt du von Stalin?«

Klein-Karli: »Stalin hat Hitler bis an die Wolga gelockt, dann hat er gewartet, bis es dort anfing zu frieren, und dann hat er ihn besiegt.«

Lehrer: »Gut. Wer kennt noch einen?«

Klein-Moritz: »Bitte, Nasser.«

Lehrer: »Was weißt du denn von ihm?«

Klein-Moritz: »Nasser hat die Israelis bis an den Suezkanal gelockt, und jetzt wartet er, bis es dort anfängt zu frieren.«

Deutsch Hahn: galizisch-jiddisch Huhn. – Deutsch Huhn: galizisch-jiddisch Hihn.

Wahres Begebnis. 1934 geht eine deutsche Jüdin, die noch nie zuvor Jiddisch gehört hat, in Jerusalem auf den Markt, um Geflügel einzukaufen.

Der ostjüdische Händler: »Willt Ihr a Huhn oder a Hihn?«

Die Dame schaut verständnislos.

Der Händler: »Ich seh', Ihr varschtejt nischt! Ihr sollt wissen, G'weret *(Madame)*, as a Huhn is a Hihn und a Hahn is a Huhn.«

Der Dame gehen vor Erstaunen die Augen über.

Darauf der Händler, lachend: »Willt Ihr a Monsieur oder a Madame?«

Jetzt kam der Kauf zustande.

Zur Zeit, da die ersten Zionisten im 19. Jahrhundert nach Palästina kamen, stand das Land unter türkischer Herrschaft, und den Türken sagte man damals starke homosexuelle Neigungen nach.

Zwei jüdische Einwanderer unterhalten sich in Jaffa: »Jossel, rat mal, wenn unser Sultan drei neue schöne Frauen für seinen Harem erwirbt, eine blonde, eine dunkle und eine rothaarige – mit wem wird er am liebsten schlafen?«

»Nu – sag schon!«

»Mit seinem Premierminister.«

Zur englischen Mandatszeit war die jüdische Einwanderung in Palästina zeitweilig stark behindert oder vollständig gestoppt. – Die verschiedenen zionistischen Parteien, die im nachstehenden Witz genannt sind, sind untereinander heftig verfeindet.

Englischer Polizist in Jerusalem: »Ich habe soeben 14 illegale Einwanderer festgenommen. 4 Misrachisten, 3 Poalej Zion, 5 Revisionisten, 2 Kommunisten.«

Der Vorgesetzte: »Gut. Wo sind sie jetzt?«

»Sie warten vor dem Gebäude.«

»Trottel! Sie werden davonrennen!«

»Keine Angst! Sie hassen sich so, daß sie sich gegenseitig bewachen!«

Tel Aviv. Itzik kommt vom Markt, unter jedem Arm eine riesige Wassermelone. Ein Fremder tritt auf ihn zu und fragt: »Können Sie mir sagen, wo die Maimonidesstraße ist?«

Itzik: »Halten Sie bitte einen Augenblick die beiden Melonen!« – Dann, die Arme weit ausbreitend: »Weiß ich?!«

Die Ostjuden nennen jene aus Deutschland die »Jeckes« (siehe Glossar) und verspotten sie wegen ihrer Überkorrektheit, ihrer pedantischen Gesetzestreue, ihrer Unkenntnis der hebräischen Sprache und des Talmud und ihrer mangelnden Geschäftstüchtigkeit.

Tel Aviv. Kohn aus Krakau zu Lewy aus Berlin: »Weißt du den Unterschied zwischen einem Jecke und einer Jungfrau?«

»Nu?«

»Jecke bleibt Jecke.«

»Warum lacht ihr Ostjuden über uns Jeckes?« fragt der aus Deutschland stammende israelische Finanzminister Rosen den in Russischpolen geborenen Ministerpräsidenten Ben Gurion.

»Ich werde es dir erklären«, verspricht Ben Gurion, geht mit Rosen zusammen in den Laden eines Jecke und verlangt eine Schachtel Zündhölzer.

Ben Gurion öffnet die Schachtel und weist sie zurück: »Ich möchte eine, wo die Streichhölzer anders herum liegen.«

Der Jecke öffnet einige Schachteln und sagt: »Es tut mir leid, sie liegen alle so!«

Die beiden betreten den Laden eines Galiziers und beanstanden wieder die falsche Lage.

Der Galizier dreht die Schachtel unter dem Tisch anders herum und erklärt: »Bitte sehr! Aber sie kostet fünf Prutot mehr. Es ist eine Sonderanfertigung!«

Als Ben Gurion und Rosen zusammen weggehen, sagt Ben Gurion: »Begreifst du jetzt?«

Darauf Rosen, nach langem Nachdenken: »Schön. Aber vielleicht war es doch nur Zufall, daß der Galizier solche Schachteln auf Lager hatte?«

Wohnungsnot in Israel. Etliche deutsche Juden logieren in einem ausrangierten Waggon auf einem unbenützten Nebengleis. Eines Nachts schieben drei von ihnen, bibbernd vor Kälte, im Nachthemd, den Waggon auf den Schienen hin und her.

Ein Ostjude schaut ihnen lange verwundert zu und fragt dann: »Was treibt ihr da?«

»Einer von uns will auf die Toilette«, erklären sie, »und auf dem Waggon steht eine Aufschrift ›Toilette nur während der Fahrt benützen‹.«

Die meisten in Israel eingewanderten deutschen Juden sprechen bis heute Deutsch; ihre Kinder sind aber natürlich mit Hebräisch aufgewachsen.
Ein alter deutscher Jude wird in Israel hebräisch angeredet. Gekränkt sagt er: »Wie reden Sie mit mir! Bin ich ein Kind?«

Entgegen den Behauptungen Hilters waren die meisten deutschen Juden begeisterte deutsche Patrioten und oft genug engagierte Antizionisten.
1933. Zwei Herren lernen sich in Tel Aviv kennen. Fragt der eine den andern: »Kommen Sie aus Zionismus oder aus Deutschland?«

Als in der Hitlerzeit viele deutsche Juden in Israel einwanderten, gab es plötzlich zu viele Akademiker. Gute Handwerker dagegen waren im Lande rar.
Palästina 1936.

Schadchen: »Ich hätt' für Ihre Tochter einen Doktor der Medizin, einen Doktor der Jurisprudenz, einen ehemaligen Professor für Philosophie ...«

»Nu – und wovon soll meine Tochter leben mit den Herren Doktoren und Professoren?«

Schadchen, empört: »Wie haißt!? Wollen Sie für Ihre lumpige 1000 Pfund Mitgift etwa e Traktorführer haben?«

Israel. Ein neu immigrierter deutscher Jude badet im Meer, hat plötzlich keinen Grund mehr unter den Füßen und schreit verzweifelt: »Hazilu! Hazilu! *(hebräisch: Rettet! Rettet!)*«

Der Bademeister zieht ihn heraus und sagt freundlich auf deutsch: »Trottel! Statt Hebräisch hättest du besser schwimmen gelernt!«

Auf dem Postamt von Tel Aviv.

Der Schalterbeamte: »Der Brief ist schwerer als 20 Gramm, Sie müssen nachzahlen!«

Die Jüdin vor dem Schalter, bitter: »Und wenn er leichter gewesen wäre als 20 Gramm – hätten Sie mir dann die Differenz zurückgezahlt? Und das nennt sich nun jüdische Heimat!«

In Israel, erzählt man, gibt es vier Sorten Kaffee in den Caféhäusern: Für 1 Schekel: e guter Kaffee. Für 2 Schekel: e feiner Kaffee. Für 3 Schekel (man faßt sich am Ohrläppchen): e hochprima ff Kaffee. Für 4 Schekel (man faßt sich mit der rechten Hand hinter dem Kopf herum ans linke Ohrläppchen): sst, was für e Kaffee!

An einem Sodawasserladen in Tel Aviv kann man folgende Reklame lesen: »Wenn Sie auch leben können, ohne mein Sodawasser zu trinken – trinken Sie es trotzdem, damit auch ich leben kann.«

Während der Wirtschaftskrise in Israel Ende der vierziger Jahre erzählte man sich in Haifa, am Hafen sei ein Plakat angeschlagen mit der Aufschrift: »Der letzte, der das Land verläßt, ist gebeten, das Licht zu löschen!«

Israel kurz nach dem Zweiten Weltkrieg. Wirtschaftskrise. Moische zu Esra: »Hast du schon das Neueste gehört? Die Regierung wird alle Banken schließen, mit Ausnahme der Blutbank und der Bank-Rott!«

An Geburtstagen pflegen sich Juden gegenseitig zu wünschen: »Hundertzwanzig sollst du werden!«
Nur in Israel wünschen sie sich: »Zweihundertvierzig sollst du werden!«

Warum? Weil die Regierung die Hälfte nimmt. *(Anspielung auf die hohen Steuern.)*

»Schlojme, ich höre, der Steuereinzieher war gestern bei dir. Was hat er dir weggenommen?«

»Eine Stunde Zeit. Alles andere hatte ich schon vorher auf den Namen meiner Frau übertragen.«

Israel. Purim *(entspricht der Fasnacht)* während der Knappheitsjahre kurz nach Gründung des Staates.

Ministerpräsident Ben Gurion schaut sich mit den Ministern für Finanzen und Rationierung zusammen vom Aeroplan aus den bunten Straßenumzug in Tel Aviv an.

Ben Gurion: »Ich kann mir nicht erklären, wie die Leute bei solchen Steuern und solcher Rationierung so fröhlich sein können!«

Der Finanzminister: »Sie wären noch glücklicher, wenn ich ein paar Säcke Gold hinunterwürfe.«

Der Rationierungsminister: »Und noch glücklicher wären sie, wenn ich ein paar Säcke Zucker hinunterwürfe!«

Ben Gurion: »Und am allerglücklichsten, wenn ich euch alle beide hinunterwürfe.«

Ben Gurion hatte während des Sinaifeldzugs zwei ehrwürdige Rabbis ins Hauptquartier eingeladen.

Neugieriger Reporter: »Was wollte er von Ihnen?«

Die Rabbis: »Er wünschte nur, wir sollten ihm erklären, wie die Kinder Israels dieses Klima auf der Sinaihalbinsel seinerzeit, als sie mit Moses zusammen aus Ägypten auswanderten, vierzig Jahre lang hatten aushalten können.«

Ben Gurion soll bei der Gewerkschaft eine Ansprache halten. Vorher hat er einen diplomatischen Empfang, bei dem er im Frack erscheinen mußte. Er hat keine Zeit, sich umzukleiden, und beginnt die Gewerkschaftsrede: »Kameraden! Verzeiht, daß ich in meiner Arbeitskleidung herkomme!«

Kurz bevor Ben Gurion, Staatsoberhaupt von Israel, zu einer Besuchsreise nach den USA fuhr, hatte es dort wegen der Bestechlichkeit eines Senators, der irgendwelche Geschenke angenommen hatte, einen großen Skandal gegeben.

Nach Ben Gurions Rückkehr nach Israel erzählte man sich dort folgende Geschichte: Ben Gurion und seine Gattin Paula wurden im Weißen Haus in Washington sehr schön empfangen. Zum Abschied wollte man ihm einen Cadillac schenken.

Da erinnerte sich Ben Gurion, wie streng die Amerikaner solche Schenkungen beurteilten, und erklärte: »Es ist gegen meine Prinzipien, Geschenke anzunehmen.«

»Gut«, schlugen die Gastgeber vor, »dann zahlen Sie eben für den Wagen.«

»Wieviel?« wollte Ben Gurion wissen.

»Hundert Dollar.«

»Kauf zwei!« flüsterte Paula ihrem Gatten ins Ohr.

Als der israelische Ministerpräsident Ben Gurion abgedankt hatte, rief ein Mitglied der Opposition bei ihm in der Wohnung an: »Ich möchte Herrn Ben Gurion, den Ministerpräsidenten und Kriegsminister, sprechen.«

Am Telephon war Ben Gurions Gattin Paula: »Mein Mann ist nicht mehr Ministerpräsident und Kriegsminister. Er hat abgedankt.«

Und sie hängt das Telephon auf.

Als sich der genau gleiche Anruf ein drittes Mal wiederholte, sagte sie gereizt: »Ich habe Ihnen doch schon zweimal gesagt, daß mein Mann abgedankt hat. Was rufen Sie schon wieder an?«

»Weil ich es nicht oft genug hören kann.«

Jossel ist nach Israel ausgewandert. In den Ferien kommt er manchmal in sein Geburtsland Canada zurück. Ein christlicher Freund will wissen: »Wie geht es euch in Israel? Habt ihr überhaupt zu leben?«

»Warum sollen wir nicht zu leben haben?«

»Ein so kleines Land und so ungeheure Militärausgaben!«

»Nu, es stimmt: Einwohner haben wir nur zwei Millionen. Aber Steuerzahler haben wir zwölf Millionen!« *(Gemeint: die Juden aus der ganzen Welt, die freiwillig für Israel spenden.)*

Für den nachfolgenden Witz muß man wissen, daß Israel nie eine von den Arabern anerkannte Grenze besaß, sondern bis zum Sechstagekrieg nur eine im Kriegsfall unhaltbare und von der UNO entgegen der Abmachung nicht geschützte Waffenstillstandslinie, auf die die Weltmächte heute auf arabischen Wunsch die Israelis zurückzudrängen versuchen. – Feste jiddische Redensart »Zu der Wand reden« = vergeblich bitten.

Joseph Sisco, US Assistant Secretary of State, kam zwecks Verhandlungen nach Israel und sah sich Jerusalem an. Als er die Klagemauer besichtigte, fragte er seinen israelischen Begleiter: »Weshalb stehen hier Juden und schaukeln mit dem Körper vor- und rückwärts?«

»Das ist die jüdische Art zu beten«, erklärte der Israeli.

Da stellte sich auch Sisco an die Mauer, schwang ebenfalls den Körper vor- und rückwärts und betete laut: »Lieber Gott, bitte laß die Israelis alle eroberten Territorien an Ägypten, Jordanien und Syrien zurückerstatten!«

Hierauf wandte sich Siscos Begleiter ebenfalls an die Mauer und betete: »Ribbojne schel Ojlem *(Herr der Welt)*, laß den Goj reden zu der Wand!«

Nachdem die Israelis im Sechstagekrieg 1967, der eindeutig von den Arabern erzwungen wurde, wider Erwarten gesiegt hatten, wurden sie zunächst von den Arabern, dann von den Oststaaten und zuletzt praktisch von der ganzen Welt als »Aggressoren« verurteilt.

Ein Engländer, ein Franzose und ein Israeli werden von Menschenfressern gefangen genommen und sollen aufgefressen werden. Der Häuptling erlaubt ihnen noch einen letzten Wunsch. Der Engländer will noch eine Flasche Whisky haben, der Franzose une jeune fille, der Israeli aber einen Tritt vom Häuptling in den Allerwertesten.

Der Häuptling gewährt die Bitte, der Israeli fliegt zwanzig Meter weiter zur Erde nieder, zieht einen Revolver, erschießt den Häuptling und befreit den Engländer und den Franzosen.

Diese danken und fragen verwundert: »Warum haben Sie nicht sofort geschossen?«

Der Israeli: »Soll man wieder sagen, ich hätte angefangen?«

Nach Israels siegreichem Sechstagekrieg. Kossygin droht Johnson mit der Atombombe.

Darauf Johnson: »Vergiß nicht, daß Israel mit uns verbunden ist.«

»Den Sinaikrieg haben die Farbigen gewonnen!«

»Was für ein Blödsinn!«

»Aber ja! Der Herr Blau, Herr Grün, Herr Schwarz, Herr Weiß, Herr Rot, Herr Gelb ...«

1948. Ein israelischer Soldat besieht ein Bild Napoleons und sagt stolz: »Ich *habe* Akko erobert!« *(Napoleon war das nicht gelungen.)*

Nach dem Sechstagekrieg. Die israelischen Generale Dajan und Rabin langweilen sich. Dajan schlägt vor, einfach Krieg zu machen.

Darauf Rabin, ohne Begeisterung: »Schön und gut – was aber werden wir am Nachmittag anfangen?«

Der Sechstagekrieg ist zu Ende, der Waffenstillstand proklamiert. Am Jordan liegen sich Israelis und Jordanier friedlich gegenüber, sie gehen nicht einmal in Deckung.

Eines Tages erhebt sich auf der israelischen Seite Schmul, schreitet auf den Fluß zu, schließt die Augen, breitet die Arme ekstatisch aus – und schreitet auf der Wasseroberfläche bis nahe an die jordanische Seite hinüber. Dann dreht er sich um und geht ebenso mühelos zur israelischen Seite zurück.

Die Jordanier, starr vor Staunen, schauen atemlos zu. Keiner schießt.

Am nächsten Tag macht Schmul wieder dasselbe.

Als er seine Wundertat aber am übernächsten und an allen folgenden Tagen wiederholt, können es die Jordanier nicht mehr aushalten.

»Das hat zuletzt Jesus gemacht, und die Juden anerkennen ihn doch nicht einmal! Wir aber sehen in ihm einen Propheten. Es wäre ja gelacht, wenn wir nicht könnten, was der Jude da drüben kann!«

Und Ali schließt die Augen, breitet die Arme aus, schreitet feierlich in den Jordan hinein – und ertrinkt.

»Er hat irgend etwas falsch gemacht«, meint sein Kamerad Nureddin, erhebt sich und schreitet ebenfalls ins Wasser. Auch er ertrinkt. Es versuchen es noch weitere – alle ertrinken ...

Die Israelis schauen interessiert zu.

Da meint Schmul: »Wir sollten ihnen vielleicht doch sagen, wo die Steine liegen!«

»Wann und wo haben die Ägypter einen Krieg gewonnen?«

»In Aida, im zweiten Akt!«

Nach dem Sieg Israels im Sechstagekrieg treffen sich Nasser und Kossygin.

Nasser klagt: »Die Israelis haben unsere Luftwaffe vernichtet, noch ehe die Flugzeuge aufsteigen konnten.«

Kossygin: »Wir werden sie euch ersetzen.«

Nasser: »Den Syrern haben sie den Großteil der Tanks zerstört.«

»Auch das werden wir ersetzen.«

Nasser: »Das schlimmste aber ist, daß sie eine Menge arabischer Frauen entehrt haben.«

»Großartig!« sagt Kossygin begeistert, »stell dir nur vor, was für eine glänzende Armee du in zwanzig Jahren haben wirst!«

Kurz nach Israels siegreichem Sechstagekrieg gegen die Araber, in welchem die ägyptische Armee zur überstürzten Flucht gezwungen war, rast ein billiges kleines Auto auf einer deutschen Autostraße in einem unglaublichen Tempo dahin. Ein teurer Mercedes versucht vergeblich, den kleinen Wagen zu überholen. Endlich, bei einer Tankstelle, bleiben beide Wagen stehen und die Chauffeure kommen miteinander ins Gespräch.

Der Chauffeur des Mercedes: »Unglaublich, was dieser kleine Wagen leistet! Wie ist das möglich?«

Der andere Chauffeur: »Sehr einfach. Die Vorderräder stammen aus Ägypten und die hintern aus Israel.«

Der ehemalige Generalstabschef Mosche Dajan hat bei einem Gefecht ein Auge verloren und trägt seither eine schwarze Binde über der Narbe.

Präsident Nixon schaut bei einem Striptease zu. Zuletzt hat die Tänzerin alle Kleidungsstücke weggeworfen bis auf einen schwarzen BH, den sie kokett schräg über die Brüste hält.

Nixon schlägt sich an den Kopf: »Richtig! Ich wollte doch noch an Mosche Dajan schreiben!«

Der israelische General Mosche Dajan hat nur noch ein Auge.

Frage: Warum gibt es keinen Frieden im Nahen Osten?

Antwort: Weil General Dajan und Ägyptens Staatschef Nasser nicht unter vier Augen miteinander sprechen können.

Der Name der israelischen Staatschefin Golda Meir wird Me-ir und nicht Meier gesprochen.

Zwei Wiener im Gespräch. Der eine erwähnt in irgendeinem Zusammenhang Golda Me-ir.

Darauf der andere: »Was soll das heißen ›Me-ir‹? Sie heißt doch ganz einfach Meier.«

»Nein, sie heißt Me-ir.«

»Me-ir – so ein Blödsinn! Meier heißt sie!«

»Aber nein, sie heißt ganz bestimmt Me-ir.«

»No – dann müßte man ja auch Kre-isky sagen!«

Kurz nach dem erfolgreichen Sechstagekrieg der Israelis gegen die Araber trifft Präsident Nixon mit der israelischen Staatschefin Golda Meir zusammen. Im Gespräch fragt Nixon vorsichtig an, ob es möglich wäre, zwei israelische Generale im Austausch gegen zwei amerikanische Generale zu erhalten.

»Warum nicht?« meint Golda Meir, »an wen dachten Sie?«

»Ich dachte«, erwiderte Nixon, »an General Dajan und General Rabin.«

»Einverstanden«, sagte Golda Meir, »ich hätte dafür gern General Motors und General Electrics.«

Zahlreiche Scherze über die Beziehungen zwischen Ex-Ministerpräsidentin Golda Meir und Bundeskanzler Kreisky von Österreich, der trotz seiner jüdischen Herkunft antiisraelische Entscheidungen zu treffen pflegt, gelangten von der Sozialistischen Internationale in Berlin nach Israel. Kreisky sprach von einem »Generationenkonflikt«, und Frau Meir beschönigte sein Verhalten mit der Bemerkung, Kreisky sei »kein Judenfeind« (!).

Bei der Tagung erzählte man sich folgenden Witz: Kreisky stirbt und gelangt ins Jenseits. Im Fegefeuer wird ihm verkündet, daß er zur Strafe für verschiedene Vergehen mit – Golda Meir verheiratet werden soll. Nach einigem Herumwandern im Fegefeuer trifft er Stalin, der Arm in Arm mit Marilyn Monroe daherkommt.

Erkundigt sich Kreisky beim Diensthabenden: »Daß ich mich mit Golda Meir zanken muß, kann ich verstehen. Aber war Stalin so brav, daß man ihn mit der Monroe belohnt?«

Antwort des wachhabenden Rache-Engels: »Das ist nicht *seine* Strafe – das ist *ihre*!«

Die hebräische Schrift läuft, wie alle semitischen Schriften, von rechts nach links.

Als Henry Kissinger Staatssekretär geworden war, schickte er an Golda Meir, damals Staatschefin Israels, folgende Note: »Wie Sie wissen, bin ich jetzt Staatssekretär. Ich hoffe sehr, daß wir gut zusammenarbeiten werden, im Interesse unserer beiden Staaten. Damit dies möglich ist, müssen Sie jederzeit die Rangordnung meiner Prioritäten im Auge behalten. Dies ist die Reihenfolge: Ich bin US-Bürger, Staatssekretär und Jude.«

Man erzählt sich nun, Golda Meir habe folgendes geantwortet: »Ihr Brief macht mich glücklich. Jetzt bin ich sicher, daß zwischen uns in Zukunft immer völlige Übereinstimmung herrschen wird.

P.S. Ich hoffe, Sie sind sich darüber im klaren, daß wir von rechts nach links lesen.«

Während die Russen den Arabern bereitwillig riesige Waffenmengen liefern, müssen die Israelis bei ihren amerikanischen Freunden um jede Lieferung kämpfen und sie mit politischen Konzessionen erkaufen. – Jüdische Israelis müssen 3 Jahre Militärdienst leisten; die Araber können in dieser Zeit ihren Studien oder ihrem Broterwerb nachgehen.

Nach dem Jom-Kippur-Krieg erzählte man sich in Israel: »Die

Messiaszeiten sind angebrochen! Nixon liefert Phantoms, Breschnew Juden, und die Araber bauen das Land auf!«

Nach den Weltraumerfolgen der Amerikaner und der Russen veranstalten auch die Deutschen, zusammen mit den Franzosen und den Israelis, ein Mondfahrtprogramm. Die Rakete ist fertig, auch die Kapsel, nun wird noch ein Astronaut gesucht.

Man fragt den deutschen Bewerber, zu welchen Bedingungen er zu fliegen bereit sei. Antwort: »3000 Dollar. 1000 für mich, 1000 für meine Frau, 1000 für die Bausparkasse.«

Man fragt hierauf den Franzosen. Antwort: »4000 Dollar. 1000 für mich, 1000 für meine Frau, 1000 für mein Häuschen und 1000 für meine Geliebte.«

Zuletzt fragt man den Israeli. Seine Antwort: »5000 Dollar. 1000 für Sie, Generalleben, 1000 für mich, und für die restlichen 3000 lassen wir den Deutschen fliegen.«

Die jüdischen Einwohner des Jerusalemer Viertels Mea Schearim sind religiöse Fanatiker und überaus prüde. – Ein verbürgter Ausspruch des durchaus nicht prüden Kardinal Richelieu zu einer sehr tief dekolletierten Tischnachbarin wird neuerdings in Jerusalem einem Einwohner dieses Viertels in den Mund gelegt:
Ein junger Chassid erblickt in Mea Schearim auf der Straße ein junges Mädchen in Hot pants und ärmellosem Leibchen. Anstatt ihr mit niedergeschlagenen Augen auszuweichen, geht er auf sie zu und reicht ihr einen Apfel.

»Was soll das bedeuten?« fragt das Mädchen verwundert.

Der Chassid erklärt: »Als Eva den Apfel im Paradies gegessen hatte, wurden ihre Augen geöffnet und sie erkannte, daß sie nackt war.«

Das Flugzeug nach Lod in Israel macht Zwischenlandung in Rom. Ein großer, blonder, blauäugiger Norweger steigt ein und setzt sich neben eine New Yorker Jüdin. Sie schaut ihn immer wieder an und kann sich schließlich nicht mehr beherrschen: »Entschuldigen Sie, Herr, sind Sie Jude?«

»Nein.«

»Aber wozu wollen Sie dann nach Israel? Sie müssen Jude sein.«

»Lady, ich sage Ihnen doch, ich bin keiner.«

»In diesem Fall verstehe ich nicht, was Sie in diesem Flugzeug zu suchen haben. Am Ende sind Sie dennoch ...«

Um endlich seine Ruhe zu haben, sagt der Norweger wild: »Also schön, ich bin Jude.«

Die New Yorker Jüdin schaut ihn wieder an und sagt: »Wissen Sie, Sie sehen gar nicht aus wie ein Jude!«

Eine Frau fährt von Tel Aviv gen Norden und bittet den Chauffeur, ihr zu sagen, wann Kfar Witkin kommt. Sie ist sehr aufgeregt und fragt den Busfahrer alle Augenblicke, bis dieser ihr schließlich ärgerlich erklärt, er werde es ihr schon rechtzeitig mitteilen. Aber dann fährt er, in Gedanken versunken, an der Haltestelle vorbei. Etwas später fällt ihm wieder ein, daß er der Frau hätte sagen sollen, wenn Kfar Witkin kommt. Also dreht er die schwere Maschine wieder herum, was mitten auf der Straße gar nicht so leicht ist, fährt zurück und sagt: »G'weret *(Madame)*, hier ist Kfar Witkin, hier müßt Ihr aussteigen.«

Darauf sie: »Wer redet von aussteigen? Mein Doktor in Tel Aviv hat mir gesagt: Wenn Ihr in Kfar Witkin seid, müßt Ihr die zweite Pille einnehmen!«

Zu Dr. Zwanziger in Tel Aviv kommt ein junges Pärchen mit einem originellen Anliegen: Die beiden haben es noch nie »miteinander getrieben« und möchten nun sicher sein, daß sie es genau richtig machen. Der Doktor soll ihnen also bei ihrem ersten intimen Zusammensein gleich hier in der Praxis zuschauen. Der Doktor ist befremdet, erklärt sich aber schließlich einverstanden. Als die zwei endlich miteinander fertig sind, beglückwünscht er sie zu ihrer Vitalität und Ausdauer und bestätigt ihnen, daß sie es tadellos gemacht haben.

Aber am anderen Tag sind sie schon wieder da. Sie fühlen sich doch noch nicht so sicher und möchten es dem Doktor noch einmal vormachen. Er ist verärgert, gibt aber schließlich nach ...

Doch als sie am dritten Tag wieder anrücken, will er sie hinauswerfen. Da bittet der junge Ehemann: »Tun Sie es nicht, Herr Doktor, haben Sie Verständnis für uns! Wir sind beide ganz arm und können uns Flitterwochen in einem Hotel nicht leisten. Bei ihnen ist es hygienisch, sauber und bequem, und außerdem zahlt die Krankenkasse jede einzelne Konsultation!«

Gelbstich, israelischer Matrose, sucht beim Landurlaub in Barcelona ein Bordell auf und erkundigt sich nach den Preisen.

Die Puffmama zählt auf: »Französinnen – die kosten 15 Dollar. Eine Spanierin können Sie schon für 10 Dollar haben, eine Araberin für 1 Dollar.«

Gelbstich zieht sein Geldtäschchen hervor, rechnet den Inhalt in Dollar um und stellt bedauernd fest: »Es reicht nicht einmal für eine Araberin.«

Da er jung und hübsch ist, erbarmt sich die Puffmama seiner und gewährt ihm persönlich ihre Gunst ...

Jahre später hat Gelbstich wieder Landurlaub in Barcelona und kommt in dasselbe Bordell. Die Puffmama begrüßt ihn freudig und stellt ihm einen Knaben vor: »Schau, Matrose, das ist unser Sohn!«

»Dieser Israeli ist mein Papa?« fragt der Junge verwundert, »dann könnte er mir eigentlich etwas schenken!«

»Schweig still«, schreit Gelbstich wütend, »hätte ich nur einen einzigen Dollar gehabt, dann wärst du jetzt ein Araber!«

Ribojne schel Ojlem *(der Herr der Welt)* hat gehört, daß auf Erden nicht alles stimme. Er schickt also einen Engel als Kundschafter. Der berichtet: »In Rußland bauen sie atomic missiles. In den USA errichtet man das kontinentale Defence-system. In Ägypten baut man Unterstände und packt Sandsäcke vor die Fenster. Aber in Israel sitzen die Leute im Café, trinken Cognac, feiern Barmizwe *(entspricht der christlichen Konfirmationsfeier und wird neuerdings in Israel nach amerikanischem Vorbild mit unglaublichem Pomp aufgezogen)*, streiten um die Frage, wer Jude sei und ob man am Schabbes *(Sabbat)* Television hören dürfe oder nicht, und sie tun überhaupt so, als ob es keinen Krieg gäbe oder geben werde.«

Darauf sagt ER: »Ojwojwoj! Sie verlossen sich wieder amol ojf mir!«

Telephongespräch.
»Hallo! Wer dort?«
»Eisik Knobelkranz.«
»Glaub' ich nicht!«
»Wie haißt!?«
»Ich riech' ka Knobel!«

Die Rechtsanwälte beim Amtsgericht Berlin konnte man früher deklinieren: Brann, Brass, Bratt, Abramsohn, Abramczik, Brandt.

Reisender, hereintretend: »Verzeihen Sie, mein Name ist Katzenschwanz.«
Der Firmenchef: »Ich verzeihe es Ihnen.«

Zwei Herren stellen sich einander vor. Einer davon ist ein wenig schwerhörig.
»Gestatten, Kanalgeruch.«
»Ha – ha!«
Kanalgeruch, zornig: »Wie können Sie es wagen, über mich zu lachen?«
Der andere: »Seien Sie bitte nicht bös! Aber wissen Sie: Ich bin ein wenig schwerhörig, und da hab' ich verstanden ›Kanalgeruch‹!«

D-Zug. Der Kellner fährt mit seinem Speisewägelchen durch die Korridore und schreit ins Abteil hinein: »Heiße Wiener!«
»Angenehm«, antwortet Schloime, »heiße Krotoschiner!«

»Chaim, ich kann ein Hauptwort konjugieren!«
»Blödsinn!«
»Doch! Hör zu: Seeschlacht. Ich seh' schlacht, du sehst schlacht, er seht schlacht ...«

»Sally, weißte den Unterschied zwischen Eger und Karlsbad?«
»Nu?«
»In Eger wurde beseitigt der Wallenstein; in Karlsbad werden beseitigt die Gallenstein.«

»Ich war in Karlsbad. Sehr gemischte Gesellschaft.«
»Was heißt: gemischt?«
»Nu – Juden und Jüdinnen.«

»Feiwel, wenn ich morgen in der Lotterie den Haupttreffer machen möcht' – möcht' mich treffen vor Freude der Schlag!«
»Boruch, ich soll so leben, wie ich gönn' dir von ganzem Herzen die große Freude!«

Kellner: »Nu, Herr Grün, wie schmeckt Ihnen unser Kaffee heute?«
»Apart. Ich habe immer gemeint, ›Kaffee‹ ist ein Wort, jetzt sehe ich, ›Kaffee‹ ist ein Satz.«

»Herr Kohn, morgen heiratet meine Tochter. Könnten Sie mir nicht Ihre Equipage leihen?«
»Tut mir leid, bei einer Hochzeit sind alle angetrunken, es wird schnell und unvorsichtig gefahren, die Equipage kann leicht Schaden nehmen. Aber ich verspreche Ihnen fest: Zu Ihrer Beerdigung können Sie sie haben!«

Kantorowitz kommt zum ersten Mal in ein Dorf, wo es noch einen Nachtwächter gibt. Stunde um Stunde fährt er aus dem Schlaf hoch, wenn unter seinem Fenster das Lied erschallt:

»Hört Ihr Herrn und laßt Euch sagen,
Unsre Glock hat zehn (später elf, zwölf etc.) geschlagen,
Gebt acht auf Feuer und auf Licht,
Damit dem Nachbarn kein Schaden geschiecht!«

Am andern Morgen klagt Kantorowitz dem Gastwirt: »Sagen Sie, zu was singt er das meschuggene Lied? Sind wir wirklich Herren, dann lassen wir uns nichts sagen. Bin ich wach, hör' ich die Glock alleine. Schlaf' ich, brauch' ich nicht zu wissen, wieviel die Uhr schlägt. Und was den Herrn Nachbarn angeht – was brauch' ich mir den Kopf zu zerbrechen? Ich hab' genug mit meine eigene Zores *(Sorgen)*!«

»Herr Pereles, nehmen wir an, Sie sind in der Wüste und ein Löwe fällt Sie an. Was würden Sie tun?«
»Sehr einfach – mein Gewehr nehmen und ihn erschießen.«
»Aber was, wenn Sie kein Gewehr hätten?«
»Dann würde ich die Pistole ziehen.«
»Und wenn Sie auch keine Pistole hätten?«
»Dann würde ich ihn mit dem Taschenmesser erdolchen.«

»Wenn Sie aber nicht einmal ein Taschenmesser hätten?«

»Dann – dann würde ich meinen Pelz schnell ausziehen und dem Löwen in den Rachen stopfen.«

»Ich bitt' Sie – in der Wüste bei der Hitze haben Sie doch keinen Pelz!«

Pereles, erbittert: »Also zu wem halten Sie eigentlich, zu mir oder zu der Bestie?«

Zwei Juden sitzen sich in Galizien im Bahnabteil gegenüber. An jeder Station öffnet der eine das Fenster und streut etwas weißes Pulver auf den Bahnsteig. Der zweite klärt lange, kann aber keine Lösung finden. Schließlich hält er es vor Neugier nicht mehr aus und fragt: »Entschuldigen Sie die Frage, was ist das für ein Pulver?«

»Das ist Strieselech.«

»Danke sehr!«

Er klärt weiter, wieder ohne Ergebnis. Nach ein paar Stationen fragt er abermals: »Entschuldigen Sie die Frage: Wofür ist Strieselech?«

»Strieselech ist nicht für, sondern gegen.«

»Danke sehr!«

Abermaliges Klären, abermals ohne Resultat. Nach ein paar Stationen: »Gestatten Sie aufzuwerfen die Frage: Wogegen ist Strieselech?«

»Strieselech ist gegen weiße Elefanten.«

»Aber hier in Galizien gibt es doch keine weißen Elefanten!«

»Ist ja auch kein echtes Strieselech.«

Im Zug sitzen zufällig Herr Kohn und der Quizmaster aus dem Fernsehen einander gegenüber.

»Gestatten Sie«, beginnt Kohn das Gespräch, »sind Sie nicht der Herr, der im Fernsehen die Rätselsendung macht?«

»Ja, das bin ich.«

»Das freut mich, Sie kennenzulernen. Aber bringen diese Rätsel auch genug ein?«

»Es ist nicht so gewaltig, aber es macht mir Spaß. Wir könnten uns zum Beispiel jetzt, auf der Reise, gegenseitig mit Rätseln die Zeit vertreiben. Jeder gibt dem andern Rätsel auf, und der Verlierer zahlt dem andern 50 Kronen.«

Kohn kratzt sich hinterm Ohr: »No, wissen Sie, Sie sind ein gebildeter Herr und sind mir gegenüber im Vorteil ...«

Darauf der Quizmaster: »No, gut, machen wir es halt so, Sie

brauchen mir nur einen Fünfziger zu geben, wenn Sie nicht erraten, wenn aber ich nicht errate, zahle ich Ihnen einen Hunderter. Sie können gleich anfangen.«

Kohn denkt nach und sagt: »Was ist das: Wenn es nach vorn geht, hat es vier Beine; wenn es nach links geht, drei Beine; wenn es nach rechts geht, zwei Beine; und wenn es rückwärts geht, nur noch ein Bein.«

Der Quizmaster überlegt eine Viertel-, eine halbe, eine ganze Stunde, aber schließlich gibt er sich geschlagen: »Also ich weiß es nicht, da haben Sie den Hunderter, und nun sagen Sie mir, was es ist!«

Kohn nimmt das Geld und sagt: »Ich weiß es auch nicht. Da haben Sie 50 Kronen zurück.«

Im Bahnabteil sitzen zwei Herren einander gegenüber.

»Verzeihen Sie. Können Sie mir sagen, wie spät es ist?«

»Gerne. Es ist neun Uhr zwanzig.«

Nach einer Weile: »Verzeihen Sie, mein Herr, seien Sie bitte so nett, mir zu sagen, wie spät wir es jetzt haben.«

»Ja ... Zehn vor zehn.«

Wieder nach einer Weile: »Bitte tausendmal um Entschuldigung, daß ich Sie wieder störe; dürfte ich vielleicht fragen, wie spät es jetzt ist?«

»Hm ... Hören Sie mal, haben Sie denn keine Uhr?«

»Nein. Ich habe nie eine Uhr gehabt.«

»Und wenn Sie wissen möchten, wie spät es ist?«

»Ganz einfach. Wie Sie sehen. Ich frage.«

»Nun gut. Aber wie machen Sie es zu Hause?«

»Ich wohne gegenüber dem Rathaus. Da gibt es eine Turmuhr, und ich kann sie durch das Fenster sehen.«

»Gut. Am Tag. Aber nachts?«

»Nachts? Wissen Sie, ich habe auf meinem Nachttisch eine Trompete liegen. Wenn ich wissen will, wie spät es ist, blase ich ein paar laute Töne.«

»Ich verstehe nicht, was das helfen soll.«

»Ganz einfach. Dann kommt jeweils die ganze Nachbarschaft zu mir gelaufen und sagt: ›Bitte, Herr Lindenzweig, ist das möglich? Um zwei Uhr fünfundzwanzig blasen Sie Trompete?!‹«

Wolkenfeld sitzt im Zug vierter Klasse. Bei der ersten Station lehnt er sich aus dem Fenster, sieht den Namen der Station und jammert: »Oh, das ist schlecht! Oh, das ist schlecht!« Bei der zweiten Station jammert er noch mehr, und bei der dritten hört er gar nicht mehr auf zu klagen.

Ein Mitreisender will ihn beschwichtigen. Darauf Wolkenfeld: »Sie haben gut reden! Ich fahr' ja dauernd in die falsche Richtung!«

Frau Hirschfeld steht mit dem kleinen Sally auf dem Bahnsteig und fragt den Schaffner: »Bitte, wann fährt der nächste Zug nach Posemuckel?«

Der Beamte, zufällig ein Stotterer: »Nach Popo-popo-posemuckel fü-fü-fünf nach a-a-a-acht!«

»Danke sehr.«

Wenige Minuten später tritt Frau Hirschfeld wieder an den Beamten heran und fragt ihn dasselbe.

Er antwortet das gleiche wie das erste Mal.

Als sie aber ein drittes und viertes Mal die gleiche Frage stellt, wird er ungeduldig.

»Verzeihen Sie vielmals!« bittet Frau Hirschfeld. »Aber mein Sally hört Sie so gern reden!«

Kaschau. Ohrenstein rennt zur Bahn. Schwarz begegnet ihm: »Wohin willst du fahren?«

»Nach Preßburg.«

»Wenn du dort bist, grüß mir den Blau!«

»Was soll ich ihm sagen?«

»Nichts weiter. Er weiß schon!«

Als Ohrenstein seine Geschäfte in Preßburg endlich erledigt hat, ist es elf Uhr nachts. Trotzdem klingelt er bei Blau.

Blau öffnet verschlafen: »Was ist los?«

»Ich soll dich von Schwarz grüßen.«

»Was will er denn?«

»Er sagt, du weißt schon!«

»Sag ihm, er soll mich am A ... lecken!«

Blau schlägt die Tür zu.

Nach ein paar Minuten klingelt Ohrenstein wieder, diesmal stürmisch. Blau kommt erschrocken herausgerannt. Als er den Ohrenstein sieht, sagt er ganz wild: »Bist du immer noch da? Was willst du denn noch?«

Ohrenstein: »Ich muß doch wissen: Soll er hierfür nach Preßburg kommen, oder kommst du nach Kaschau?«

Ein Herr rennt mit Windeseile durch den Südbahnhof Wien, beladen mit zwei schweren Koffern. Es ist 11.59, und um 12.00 fährt sein Zug ab. Er stößt auf einen bärtigen Juden und fragt hastig: »Bitte, auf welchem Bahnsteig geht der Zug nach Krakau ab?«

Der Jude, gemächlich den Bart kraulend, wohlwollend: »Wollense verreisen?«

Zwei Juden sind im galizischen Tarnów in den Expreß gestiegen und sitzen einander gegenüber. Sie stellen sich gegenseitig vor: »Abeles.«

»Angenehm. Gleichgewicht ... Sagen Sie, die Flasche, die aus Ihrer Manteltasche herausschaut, ist das Bronfen *(Branntwein)*?«

»Ja, Bronfen. Und was haben Sie?«

»Ich? A darre *(trocken, wörtlich dürr, gedörrt)* Zung'.«

»Fein! Wollen Sie einen Schluck von meinem Bronfen?«

»Aber gern!«

Sie trinken ein Weilchen abwechselnd aus der Flasche. Schließlich wird Abeles ungeduldig.

»Nu«, mahnt er, »ein Stückchen Dörrfleisch würde ganz gut zu dem Schnaps passen. Heraus mit Ihrer darren Zung'!«

»Darre Zung'? Was für e darre Zung'?« wundert sich Gleichgewicht.

»Aber Sie sagten doch, Sie hätten e darre Zung'!«

»Ach so! Nu ja – e darre Zung' hab' ich gehabt. Aber jetzt, nach dem Bronfen, hab' ich e nasse Zung'.«

Bahngespräch. Itzik: »Wo kommt Ihr her?«

Schmul: »Nu, wo soll ich herkommen? Genau wie Ihr, von Tate und Mame!«

Am Billettschalter.

»Geben Sie mir e Drittklaßkarte!«

»Wohin!«

»Haißt e Neugierde! Was geht Sie das an?«

In Brünn hatte eine Frau Himmelreich ein Verhältnis mit einem Herrn Zwicker. Die Brünner meinten daher: »Wer ist die kurzsichtigste Frau der Welt? – Frau Himmelreich. Sie kann ohne den Zwicker nicht schlafen.«

Zionistisches Meeting in einer kleinen Stadt. Der reichste Jude soll ein paar einleitende Worte sprechen.

Er steht auf und sagt bescheiden: »Liebe Freunde, was soll *ich* euch lange anöden! Wir haben ja einen Redner aus Krakau!«

In Berlin gab es das (jüdische) Zigarrengeschäft Loeser & Wolff mit zahlreichen Filialen. Sollte etwas Gutes, Gelungenes, Ausgezeichnetes anerkannt werden, dann hieß es im Berliner Volksmund scherzhaft, es wäre »Tadellöser und Wolff«.

Wolf und Rosenthal, Compagnons, sind zusammen auf Geschäftsreise gegangen. Nachts liegt Wolf bereits im Hotel im süßesten Schlaf, da klopft Rosenthal, sein Zimmernachbar, an die Tür.

Wolf fährt erschreckt hoch: »Was ist?«

»Ich bin's, Rosenthal«, meldet der Compagnon, »ich soll dich von meiner Frau grüßen.«

»Danke, Wolf, aber laß mich schlafen!«

Nach einer Weile klopft es wieder an die Tür von Wolf. Wolf fährt wieder aus dem Schlaf und fragt: »Wer ist da?«

»Ich, Rosenthal, ich soll dich von meiner Frau grüßen!«

»Biste meschugge?! Was weckste mich deshalb schon das zweite Mal?«

»Mei Frau schreibt, ich soll dich tausendmal grüßen!«

Katz ist böse auf seinen Konkurrenten Grün. Er hält ihn auf der Straße an und sagt zu ihm feierlich: »Weißte, was ich dir wünsch'? Du sollst werden e Hanfkorn. Man soll dich tief in die Erd' vergraben. Und wenn de herauskommst, soll man dich anhacken und hecheln und Flachs aus dir machen. Dann kommste in die Weberei, und man macht aus dir Leinen. Hernach kommste in die Näherei, und man macht aus dir e Unterhos'. Und die kauf' ich und zieh' ich an – und dann sollste was erleben!«

»Wag dich nur her zu mir! Dann geb' ich dir e Patsch!«

»Und wenn du mir zehn Pätsch versprichst – ich komm' nicht!«

Braun zu Schwarz: »Schwarz, es ist mit dir zum Verzweifeln! Immerzu lügst du! Gib mir doch einen Tip, woran ich erkennen kann, wenn du einmal die Wahrheit sagst!«

»Das ist ganz einfach. Wenn ich beteuere ›Ich soll so leben!‹, dann ist es immer eine Lüge. Wenn ich aber sage ›Auf mein Ehrenwort!‹, dann ist es – ich soll so leben! – die Wahrheit.«

»Was nutzet mir ein Kachelofen,
Kann ich mir nichts zum Acheln *(Essen)* kofen!«

Schloime rennt an Jankl vorbei.
Jankl: »Schloime, hast du einen Augenblick Zeit?«
Schloime, stehenbleibend: »Ja, was ist?«
Jankl: »Wenn du Zeit hast – was rennst du dann?«

»Paß auf, Awrom, ich geb' dir auf e Rätsel. Am Bach steht e Hund und will auf die andere Seite. Eine Brücke ist da, aber er kann nicht hinüber, denn es sitzt ein Drache auf ihr. Hinüberschwimmen kann er auch nicht, denn im Bach ist ein Krokodil... Wie kommt er hinüber?«

»Er fliegt.«

»Haste schon e Hund gesehen, was kann fliegen?«

»Nu – in einer Gegend, wo es Drachen gibt, werden die Hunde auch fliegen können.«

Toches: der Allerwerteste.
Schmilowitsch hat Gäste.

Herschkowitsch zeigt ihm eine Ansichtskarte und fragt: »Was siehst du da?«

»Krabben und Schnecken ...«

»... mich am Orsch lecken!«

Alles lacht. Dem Schmilowitsch gefällt das sehr, und um die Atmosphäre zu beleben, ruft er laut zu seiner Frau hinüber, die am andern Ende des Salons mit einer Gruppe Damen sitzt, ihr die Ansichtskarte zeigend: »Blümele! was siehst du da?«

»Krabben und Schnecken ...«

»Kusch mer'n Toches!«

Grün und Blau sind in der Sommerfrische in einem bayrischen Bergdorf. Eines Abends entsteht eine fürchterliche Wirtshausrauferei. Grün, der zufällig im Wirtshaus sitzt, rauft aus Leibeskräften mit, bekommt einen Messerstich, taumelt hinaus und blutet.

Kommt Herr Blau daher: »Gott über die Welt, Herr Grün, hat mer Sie vielleicht gestochen?«

Grün: »No na, unwohl werd' ich sein!«

Kalman geht im Winter am See entlang und sieht plötzlich seinen Freund Ginzberger in einem Loch im Eis strampeln.

»Ginzberger, bist du eingebrochen?«

»No na! Der Winter wird mich beim Baden überrascht haben!«

Pulverbestandteil kommt mit Weib und vier Kindern ins Restaurant, bestellt ein Krüglein Bier und sechs leere Gläser dazu und außerdem noch sechs Teller mit Besteck. Er verteilt das Bier, und seine Frau beginnt, eine gebratene Gans und Weißbrot auszupacken.

Der Kellner stürzt zum Wirt: »Schaun Sie sich das an! Aber ich trau' mich nicht, was zu sagen, sonst heißt es gleich, Kellner sind grob!«

»Das mach' ich selbst«, sagt der Wirt energisch und geht drohend auf Pulverbestandteil zu.

Der dreht sich freundlich um und fragt vorwurfsvoll: »Nu, wos is, Herr Wirt, gibt's heut ka Konzert?«

»Kellner, was haben Sie fertig?«

»Ich hab' e schönen Kalbskopf.«

»Ich seh's!«

Goldsand im Café: »Kellner! Mir ist schlecht!«

»Was soll ich bringen?«

»Mich nach Haus'!«

Modernes Theaterstück. Auf der Bühne ist es stockfinster und totenstill. Nach einer Weile flüstert Salomon seiner Frau zu: »Ich muß hinaus! Aber wie soll ich mich in der Finsternis bloß zurechtfinden?«

Mühsam tastet er sich aus dem Zuschauerraum. Nach einer Viertelstunde kommt er erleichtert zurück.

»Es ist etwas Entsetzliches passiert«, flüstert ihm Rebekka zu, »siehste den großen Topf dort unter dem Baum seitlich auf der Bühne? Dort haste hineingepinkelt!«

»Um Himmels willen! Und was haben die Leute gesagt?«

»Die Leute? Sie haben gesagt: ›Typisch Sartre!‹«

»Salo, komm mit zum Pferderennen!«
»Was gibt's dort zu sehen?«
»Nu – Pferde, die rennen.«
»Und was kost' der Eintritt?«
»E Gulden.«
»E ganzen Gulden! Für e Gulden renn' ich allein!«

»Rappaport! Wir haben uns ja lange nicht gesehen! Wie geht's?«
»Schlecht!«
»Na, was drückt Sie denn?«
»Erstens Zores *(Sorgen)* und zweitens meine neuen Stiefel.«

In Amerika haben sich zwei Kategorien jüdischer Witze herausgebildet. Sie kreisen um sämtliche für die dortigen Juden typischen Untugenden, vor allem aber um die Tatsache, daß die amerikanischen Juden, meist Abkömmlinge des ostjüdischen Elendsproletariats, sich berühmte Vorfahren andichten und für ihre Kinder, selbst bei fehlender Eignung, akademische Titel anstreben. Diese Witze werden im Märchenton erzählt und beginnen entweder mit der festen Formel »Es war einmal ...« oder mit »Wenn der Messias kommen wird ...« – Drei Beispiele:
Wenn der Messias kommen wird, werden die Eltern einen unbegabten Sohn nicht mehr zwingen, den Doktortitel zu erwerben, sondern zu ihm sagen: »Wenn du ein tüchtiger Spengler wirst, so genügt uns das vollauf!«

Es war einmal eine New Yorker jüdische Familie, welche *nicht* erzählte, daß sie von einem berühmten Rabbi stammt.

Es war einmal ein jüdischer Arzt in New York, der zu seinen Freunden auf eine Party gehen konnte, ohne daß sie versuchten, ihn gratis zu konsultieren.

Der arme Ruben Smolenski, der die ganze Woche über in der Steinwüste von New York streng arbeitet, fährt am Sonntag mit seiner Familie ins Freie hinaus. Sie finden einen herrlichen grünen Platz zum Picknicken. Binnen kurzem ist die ganze Rasenfläche mit Papier, Tüten, Eierschalen, Flaschen und Papptellern übersät.

Plötzlich taucht ein uniformierter Wächter auf und schreit: »Wie können Sie das wagen? Dies hier ist der Golfplatz der besten und reichsten Familien der Umgebung! Der Eintritt in den Club kostet 3000 Dollar, der Jahresbeitrag 500 Dollar. Es kostet ein Vermögen, den Platz zu unterhalten! Und da kommen Sie her und verdrecken ihn! Hinaus mit Ihnen! Ich habe die größte Lust, die Polizei zu holen!«

»Hören Sie«, entgegnet Smolenski ruhig, »glauben Sie, daß das die richtige Art ist, neue Mitglieder zu werben?«

New York.

»Sind Sie Herr Kish? Wenn ja, dann soll ich Ihnen einen Gruß von Herrn Sherry ausrichten. Er hat Sie gekannt, wie Sie noch Kischinewer geheißen haben.«

»Sherry? Sherry? Ist das so ein kleiner schiefer dicker Kerl?«

»Ja.«

»Dann meinen Sie ohne Zweifel Schereschewski?«

Schmul ist aus New York nach Kalifornien weitergewandert.

Als er einmal wieder zu Besuch nach New York kommt, sagt Jankel ganz neidisch: »Bei euch soll ja die Sonne 365 Tage im Jahr scheinen!«

»Jawohl«, bestätigt Schmul stolz, »und das bei ganz bescheidener Schätzung!«

Woraus besteht ein Jud?

Aus 50% Ssejchel *(Verstand)*, 45% Chuzpe *(Frechheit)*, 3% Zucker und 2% Kassaskonto.

Moische sitzt im Bahncoupé. Ihm gegenüber sitzt ein Glaubensgenosse, der abwechselnd lustig lacht oder mit der Hand unwillig abwinkt.

»Was treiben Sie da?« fragt Moische verwundert.

»Ich erzähle mir Witze«, erklärt der andere, »und sooft ich mir eine Geschichte erzähle, die ich schon kenne, winke ich mir ab!«

»Weißgold, seit einer Stunde erzählen Sie dauernd jüdische Witze. Wissen Sie keine andern?«

»Aber natürlich! Da gehen zwei Chinesen über den Kurfürstendamm, sagt der eine zum zweiten: ›Hörense, Herr Diamant ...‹«

Barmizwe-Feier: ungefähr Konfirmation. – In der koscheren Küche dürfen »milchige« und »fleischige« Speisen nicht mit denselben Geräten berührt werden.

»Blau, ich weiß einen großartigen Witz! Zwei Juden ...«

»Bitte mal ausnahmsweise nicht von Juden!«

»Na gut. Also paß auf: Der Sohn des Indianers ›Große Wolke‹ steht vor der Barmizwe-Feier. Der Vater nimmt ihn auf Kriegspfad mit und sagt: ›Mein Junge, du weißt, daß du nur Barmizwe werden kannst, wenn du zuvor deinen ersten Feind erschlagen hast. Hier hast du einen Tomahawk. Schlag zu!‹ – ›Ich kann nicht‹, entgegnet der Sohn. – ›Warum nicht?‹ fragt ›Große Wolke‹ zornig. – Darauf der Sohn, streng: ›Du hast übersehen, Papa, daß dies ein milchiger Tomahawk ist!‹«

Glossar

Anmerkung: Es gibt verschiedene jiddische Dialekte und auch verschiedene Ausspracheformen des Hebräischen. Da die Witze dieser Sammlung verschiedenen Quellen und Gegenden entstammen, sind die semitischen Begriffe nicht einheitlich geschrieben. Das Glossar nimmt darauf Rücksicht, so gut es geht. Dennoch kann es vorkommen, daß nicht alle Aussprachevarianten darin aufgezählt sind. Allein das Wort T'fillim (Gebetsriemen mit den zugehörigen Gebetskapseln) kann als Tefillem, Tfiln, Tfilim, Tefillen etc. gesprochen werden.

Aramäisch. Eine dem Hebräischen verwandte Sprache des Nahen Orients, die von den Juden etwa seit dem babylonischen Exil auch im Lande Israel anstelle des alten strengen Hebräisch gesprochen wurde und in der auch Teile des Talmud abgefaßt sind. Jesus hat aramäisch gepredigt.

Assimilation. Angleichung der Juden an die nichtjüdische Umwelt unter Preisgabe der Eigentradition.

Bócher (Hebr. Bachúr). Wörtlich Jüngling, Junggeselle. In der Zusammensetzung »Jeschiwe-Bocher«: Student der Talmudakademie.

Barmízwe (Hebr. Bar-mizwá). Wörtlich Gebotspflichtiger. Mit vollendetem 13. Lebensjahr übernimmt der jüdische Knabe alle religiösen und kultisch-rituellen Pflichten des erwachsenen Mannes. Die Barmizwe-Feier wird vor allem in Amerika mit enormem Aufwand gefeiert. Früher begnügte man sich mit einer kleinen Bewirtung im Anschluß an den hebräischen oder auch jiddischen gelehrten Vortrag des Barmizwanten.

Bart. Orthodoxe Juden tragen immer einen Bart. Ausdrücklich verboten ist aber auf Grund einer Bibelstelle nur die Benützung des Rasiermessers, nicht das Schneiden des Bartes als solches.

Bátlen (Hebr. Batlán). Nichtstuer. Despektierliche Bezeichnung der Männer, die trotz Armut nur brotlose Talmudstudien betreiben und von kleinen Trinkgeldern leben, die sie für die Übernahme ritueller Pflichten – etwa Rezitieren von Psalmen bei Notlage – bekommen.

Bess Médresch (Hebr. Bet ha-Midrásch). Lehrhaus. Gemeint ist immer der meist an die Betstube angeschlossene oder auch mit ihr identische Raum, in welchem eine hebräische und aramäische Bibliothek des religiösen Schrifttums jedem zur Verfügung steht.

Chásen (Hebr. Chasán). Vorbeter und Kantor in der Synagoge.

Chassíd, pl. Chassidím. Wörtlich »die Frommen«. Name der Anhänger der volkstümlich-mystischen chassidischen Bewegung. Sie entstand im 18. Jahrhundert in den durch die Massaker des Kosaken-Hetman

Chmjelnizki dezimierten und entmutigten jüdischen Gemeinden der Ukraine. Der chassidische »Wunderrabbi« – auch Zaddik (Gerechter) oder »guter Jude« genannt – ist im Gegensatz zum Rabbi im gewöhnlichen Sinn kein Religionsgelehrter, sondern charismatischer Führer seiner Anhänger, anfangs nur armer Leute aus dem Volk. Gefordert ist nicht Gottesgelehrtheit, sondern unmittelbare, freudige Hingabe an Gott. Der chassidische Zaddik gilt immer als Wundertäter. Im chassidischen Umkreis keimte sehr bald ein scharfer, aufklärungsfeindlicher Aberglaube, der im Witz verspottet wird.

Chéder. Wörtlich Zimmer. Gemeint ist im Jiddischen immer die Stube, in welcher die Knaben hebräischen Elementarunterricht erhalten.

Chóssen (Hebr. Chatán). Bräutigam.

Ejze (Hebr. Ejzá). Rat.

Gábbe (Hebr. Gabbái). Synagogenvorstand.

Gánew (Hebr. Ganáw). Dieb, Gauner.

Gánwenen. Stehlen.

Gemóre (Hebr. Gemará). Gleichbedeutend mit Talmud. Meist aber nur für den Babylonischen Talmud gebraucht, neben welchem es noch den Jerusalemer Talmud gibt.

Goj, pl. Gojim. In der Bibel für Volk, später vorwiegend für nichtjüdische Völker gebraucht. Im Jiddischen ist Goj: 1. Nichtjude, 2. Nichtjude niederer Stände, vorwiegend Bauer, 3. spöttische Bezeichnung für einen religiös ungebildeten Juden oder jüdischen religiösen Ignoranten, auch für einen Juden, der die Gebote nicht einhält.

Haskalá. Aufklärung. Geistige Bewegung der Ostjuden im 19. Jahrhundert mit scharfer Feindschaft nicht nur gegen die Orthodoxie, sondern in erster Linie gegen den als »abergläubisch« abklassifizierten Chassidismus.

Hebräisch. Sprache der Bibel. Wird heute, in der Grammatik vereinfacht und mit Wortern aus dem nachbiblischen Schrifttum angereichert, in Israel wieder gesprochen. Nicht zu verwechseln mit Jiddisch.

Jarmúlke. Ein rundes Mützchen, das fromme Juden ständig, auch im Hause, tragen. Manche Ostjuden trugen es auch unter dem Hut. Bei jeder religiösen Handlung – auch schon beim Sprechen eines kurzen Segensspruches – ist das Bedecken des Hauptes obligatorisch.

Jeschíwe (Hebr. Jeschiwá). Wörtlich Sitz. Seit dem Altertum Bezeichnung für die Talmudhochschulen.

Jecke. Verächtliche Bezeichnung der deutschen Juden. Das Wort kommt nicht von »Jacke«, welche die Westjuden anstelle des ostjüdischen Kaftans trugen, sondern von »agur ben Jake« (Sprüche 30), wo es heißt: »Zu stumpf bin ich, um ein Mensch zu sein, und Menschenverstand besitze ich nicht.« Also Synonym für den talmudisch Ungelehrten und geistig Ungeschliffenen.

Jiddisch. Germanisches Idiom, das sich aus dem alten Judendeutsch der aus Deutschland ostwärts geflohenen Juden in Osteuropa im Lauf der Neuzeit herangebildet hat. Der Wortschatz ist heute noch weitgehend spätmittelalterliches Deutsch, jedoch angereichert und zur formalen

Synthese gebracht mit vielen hebräischen, aramäischen und slawischen Elementen.

Jom Kippur. Tag der Sühne. Strenger Fasttag im Herbst, kurz nach dem jüdischen Neujahr.

Kabbalá. Wörtlich Empfangen, Überlieferung. Seit dem 13. Jahrhundert Bezeichnung für die jüdische Mystik, deren Hauptwerk, der Sohar (Glanz), damals in Spanien entstand. Der Sohar ist aramäisch verfaßt und geht ohne Zweifel inhaltlich auf alte mystische Überlieferungen der babylonischen Zeit zurück. Im Gegensatz zum ebenfalls mystischen Chassidismus ist die Kabbala nicht Angelegenheit des einfachen Volkes. Vielmehr setzt sie – da sie auf einer besonders komplizierten Form der Bibelauslegung basiert – eine solide Religionsbildung voraus.

Kálle (Hebr. Kalá). Braut.

Kílle (Hebr. Kehilá) oder *Kóhel* (Hebr. Kahál). Gemeinde. Gemeint ist immer die jüdische Kultusgemeinde.

Káscher (Hebr. Kaschéjr). Wörtlich rein, tauglich, erlaubt. Gemeint ist immer: Erlaubt im rituellen Sinne. Vor allem im Zusammenhang mit Speisen gebräuchlich.

Lámden (Hebr. Lamdán). Gelehrter.

Magíd. Prediger. Meist nur im Sinn von Wanderprediger.

Mame-Leben etc. Das angehängte »Leben« hat nichts mit dem deutschen Wort »leben« zu tun, sondern kommt von hebr. lew (Herz). Auch im deutschen »Lebkuchen« haben wir dieses jiddische und hebräische Wort lew.

Máseltow (Hebr. Masál tow). Wörtlich »gutes Gestirn«. Glückwunschformel.

Mázze (Hebr. Mazzá). Flache, ungesäuerte Brotfladen für Pessach.

Melámed (Hebr. Melaméjd). Wörtlich Lehrer. Gemeint ist immer der Elementarlehrer, der den Knaben die Anfangskenntnisse in Hebräisch beibringt.

Menóre (Hebr. Menorá). Leuchter. Im Jiddischen nur Bezeichnung für den achtarmigen Leuchter für das Chanukka-Fest.

Meschúge (Hebr. meschugá). Verrückt.

Messias (Hebr. und Jiddisch Maschíach). Wörtlich Gesalbter. Er wird von den Juden am Ende aller Zeiten erwartet. Sein Kommen hebt Tod und Sünde auf. Alle Toten werden dann auferstehen und nach Jerusalem kommen.

Mischpóche (Hebr. Mischpachá). Familie, Sippe.

Mesúse (Hebr. Mesusá). Wörtlich »Türpfosten«. Feste Bezeichnung für die kleine Kapsel, die jeder fromme Jude an alle rechten Türpfosten seiner Wohnung heftet und die auf Pergament geschrieben das Glaubensbekenntnis enthält (Deuteronomium 6, 4–9; 11, 13–21).

Nebbich. Ein Ausruf der Teilnahme, des Mitleids und manchmal auch Ausdruck einer leichten Verachtung. Von allen etymologischen Erklärungen ist wohl nur die aus dem mittelhochdeutschen »nebige«

akzeptabel. Der Nebige war der Knecht, der – nebbich! – zu Fuß neben dem Reiter herlaufen mußte.

Péjes (Hebr. peót). Wörtlich Ecken. Gemeint sind immer die Schläfenlocken der Orthodoxen. Aufgrund einer Bibelstelle dürfen diese Haarecken nicht abgeschoren werden.

Péssach. Jüdisches Osterfest. Dauert 8 Tage und wird zur Erinnerung an den Auszug aus Ägypten gefeiert. Da die Juden vor dem überstürzten Auszug damals keine Zeit mehr hatten, ihr Brot zu säuern, dürfen während der Pessachtage nur ungesäuerte Mazzes genossen werden.

Purim. Wörtlich Lose. Erinnerungsfest der Juden an ihre Errettung vor den Mordanschlägen des persischen Ministers Haman. Vgl. biblische Estherlegende. Purim fällt in den Februar und wird, wie die Fasnacht, lustig gefeiert.

Rábbi, Rabbíner, Rébbe etc. Von Hebr. Raw: Großer Herr, Meister. *Rabbi,* jiddisch *Rebbe*: Wörtlich »mein Raw«, also Anrede. Das Wort wird aber deutsch wie jiddisch längst auch unabhängig von der Anrede gebraucht: Also der Rabbi, der Rebbe. Gemeint ist immer der Religionsgelehrte, zugleich Führer der Gemeinde. Im Jiddischen wurde der Begriff auch, abgeschliffen, für den einfachen Religionslehrer oder Prediger benützt. In der Kurzform »Reb«, dem Namen vorangestellt – also z.B. »Reb Rosenbaum« – bedeutet das Wort nur noch »Herr«. – Das Wort »Wunderrabbi« ist nur im Deutschen gebräuchlich. Im Jiddischen hieß der Führer der chassidischen Gemeinde Zaddik oder »giter Jid« (guter Jude). Angesprochen wurde er einfach »Rebbe«.

Reformjuden oder *Neologen.* Religiös liberale Juden, die den ganzen Gottesdienst ein wenig dem christlichen angleichen.

Rituell, Ritus (Ritus = Religionsgebrauch). Rituell leben: Alle Zeremonialgesetze befolgen.

Schábbes. Hebr. Schabát. Von schabat (ruhen). Sabbat. Siebter Tag der Woche mit strengen Ruhevorschriften.

Schächten. Töten des Schlachttiers durch einen einzigen Schnitt durch die Halsschlagader. Die Schächtgesetze und die Fleischkontrolle sind bei den Juden streng rituell geregelt, erfordern daher Religionsgelehrtheit.

Schíkse. Männlich *Schégez.* Von Hebr. Schékez: wörtlich Reptil, Abscheu. Verächtlicher Ausdruck für nichtjüdische Mädchen und Burschen.

Schulchán Arúch. Wörtlich »bereiteter Tisch«. Kompendium des Ritualgesetzes aus dem 16. und 17. Jahrhundert.

Semitisch. Im Deutschen seit der Nazizeit oft irrtümlich als Rassenbezeichnung gebraucht. Bezeichnet in Wirklichkeit – genau wie der Ausdruck »arisch« – nur eine bestimmte Sprachgruppe.

Speisegesetze. Das jüdische Religionsgesetz verbietet den Genuß bestimmter Tiere und schreibt für warmblütige Tiere eine bestimmte Art der Schächtung, anschließende Ausblutung und genaue Schlachtkontrolle vor. Verboten ist ferner die Vermischung von Milch- und Fleischspeisen. Indes geht dieses Verbot möglicherweise auf die Fehlinterpretation der betreffenden Bibelstellen zurück. Verboten ist ferner der Genuß von gesäuertem Brot während der 8 Pessachtage.

Súkkos (Hebr. Sukkót). Laubhüttenfest. Dauert 8 Tage, wird im Herbst gefeiert.

Talmud. Wörtlich Belehrung. Umfassendes Kompendium mit Ergänzungen zum Bibelgesetz, Gleichnissen, Anekdoten, Parabeln. Entstanden zwischen den Jahren 500 vor und 500 nach Christus, zunächst im Lande Israel, später in Babylonien. Der Talmud ist in den ersten Teilen hebräisch, in den späteren aramäisch abgefaßt. Der Rabbiner des Ostens war immer ein solider Talmudgelehrter. Zivilgesetzliche Auseinandersetzungen innerhalb der jüdischen Gemeinde entschied er nach talmudischem Recht. Sein Entscheid wurde praktisch immer respektiert, obwohl dem Rabbi keine Exekutivgewalt zur Verfügung stand.

Talmud-Tora-Schule. Gratis von der Gemeinde geführte Religionsschule.

Tálles (Hebr. Talít). Gebetmantel. Großes viereckiges helles Tuch mit dunklen Streifen am Rand, das nur von den Männern getragen wird.

Tefíllen, Tfiln, Tfílem etc. Von Hebr. Tefilá: Gebet. Schmale Gebetsriemen mit einer Kapsel daran, welche bestimmte Abschnitte aus der Tora, auf Pergament geschrieben, enthält. Die Tefillen werden von den Männern an gewöhnlichen Wochentagen beim Morgengebet nach ganz bestimmten Regeln um den linken Unterarm und um die Stirn gelegt.

Tréfe. Von Hebr. tréfa: Gerissenes. »Gerissenes«, d.h. von Raubtieren gerissenes Wild, darf nicht gegessen werden. Sekundär bedeutet trefe alles, was nach Ritualgesetz als Speise verboten ist.

Tora. Wörtlich Lehre. Meist gebräuchlich im Sinn von Pentateuch (5 Bücher Mose), übertragen: religiöses Schrifttum.

Wunderrabbi. Siehe Rabbi und Zaddik.

Zaddik. Der Gerechte oder Heilige. Bezeichnung für den chassidischen Wunderrabbi. Siehe Rabbi.

Liste der Spender von Witzen und Anekdoten

Bei Auswanderern aus Mittel- und Osteuropa ist das Land der Herkunft, sofern bekannt, in Klammern angegeben.

J. D. Abramski, Schriftsteller (Ukraine), Jerusalem
F. Adler, Limassol, Zypern
Dr. M. M. Adler, Hull, England
F. Altnöder, Mödling, Österreich
Dr. phil. Jean Améry (Wien), Brüssel
Dr. Alfred Aeppli (Deutschland), St. Paul, USA
F. J. Arendt, Haney, Kanada
Oberregierungsrat a.D. Dr. David B. Ascher (Berlin), Haifa, Israel
Wolfgang Bach, Langen/Hessen
Dr. F. C. Bachem, Meersburg am Bodensee
Oberregierungsrat i.R. Max Bachmann, München
Heinz Badt, Basel
Baksa-Sos Laszlone, Budapest
Heinz G. Ballauf, Bad Nauheim
Stud. Adalbert Banzhaff, Lörrach
Albert Bär, Bern
Istvan von Barczay, Kondo, Ungarn
Prof. Dr. Frederic Bargebuhr (Hamburg), Iowa, USA
Kornél Barna (Ungarn), Lehrbeauftragter der Universität Heidelberg
Heinz Baumeister, Dortmund
Peter Beck, Düsseldorf
Heino von der Becke, Bad Godesberg
Stud. phil. Werner Becker, München
Prof. Dr. Franz Joseph Beranek (ČSSR), Gießen
Heinrich Berger, Den Haag
Paul Berger, Berlin
N. Bergman-Allweil (Deutschland), Tivon, Israel
Gerhard Berkemeier, Lage-Mussen, BRD
Alexander Berkes (Ungarn), Düsseldorf
Dr. phil. Jos. Bernfeld (Czernowitz), Paris
Paula Bernhardt (Deutschland), Israel
Dr. A. Bernhauser, Wien
Walter Bierbaum, Viechtach/Bayern
Ing. Lambert Binder, Wien
Wilhelm Bittner, Treuchtlingen/Mittelfranken
J. Blaauw, Dordrecht, Holland
Ludwig Blau, Wien
Irmgard Blum, Heilbronn
Direktor Ernst Bolik, Hannover
Dr. phil. Julia Borbely, Budapest
Otto Borchers, Bonn
Clementine Börner (Deutschland), Stockholm
Ing. Hans Bortsch, Erlangen

Hans Jürgen Brandt, Stuttgart
Dr. Adolf Braun, Wien
W. Breitkopf, Berlin
Architekt Hans Ludwig Brin, Kopenhagen
Hans Dieter Buchwald, staatl. Hochschule, Braunschweig
Carl Bühler, Göttingen/Wttg.
Hans Bulcke, Lenzkirch/Baden
Dr. med. Michaele Burian (Wien), Bad Hersfeld
Arnold Buschmann, Ingolstadt
Jancu Chitzes (Rumänien), Genf
Cand. Ing. Dieter Claus, Berlin
Hildegard Closset, Dortmund
Arthur Cohn, Bad Harzburg
Wolfgang Colden, Düsseldorf
Dr. Heinz Colm, Mailand
Wolfgang Cordan (Berlin), Mexiko
Dr. phil. h.c. W. R. Cordi, Winterthur, Schweiz
Dr. Hans Cramer, Leverkusen
P. D. Bruno Deus, Denzlingen, BRD
Dr. Hans Dittrich, Sürth bei Köln
Otto Dölle, Escola Alem., Benguela, Angola
Alfred Dresel (Berlin), Oxchott, England
Jizchak Efratt, israelischer Botschafter a.D., Cholon, Israel
Max Einhorn, Amsterdam
Georg Eisenkolb, Wien
Günther Elbin, Pfalzdorf/Niederrhein
Fritz Elble, Konstanz am Bodensee
Paul Ernst, Marburg
Marcella Faber (Sudetenland), Stuttgart
Dr. med. Hermann Fabry, Bochum
Walter Fackler, Ludwigsburg
Dipl.-Ing. Walter Fehre, Wörschach, Österreich
Dr. Ludwig Feist, Bad Godesberg
H. A. Feldmann, Klapmuts, Südafrika
Erwin Felkel, Florenz
Dr. phil. Kuno Fiedler, Purasca, Tessin
Prof. Dr. Franz Fischer, Tübingen
Gudrun Fleischer, Eßlingen
Dr. Rudolf Flury, Redakteur, St. Gallen
Wilhelm Foag, Wehringen, BRD
Josef Foissner, Wien
René Foitl, Paris
Nelly Frank, Genf
Architekt J. Fresco, Curaçao
Rosemarie Freidig-Cosmann, Dübendorf, Schweiz
Baruch Freudenfall (Podolien), Ajeleth-Haschachar, Israel
Helene Fuchs, Heidelberg
Dr. med. F. Funk, Kirrberg/Saarland
Prof. Dr. H. Gachot, Schirmeck-Belmont, Frankreich
Dr. iur. Lilli Galli-Erlanger, Luzern
Anders Garay (Ungarn), Stockholm
Georg R. Gaertner, Trier

Leo Gehrt, Krefeld
Dr. Gerhard Geyer, Wien
Dipl.-Phys. Mebus Geyh, Laatzen, BRD
Prof. Dr. med. H. A. Gins, Berlin
Arthur Glaser, Bankier (Berlin), Watford, England
Hubert Glatz, Villach, Österreich
Prof. Dr. Ladoslav Glesingen, Zagreb
Maxi Gobiet (Brünn), Wien
Dipl.-Ing. Hans Götz, Wien
Dr. med. Hermann Graebener, Bruchsal, BRD
Karl W. Graebener, Karlsruhe
Jetty Grafe (Wien), London
Ludvik Gregor, Prag
Momtschilo Grtschitsch, Wolfsburg
Eduardo Guglielmetti, Zürich
Dekan Wilhelm Gümbel, Nagold
F. E. Gumpert, London
Dr. med. Alexander Gutfeld, Bückeburg
Prof. Paula Häberlin, Basel
Dipl.-Ing. A. G. Hackl, Wien
Dr. Albert Hahn, München
Dr. Alfred Halward, São Paulo, Brasilien
Dr. Robert Hampel, Wien
Peter Hansen, Bremen
D. N. Hare, Jekuda, Israel
Joachim Hasper à Sperda, Oberleutnant a. D., Heilbronn
Stadtrat Heinz Heckel (Tschernowitz), Hof a. d. Saale/Bayern
Adrian Heeb, Basel
Erwin Heidemann, Berlin
Dr. med. P. E. Heine, Sauerlach/Bayern
D. Heinrich, Süssenbach, BRD
G. Heinrichs, Hohenbostel-Deister, BRD
Gerichtsref. A. W. Heinzerling, Weinheim, BRD
von Hellermann, General a. D., München
F. A. Hengen, Rülzheim/Pfalz
Alfred Hennig, Berlin
Urschel Henschel, Oberhessen-Osterfeld
Josef Hermann, Ising/Obb.
Masko Hermann, Osijak, Jugoslawien
Prof. Dr. P. Hexner, Pennsylvania, USA
Hermann Hieber, Braunau bei Bad Wildungen
Eva Hilgendorf, Berlin
Alfons Hiller, Ulm
Prof. Dr. phil. et. med. Hildegard Hiltmann, Freiburg/Br.
Prof. Dr. H. Hinderks (Hamburg), Belfast
Prof. Dr. Otto Hintner, München
Dr. phil. Alexander Höchberg (Frankfurt), Basel
Stud. phil. Helga Hopp, Berlin
Prof. Dr. chem. Walter R. Heumann, Montreal
Dr. phil. Arthur Hübscher, Frankfurt/Main
lic. iur. Konrad Hummler, St. Gallen
Gideon Husserl (Hamburg), Alumot, Israel

Fred Jackson, Keston, England
Anne Jaeckel, Solingen
Marianne Jaray (Wien), London
Ludwig F. Jauner, Wien
Wolfgang Jeremias, Kapellmeister, Kassel
Gerhard Jeske, Hamburg
Lottie Joseph, San Franzisko
Dr. med. dent. Otto Jung, Alzey/Rhein
Dr. phil. Hildegard Kahlert, Hamburg
Izchak Kali, Moschaw Beth Meir, Israel
Dr. phil. Christine Kainz, Wien
Dr. Fritz Karger, Basel
Pfarrer Harry Karnowsky, Crailsheim
Walter Karsch, Herausgeber des Tagesspiegels, Berlin
Legationsrat i. R. Emil Keil, Haag am Hausruck, Österreich
Dipl. Ing. Otto Kellermann, Sonthofen/Allgäu
Oberschulrat a. D. Heinrich Kerkhoff, Hamm/Westfalen
Assessor Hanns Werner Kern, Köln-Riehl
Ing. Rudolf Kinzel, Bamberg
Dipl.-Ing. B. Klaften, München
Dr. Benno Klein, Murnau/Oberbayern
Chefredakteur Prof. Horst Knapp, Wien
Hans Wilhelm Kogler, Wiesbaden
Albrecht Köhler, München
Oberstudiendirektor Harry Köpnik, Bad Schwartau, BRD
Josef Koppmair, Bildhauer, München
Rüdiger Kornuth, Kiel
Dr. Helene Marie Krapp, Zell ü. A., BRD
Dow Kraus, Neot Mordechai, Israel
Gerhard Krause (Danzig), Hamburg
Prof. Dr. Karl Krejci-Graf (Galizien), Frankfurt/Main
Dr. phil. G. Kretschmer, Dornburg, DDR
Tilde Kriesi-Nascher, Bischofszell
Kurt Krolop, Germ. Institut, Halle-Wittenberg, DDR
Ing. Wolfgang Krüger, Erlangen
Dr. med. Franz Kuhn, Ichenhausen/Wttg.
Dr. Charlotte Kühner (Deutschland), Berg, Schweiz
Max Ladstätter, Florenz
Else Lakomy (ČSSR), Neustadt/Wttg.
Ing. Basilio Lanyi (Ungarn), Buenos Aires
Else Lakonny, Wttg.
Dr. med. Günter Lasch, Bad Godesberg
Cand. med. Manfred Lasser, Leoben, Steiermark
Chefredakteur Robert Lehmann, Köln
Karin Leonhardt, Paris
Wolfgang Liebeneiner, Bad Mergentheim/Wttg.
Reg. Rat Josef Lindinger (Tschernowitz), Wien
Dr. med. Helge Lindinger, Wien
Paul Johannes Lindner, Köln
Cand. phil. Joachim Linke, Hamburg
Dipl.-Ing. Georg Linzboth, Bratislava
Rose Lipschitz (Budapest), London

Staatsanwalt Ernst Löllke, Hamburg
Rechtsanwalt W. H. Lotze, Soest/Westf.
Dr. Löwenfeld, Rolandia, Brasilien
Cand. iur. Jürgen Lücht, Mainz
Stud. phil. Hartmut Lück, München
Pfarrer Ernst Ludwig, Rüdersdorf bei Berlin
Dr. med. Wolfgang Lühning, Lemgo, BRD
Dr. Heinrich von Lüttwitz, Wuppertal
Hubert Macioszek, Köln-Ostheim
Dr. Wolfgang Mädje, Oldenburg
Richard Mannheim (Berlin), London
Jean Paul Marchand, Institut de Physique, Genf
René Markowski, Rotenfels/Baden
Dr. Alfred Martin, Weissbach/Marzoll
Walter L. Maschke, Hamburg
Minna Masur, Tel Aviv, Israel
Oberforstmeister a. D. Karl Matzek (Galizien), Ulm
Dr. med. Ingeborg Meidinger, Erlangen
Prof. Erwin Meinhard, Wien
Anton O. Meining, Freiburg-Littenweiler
Dr. Karl Melnizki, Zahnarzt, Graz
Paul Mettler, St. Gallen
Pater Ivo Meyer, S. J., Schrirampur, Indien
Erich Michael (Schlesien), Cadolzburg b. Nürnberg
Meinrad Mittelberger, Pfarrer, Bregenz
Drs. Katharina und Momme Mommsen, Berlin
Dr. Martin Müllerott, München
Graf E. A. zu Münster, Reutlingen
Prof. Dr. med. dent. F. Robert Munz, London
Elisabeth Nadler, Hersel über Bonn
Prof. Dr. Georg Nador (Budapest), Heidelberg
Emil Nebenhäuser, München
Dr. med. H. Neumann, Malans, Schweiz
Hans Nöldechen, Rheidt/Rhein
Cand. theol. Christian Oehring, Mainz
Dr. med. Alfred Ost, Bleidenstadt, BRD
Bedrich Oesterreicher, Prag
Will Oesterreicher, Würzburg
Dr. Seew Osterweil, Physician, Israel
Michael Passweg (Israel), Köln
Dr. Dr. Rudolf Pechel, Lenk, Schweiz
C. V. Peck (Ungarn), Schweden
Ed. A. Pfeiffer-Ringenkuhl, Taufkirchen bei München
Dr. Karl Pfoser, Wien
Dr. Piekniczek, Wien
Sasa Pietrasova, Prag
Otto Pietsch, Segeste über Alfeld
Dr. Hans Priker, Rechtsanwalt, Irdning/Steiermark
Prof. Dr. med. M. Plessner, Jerusalem
Oberstleutnant a. D. F. W. Plodowski, Setterich, BRD
Dolkart Plumhoff, Allensbach, BRD
Dr. phil. Helmut Praschek, Berlin

Dr. Erich Prokopowitsch, Wien
Ing. Michael Puszet (Polen), Lugano
Karl Raschke, Hamburg
Johann Rathmacher, Worms
Dr. med. Walter Rechmann, Emskirchen
Stud. phil. Ilse Reckert, Freiburg/Br.
Arnim Reinert, Aschaffenburg
Dipl.-Volkswirt Albrecht Riemann, Erlangen
Dr. Dr. Edith Ringwald (Mainz), Basel
Marius Rintzler (Rumänien), Düsseldorf
Werner Rittenberg, Illerstein/Bayern
Kurt Rosenwald (Deutschland), Washington, USA
Dr. N. von Roesgen, Mainz
Jochen Rottke, Bremen
Dr. E. W. Sachs, Zuidlaan, Holland
Horacy Safrin, Schriftsteller (Lwow), Lodz
Prof. Dr. chem. Louis Sattler, New York
Prof. Dr. Jakub von Sawicki, Warschau
Cand. phil. Anna Schafer, Audorf/Westf.
Oswald Schafft, Prien/Chiemsee
Else B. Schapira, München
Alfred Schaer, St. Gallen
Fritz Schäuffele, Schweiz. Fernsehen, Bern
Leopold, Prinz zu Schaumburg-Lippe (ČSSR), München
Franz Xaver Scherer, Rittmeister a.D., Seewalchen, Österreich
Hans Scherrer, Reklameschriftsteller, Köln
W. D. Schipper, Hilversum
Karl Schiwy, Arolsen, BRD
Helmut Schluroff, Nieder Roden/Hessen
Prof. Dr. Carlo Schmid, Bonn
Jakob Schmid, Burg, Schweiz
Mathilde Schmid, Gutenbrunn, Österreich
Dipl.-chem. Gerhard L. Schmidt, Victoria, Australien
Dipl. Politologe Giselher Schmidt, Beuel, BRD
Richard Schmidt, Bad Godesberg
Dr. Walter Schmidt, Weißkirchen, Österreich
Direktor Johannes Schmoll, Düsseldorf
Manfred Schnapke, Koblenz
Monika Schnedl, Wien
Prof. Dr. iur. et phil. Harry C. Schnur (Berlin), St. Gallen
Dr. med. E. Schöler, Chefarzt i.R. (Danzig), Paderborn
Eduard G. Schott, Seattle, USA
A. Schreiber, Schönaich, BRD
Dipl. rer. pol. K. H. Schreiber, Den Haag
Dr. Paul Schüler, Mainz
Prof. Dr. J. H. Schultz, Berlin
Cand. jur. Peter Schultze-Krafft, Heidelberg
Dr. Heinz Schwab, São Paulo, Brasilien
Dr. med. K. F. Schwebel, Solingen
Gerda von Schwerin, Bad Boll, BRD
Rechtsanwalt Holm G. Seltmann, München
J. Semenko (Ukraine), München

Prof. Dr. H. Sieber, Muri, Schweiz
Paul Sieghart, London
Dipl.-Ing. Otto Siegl, Rostock
Walter Silbermann, Montevideo
Dr. jur. Gyula Simon, Budapest
Dr. Eugen Slavik, Zilina, ČSSR
Leo Smart, Watford, England
Prof. Dr. Günter Snatzke (Österreich), Bonn
Ing. Paul Solti, Frastanz, Österreich
Dipl.-Ing. Hans Sommer (ČSSR), Genf
A. Spiegelglas, Zürich
Dr. Elis. Spielmann, Wien
George S. Stokowski (Baltikum), Dornstadt, BRD
Cand. med. Heiner Stolbrink, Köln
Theaterdirektor Franz Stoss, Wien
L. Strauss, Lengnau
J. Suter, Bellinzona, Schweiz
Sigmund W. v. Szremowicz, Bremen
Lotte Takach (Wien), Venedig
J. Tamás (Ungarn), Schönenwerd, Schweiz
Dr. Karl Taube, Leverkusen/Rhein
Harro Täubel, Eberbach am Neckar
Prof. Dr. Jakob Taubes, Berlin
Medizinalrat Dr. H. Temple, Wien
Sophie Temple, Wien
Hans Thanner, Linz, Österreich
Prof. Susanne Thieme, Germersheim/Rhein
Ing. Herbert Tischler, Wien
Galbory S. L. von Torda und Kalbor, Husarenrittmeister a. D. (Debrecen), München
Dr. phil. Wilhelm Treichlinger (Wien), Zürich
Dr. Pavle Treue, Zagreb, Jugoslawien
W. Treuherz, Rochedale, England
Brigitte Tsingloti, Waldkirch, BRD
Dr. Kurt Turnovsky, Wien
Redakteur Paul Uccusic, Wien
Mrs. C. Ullmann, London
Marcel Ullmann, London
Museumsdirektor E. Ungar (Galizien), Israel
Vladimir Vaneček, Marienbad
Andrea Vasella, Fribourg
Dipl.-Ing. Otto Verny, Zilina, ČSSR
Käte Vogel, Dorfen, BRD
Ungarischer Generalkonsul a. D. Harald E. Voigt, Falkenstein/Taunus
Dr. jur. Lion Wagenaar, Jerusalem
Dipl.-Ing. Kurt Wagner, Kulmbach/Bayern
Maria Wagner, Wien
Dr. Fritz Waldstein, Wien
Rafael Warschawski (Jerusalem), München
Adolf Wassertrüdinger, Wien
Aladar von Weigerth, Baden-Baden
Bronja Weiherthal, Essen

Pfarrer Erhart Weiss, Zwickau, DDR
Dr. med. Natalie Weisselberg (Polen), Offenbach
Helke Wendl, Weiden am See, Österreich
Karl Ernst Wentzel-Vockrodt, Steinhagen/Westfalen
Piotr Widymski, poln. Geschäftsträger in Djakarta
Stud. med. Peter Wieczorek, Amelsbüren, BRD
Anneliese Wiener, Berlin
Fritz Wieshöfer, Trossingen/Wttg.
Dr. Winkelmann, Darmstadt
Ludwig Winter, Hanau
Dr. Gerd Wolandt, Würzburg
Dr. jur. Peter Wolf, Wien
Doz. Dr. med. Eduard Wondrak, Olmütz
Dr. R. Zauner, Linz
Dr. rer. pol. Dr. phil. h.c. Heinrich Zillich, Starnberg
Redakteur Jürgen Zimmermann, Basel
Dr. Zinkeisen, Wehrheim, BRD
Ernst Zuberbühler, Herisau, Schweiz
David M. Zwanziger (Galizien), San Diego, Kalifornien
Gösta Cornelius Zwilling, Wien

Einige Witze sind den Rezensionen von Prof. Dr. Otto Forst de Battaglia und Sigismund von Radecki entnommen.

Stilblüten

dtv

Emil Waas (Hrsg.):
Kuckucksuhr mit Wachtel
Reklame der Jahrhundertwende
Originalausgabe
448

Margit und Emil Waas (Hrsg.):
Erwarte Näheres unter vier Buchstaben
Kleinanzeigen und Pressenotizen der Jahrhundertwende
569

Es fängt damit an, daß am Ende der Punkt fehlt
Stilblüten aus amtlichen und privaten Schreiben
Originalausgabe
962

Sehr geehrter Herr Firma!
Stilblüten aus amtlichen und privaten Schreiben
Originalausgabe
1160

Boris Wittich (Hrsg.):
Zeugen liegen bei
Stilblüten aus Polizeiberichten und Gerichtsverhandlungen
Originalausgabe
1226